## Das Buch

Vorlesungen an der Uni, ein Leben zwischen zwei Männern, die Verlockung des schnellen Geldes und jede Menge Freier: Das ist die Welt von Sonia Rossi, Akademikerin und Prostituierte – mitten in Berlin …

Ja, es gibt sie: Intelligente junge Frauen, die ihr Studium mit käuflichem Sex finanzieren. Sonia Rossi ist eine davon – und sie steht dazu. Ohne Aussicht auf elterliche Unterstützung und BAföG entscheidet sie sich früh, ihren Unterhalt im Sexgewerbe zu verdienen: als Online-Stripperin, als Masseurin, schließlich als Prostituierte. Mehrere Jahre arbeitet sie in verschiedenen Bordellen und erfährt die diversen Facetten des Rotlichtmilieus: Schöne und weniger schöne, lustige und traurige, prickelnde und abstoßende Erlebnisse wechseln sich ab. Ständig steht sie vor der Herausforderung, ihre Tätigkeit zu verheimlichen: vor dem Partner, vor Freunden, Kommilitonen, ihrer Familie und vor dem Mann, den sie wirklich liebt.

Die offene, selbstbewusste und beeindruckende Schilderung eines frei gewählten Doppellebens zwischen Rotlicht und Hörsaal.

## Die Autorin

Sonia Rossi wurde in Italien geboren. Sie ist Mitte zwanzig, lebt in Berlin, studiert Mathematik und hat einen Sohn.

# FUCKING BERLIN

VON SONIA ROSSI,
STUDENTIN UND
TEILZEIT-HURE

ULLSTEIN

Besuchen Sie uns im Internet:
www.ullstein-taschenbuch.de

Umwelthinweis:
Dieses Buch wurde auf chlor- und säurefreiem Papier gedruckt.

Originalausgabe im Ullstein Taschenbuch
1. Auflage August 2008
5. Auflage 2008
© Ullstein Buchverlage GmbH, Berlin 2008
Umschlaggestaltung: HildenDesign, München,
nach einer Idee von Sabine Wimmer
Titelabbildung: HildenDesign unter Verwendung
eines Motivs von shutterstock
Satz: LVD GmbH, Berlin
Gesetzt aus der Sabon
Druck und Bindearbeiten: CPI – Ebner & Spiegel, Ulm
Printed in Germany
ISBN 978-3-548-37264-8

Für P.

Editorische Notiz:
Die Namen der meisten Personen und
Lokalitäten wurden aus Gründen
der Diskretion geändert.

# INHALT

INTRO     9

1. ENDLICH BERLIN     15

2. EROTIK-CHAT     26

3. NEUKÖLLN – DAS ERSTE MAL FÜR GELD     43

4. WEDDING – ZWISCHEN HÖRSAAL UND PUFF     60

5. CHARLOTTENBURG – EIN COOLER NEW YORKER     75

6. LICHTENBERG – EINE FRAUENCLIQUE     83

7. MILAN – DIE GROSSE LIEBE     110

8. UNTERWEGS – VON UNTEN NACH OBEN
UND WIEDER GANZ RUNTER     146

9. FREIBURG/MÜNCHEN – ZWEI »DIENSTREISEN«     182

10. OH WUNDER     219

11. EIN NEUANFANG     257

DANK     283

# INTRO

Der Zug hatte die Alpen hinter sich gelassen und brauste durch die mondlose Januarnacht. Im Waggon pfiff der Wind durch die Fensterritzen. Eine schwere Frau schritt mühsam durch den Flur, im Arm ein schlafendes Baby, einen Koffer mit Rädern hinter sich herziehend.

Hinter mir lagen Italien, die Weihnachtsfeiertage mit meiner Familie und den alten Schulfreunden, die es alle immer noch auf der Vulkaninsel vor Sizilien aushielten, auf der ich groß geworden bin. Bis Berlin war es noch weit, noch zehn Stunden durch Felder und verschlafene Dörfer. Durch ein Land, das ich nach fünf Jahren in gewisser Hinsicht wohl besser kannte als die meisten Deutschen.

Ich konnte nicht schlafen, mir gingen tausend Gedanken durch den Kopf. Außerdem war meine schmale Liege nicht gerade bequem.

Dann trat jemand in die Kabine. Für ein paar Sekunden blendete mich die Helligkeit, die plötzlich aus dem Gang in das Abteil fiel, ich erkannte zwei Männerbeine und hörte, wie jemand seine Sachen auf das Bett über meinem Kopf schmiss. Der Mann war Mitte dreißig, trug einen bunten Anorak, Levi's-Jeans, die ihre besten Tage bereits hinter sich hatten, und Adidas-Turnschuhe.

Irgendwann wollte ich eine Zigarette rauchen, was im

Abteil natürlich verboten war. Ich griff nach meiner Schachtel Malboro Lights, stemmte vorsichtig die Kabinentür auf und schlich auf den Gang.

Plötzlich stand der junge Mann aus meinem Abteil neben mir und hielt mir eine Flamme vors Gesicht. Seine Haare waren ungekämmt, er war kaum größer als ich. Mit unseren Kippen in der Hand lächelten wir uns zu wie Landsleute, die sich in der Fremde treffen. Solche Momente waren einer der Gründe, warum ich aller Warnungen zum Trotz Raucherin blieb: Man konnte schnell Freundschaften schließen.

Kaum hatten wir ein paar Züge geraucht, beschwerte sich von irgendwoher eine wütende Frauenstimme.

»Schon gut«, antwortete der junge Mann. »Gehen wir eben in den Speisewagen.«

Wir setzten uns an die Bar. Eine gelangweilte Kellnerin brachte uns zwei überteuerte Beck's. Ich erfuhr, dass der Unbekannte Jörg hieß, in der Schweiz als Dachdecker arbeitete und zu seinen Kindern nach Rostock fuhr.

Mir fiel ein, dass ich sein Feuerzeug eingesteckt hatte, eine dumme Angewohnheit von mir. Ich musterte es, bevor ich es ihm zurückgab. Auf der Rückseite war in Blockschrift »Manuela« eingraviert.

»Deine Frau?«, fragte ich neugierig.

»Ex-Frau«, antwortete er mit gesenktem Blick.

»Oh, tut mir leid.« Hoffentlich fängt er nicht an zu heulen, dachte ich.

»Mir auch … Aber es ist schon eine ältere Geschichte. Wir sind seit einem Jahr getrennt.« Er schwieg eine Weile und trank einen Schluck Bier, bevor er fortfuhr. »Wir haben uns am Ende nur noch gestritten. Am Anfang, da haben wir uns wahnsinnig geliebt. Aber dann kamen die Probleme. Sie blieb mit den Kindern zu Hause und beschuldigte mich, ich sei nur noch mit meinen Kumpels unterwegs. Dabei habe ich die ganze Woche auf der Baustelle gearbeitet und bin immer um sechs Uhr abends zu Hause gewesen. Nur freitags habe ich ein Bierchen nach Feierabend getrunken. Das steht einem Familienvater doch zu, oder?« Es klang, als ob er sich schämen würde.

»Ganz sicher«, antwortete ich. »Aber die Frage ist eine andere: Wann hat *sie* mal ein Bierchen nach Feierabend getrunken?«

Wieder Schweigen. Ein Betrunkener in der Ecke grölte etwas vor sich hin – »Alles Schweine, die da oben!« und Ähnliches. Jörg und ich mussten lachen.

»Ja, da hast du recht«, fuhr Jörg dann fort. »Aber sie hätte von mir aus ruhig am Samstagabend ausgehen können. Ich hätte auf die Kinder aufgepasst. Aber irgendwie hatte sie keine Lust dazu. Ihre Freundinnen sind auch alle Mütter und gehen genauso wenig feiern.«

Ich wusste, was jetzt kommen würde.

»Weißt du, früher hat sie sich immer schön gemacht. Sie hatte damals rote, lange Haare und zog für die Disko schwarze, enge Kleider aus Spitze an. Da stehe ich wahnsinnig drauf.« Wieder schaute er schuldbewusst. Ich lächelte unbeeindruckt. »Sie hatte auch eine wunderbare Figur. Schlanke, aber sportliche Beine, schmale Taille. Na ja, so wie du.«

»Danke«, sagte ich. »Und jetzt ist sie nicht mehr hübsch?« Das war wohl eher eine rhetorische Frage.

Jörg dachte nach. »Na ja, wenn sie mal was für sich tun würde, wäre sie immer noch schön. Aber sie geht nicht mehr zum Friseur, sie schminkt sich nicht mehr und läuft nur noch in Schlabberhosen rum. Ein paar Kilo zu viel hat sie auch – die Schwangerschaften halt. Ich habe ihr vorgeschlagen, mit mir ins Fitnessstudio zu gehen. War nicht böse gemeint. Aber sie fing an, mich anzuschreien: Ich

11

würde sie nicht so akzeptieren, wie sie ist, und so weiter. Dann habe ich es halt seinlassen. Weißt du, ich liebe sie eigentlich immer noch …«

Innerlich musste ich grinsen – diese Geschichte hatte ich schon zigmal gehört.

»Aber – verstehst du das?«, fragte Jörg.

Ich nickte. »Ich kenne viele Leute, denen es ähnlich geht. Weißt du, ich bin so etwas wie ein Seelenklempner«, antwortete ich.

Unsere Gläser waren leer. Wir ließen uns eine Flasche Prosecco bringen.

»Und was machst du so?«, fragte er.

Ich schwieg. Sollte ich diesen Dachdecker aus Rostock glauben lassen, dass ich eine weltgewandte Studentin war, die bereits ein wenig Erfahrung mit Jungs hatte? Oder eine fleißige Kellnerin, die sich die Bargeschichten einsamer Männer anhörte, um sich von den Trinkgeldern den Heimaturlaub in Italien leisten zu können?

Dieses Lügen hatte ich immer als belastend empfunden. Doch viele meiner Bekannten glaubten tatsächlich, dass ich in einer Gaststätte arbeitete. Man muss wissen, zu wem man ehrlich ist.

Komisch, dachte ich. Wir leben im 21. Jahrhundert, fühlen uns aber immer noch an die ewig selben Tabus gebunden. Jedenfalls wenn wir uns in einem Zug kennenlernen und an einer Bar Prosecco trinken. Doch in dem Augenblick war mir das egal. In ein paar Stunden würden sich unsere Wege für immer trennen und ich war bereits angetrunken genug, um ihm in die Augen zu schauen und zu sagen:

»Ich bin eine Nutte.«

Jörgs Gesicht wurde knallrot. Plötzlich war es ganz still. Man hörte nur die Bar-Musik im Hintergrund und den monotonen Takt des Zuges, der über die Gleise raste.

»Tja … ich meine … kommst du damit klar?«, fragte Jörg nach einer kleinen Ewigkeit.

»Man gewöhnt sich«, antwortete ich mit einem Grinsen. Diesen Satz hatte ich zu Beginn meiner Karriere als Hure tausendmal von anderen Frauen gehört. Den Frechen, den Abgebrühten – denen, die unverletzlich schienen, auch wenn viele von ihnen ihre Verletzlichkeit einfach nur nicht zeigten. Und jetzt benutzte ich selbst diese Worte. Sie gefielen mir und hinterließen ein Gefühl von Selbstsicherheit.

»Ich hätte nie gedacht …« Jörg kaute nervös an seiner Unterlippe. Er hatte herzförmige, etwas asymmetrische rosa Lippen. Sie passten überhaupt nicht zu seinem Dreitagebart und dem kräftigen Oberkörper, sie gaben ihm etwas Weiches. Ich konnte mir gut vorstellen, dass seine Frau sich in genau diese Mischung verliebt hatte. Auch mir gefiel sie, vielleicht deshalb, weil mir die meisten Männer von jeher als zerrissene Wesen erschienen sind. Sie haben Liebeskummer und trösten sich mit Nutten, denen sie im besten Fall gleichgültig sind. Sie vögeln dich gegen Geld und fangen mittendrin an zu heulen. Sie spritzen dir in den Mund und erzählen dir drei Sekunden später, dass du auf dich aufpassen sollst: dein Studium zu Ende machen, einen guten Job ergreifen, einen netten Mann heiraten. Einen wie sie selbst.

»Die wenigsten denken so was«, antwortete ich schließlich. »Du wärst überrascht, wenn du wüsstest, wie viele Frauen den Beruf ausüben. Mehr, als du denkst. Vielleicht die Bäckerin, von der du jeden Morgen deine Schrippen kaufst. Oder die nette, alleinerziehende Mutter, die über dir wohnt und aus deren Wohnung es am Wochenende immer nach Kuchen duftet. Junge, wir leben in den Zeiten von Hartz IV. Und es gibt keinen schnelleren Weg, an Knete zu kommen, als …«

»Nein«, stammelte er. »Ich kann mir nicht vorstellen, dass jede Frau so was machen würde. Meine Frau zum Beispiel. Oder meine Schwester. Die würden lieber sterben.«

»Sei dir nicht zu sicher«, antwortete ich. »Wenn erst mal der Magen knurrt, fallen viele mentale Schranken – schneller, als du denkst. Du wärst erstaunt. Für mich war es auch ein Tabu. Ich komme aus einer netten, bürgerlichen Familie. Sie würden dort alle einen Herzinfarkt kriegen, wenn sie Bescheid wüssten.« Ich dachte an meine Oma, wie sie unter dem Weihnachtsbaum sitzend für mich Äpfel schälte.

Jörg schaute mich jetzt mit anderen Augen an. Vor wenigen Minuten war ich eine nette Mitfahrerin gewesen, mit der sich gut die Zeit vertreiben ließ. Nun lagen Misstrauen, Neugier und Mitleid in seinem Blick.

»Weißt du«, sagte er mit etwas schwankender Stimme, »eigentlich wollte ich versuchen, heute nacht zu schlafen. Aber scheiß drauf. Erzähl mir doch einfach aus deinem Leben.«

Ich sah auf die Uhr. Gerade Mitternacht, noch sieben Stunden bis Berlin. Jörg bestellte die zweite Flasche. Er hörte mir zu, bis der Zug am Hauptbahnhof von Berlin hielt.

# 1

## ENDLICH BERLIN

Ich stamme aus einer typisch bürgerlichen italienischen Familie und habe eine durchaus behütete Kindheit hinter mir. Wir wohnten auf einer der liparischen Inseln bei Sizilien; mein Vater war Gastwirt eines kleinen Hotels, meine Mutter arbeitete als Bibliothekarin.

Kaum war ich achtzehn geworden, wurde mir diese Welt zu eng. Ich hatte das Gefühl, an der Liebe und Fürsorge meiner Eltern zu ersticken, und sehnte mich nach Freiheit und Abenteuer, all dem, was ich in der engen Welt meines Geburtsorts nicht finden konnte. Und unter allen Städten, die für ein neues Leben in Frage kamen, erschien mir Berlin am verheißungsvollsten.

Im Sommer 2001 kam ich mit leichtem Gepäck am Bahnhof Zoo an. Die ersten Wochen in Berlin verbrachte ich in einer Art Trancezustand, fasziniert von der fremden Kultur, der Partyszene und den exotischen Männern, die ich in den Diskos traf. Länger als eine Nacht blieben sie allerdings nie – glücklicherweise, denn ein fester Freund war zu dem Zeitpunkt das Letzte, was ich wollte.

Mein Plan war, ein Jahr später mit meinem Studium der Mathematik anzufangen. Die Zwischenzeit wollte ich nutzen, um so gut wie möglich Deutsch zu lernen. Ich kaufte mir ein Wörterbuch und lernte jeden Abend Vokabeln wie eine Besessene. Mein Ehrgeiz forderte von mir, dass ich diese fremde Sprache eines Tages wie meine eigene beherrschen würde.

Ich hatte mir eine billige Wohnung im nicht gerade schicken Bezirk Moabit gemietet und schlug mich so durch, von einer Arbeit zur nächsten, am Anfang hoffnungsvoll, später immer unmotivierter. Ich kellnerte zuerst eine Zeitlang in einem Café in Charlottenburg, einer bürgerlichen Gegend in West-Berlin, für fünf Euro die Stunde. Danach jobbte ich als Babysitterin bei einer Familie im Grunewald, einem der reichsten Berliner Bezirke. Die fünf Kinder waren laut und verwöhnt. Die Mutter saß im Garten unter einem weißen Sonnenschirm und blätterte gelangweilt in Zeitschriften über Vollwertkost oder die Kunst, exotische Pflanzen zu halten. Ich sollte derweil den Nachwuchs »fördern«, indem ich pädagogisch sinnvolle Spiele mit den Kindern spielte oder ihnen lehrreiche Geschichten erzählte. Aber damit waren die fünf Blagen nicht wirklich zu begeistern. Sie saßen lieber vor der Glotze, aßen Gummibärchen und Chips statt Bioäpfel und machten Porzellan kaputt. Nach einigen kritischen Bemerkungen der Mutter über meinen Mangel an Begeisterung gab ich auch diesen Job auf und arbeitete fortan wieder in einer Kneipe, diesmal in Wilmersdorf.

Abends ging ich oft tanzen, Clubs genug gab es ja in der Stadt. An einem dieser Diskoabende drehte ich mich wieder mal versunken um mich selbst. Ich trug ein rotes T-Shirt, eine Lederhose und meine langen Haare offen. Plötzlich stand ein Junge mit zwei Gläsern Campari Orange vor mir. Er war kaum größer als ich und trug ein ausgeleiertes Tarnsweatshirt mit Kapuze, Baggy Pants und zu große Springerstiefel. Sein Gesicht war schmal und sanft. Nur seine Augen wirkten aufmerksam, fast wachsam – »Katzenaugen«, war das erste, was mir durch den Kopf fuhr, blau und aufdringlich, wie grelles Licht, das einen nach einer Tanznacht unvermittelt ins Gesicht trifft.

Er stieß einen Motorradtypen, der sich an mich rangetanzt hatte, beiseite und küsste mich. Ich fand ihn auf Anhieb so sexy, dass ich es geschehen ließ. Seine Zunge schmeckte süßlich, sein Atem roch angenehm nach Alkohol. Gerade vier Wochen zuvor hatten Kamikazepiloten Passagierflugzeuge in zwei Wolkenkratzer in New York gelenkt; die Weltwirtschaft drohte zu kollabieren, die Arbeitslosigkeit stieg und stieg. Trotzdem tanzte und knutschte ich unbeschwert mit diesem mir völlig unbekannten Jungen und meine Füße wurden leicht, während ich mich immer mehr betrank.

»Erwarte nicht zu viel von dem«, raunte eine Arbeitskollegin, die an diesem Abend mit mir mitgekommen war, mir halb scherzhaft zu, während wir an der Bar Sekt tranken. »Der ist ein Straßenkind aus Polen. Okay für Sex. Aber verlieb dich nicht in ihn.«

»Ach Quatsch«, antwortete ich, etwas gelangweilt von ihren Ratschlägen. Ich setzte mich auf den Schoß des kleinen Typen und wir knutschten weiter rum, bis der Club dichtmachte. Als wir auf die Straße traten, war es schon früher Morgen.

Die Fahrt bis zu meiner Wohnung schien mir unglaublich lang. Ich beobachtete die Spitzen der Kirchtürme, die in roten Wolken verschwanden, ich sah nette Familienväter, die um diese Zeit schon unterwegs waren, um frische Schrippen für das Sonntagsfrühstück zu kaufen. Mein Weggefährte schwieg die ganze Zeit. Seine Augen sahen jetzt anders aus, melancholisch und fast kalt. Er schaute mich fest an, als wäre ich der einzige Mensch auf der Welt, dem er vertrauen könnte. Er schien mir anders als meine früheren Liebhaber.

17

Die meisten Männer versuchen, dir so schnell wie möglich ihren Lebenslauf zu erzählen, und übertreiben meistens dabei. Der Junge an meiner Seite hingegen offenbarte mir nicht einmal seinen Namen. Ich wusste ihn selbst dann noch nicht, als wir uns in meiner Wohnung liebten und ich das erste Mal, seit ich in Berlin war, spürte, wie mich ein Gefühl des Glücks durchströmte.

Ich wachte von den Sonnenstrahlen auf, die durch meine staubigen, blauen Gardinen direkt auf mein Gesicht zielten. Noch im Aufwachen spürte ich eine Nervosität in mir. Wird er aufstehen und weggehen, ohne ein Wort zu sagen? Oder wird er versuchen, blöde Ausreden zu finden? Ich hoffte, er würde sich schnell anziehen und aus meinem Leben verschwinden, ohne sich zu rechtfertigen. Ich hatte das Gelaber am Tag danach immer gehasst – als wäre mir am Abend zuvor nicht klar gewesen, dass es nur um Sex ging.

Er stand in der Küche, mit nackten Füßen auf gelben Fliesen, und versuchte Kaffee zu kochen. Seine Haare waren noch durcheinander von der vergangenen Nacht.

»Ich habe gedacht, du könntest mit mir zum Rummel kommen«, sagte er, während er eine Pfanne mit Butter einschmierte. »Ich bin mit einem Freund verabredet.«

Für einen Moment glaubte ich, mich verhört zu haben. Dann war es still, bis auf das Zischen der Butter und die Kaffeemaschine, die Dampf spuckte wie eine alte Lok.

»Fährst du nicht nach Hause?«, fragte ich.

»Sollte ich? Viel Lust dazu hab ich nicht. Ich würde lieber mit dir irgendwo hingehen.«

»Wie heißt du eigentlich?«, fragte ich.

Er schaute mich an, erschöpft und froh zugleich.

»Ich heiße Ladislav«, antwortete er. »Für dich Ladja.«

Wir spazierten durch das Laub im Vergnügungspark Plänterwald, Hand in Hand. Immer wieder schaute mich Ladja zärtlich von der Seite an. Die Luft roch süß und warm, ein herrlicher Herbsttag. Das Volk wollte offenbar die letzten warmen Sonnenstrahlen genießen, der Park wimmelte von Menschen, überall sah man Familien mit ungeduldig hüpfenden Kindern, die vor den Wurstbuden oder vor dem Riesenrad Schlange standen oder darauf warteten, ein Foto mit den Clowns zu machen.

Am Eingang zum Park hatten wir einen Mann getroffen, mit dem Ladja dort verabredet war. Ich schätzte ihn auf Mitte dreißig und er hatte eindeutig Stil. Er trug eine schmale Sonnenbrille, ein weißes Polohemd und weiße Turnschuhe. Ladja, noch müde von der vergangenen Nacht, wirkte neben ihm wie ein Landei. Ich fragte mich, was ein solcher Mann mit so einem armen Jungen gemein hatte.

Ladjas Bekannter spendierte uns den Eintritt für den Park. »Das macht er immer, wenn wir zusammen unterwegs sind«, flüsterte mir Ladja ins Ohr.

Ich dachte, das müsse eine nette Berliner Sitte sein. Wer Geld hat, zahlt für die Freunde. Das nächste Mal, stellte ich mir vor, werden Ladja und ich ihm ein Bierchen ausgeben. Eigentlich prima.


»Ich habe meine Sachen mitgebracht«, sagte Ladja, als er tags darauf wieder bei mir vorbeikam, als wäre es das Selbstverständlichste der Welt, dass er nun bei mir leben würde. In seinem Rucksack waren ein Paar Socken, ein T-Shirt von der Loveparade 2001, ein Walkman ohne Batterien und ein Schraubenzieher.

»Ich habe noch mehr«, sagte er, fast so, als ob er sich entschuldigen wollte. Ich selbst hatte auch nicht viel aus Italien mitgenommen, dennoch sahen in dem Moment meine tausend Klamotten, die auf dem Boden verstreut lagen, im Vergleich zu seinen Habseligkeiten nach Überfluss aus. Man kauft, sammelt für die Ewigkeit, und irgendwann stirbt man und die Sachen enden entweder bei der Caritas oder auf dem Dachboden von irgendeinem Enkelkind – also am besten leicht reisen, hatte ich mir immer gedacht. Trotzdem hätte ich mich nie von meinen alten Büchern getrennt, darunter Schriften von Karl Marx, *Die Leiden des jungen Werthers*, *Der kleine Prinz*, *Die Möwe Jonathan* und die drei Bände von *Höhere Mathematik*.

Ladja las nicht, wie ich schnell herausfand. Das langweilte ihn. Er kaufte auch nie eine Zeitung und hatte keinerlei politische Meinung. Er schien in den Tag hineinzuleben. Mir war das alles ziemlich fremd, doch sein Lebensstil hatte auch etwas Ungebundenes, das ich schön fand. Er erzählte, dass er ein paar Jahre zuvor einen Sommer lang durch Polen getrampt war. Wenn er Geld brauchte, hatte er Autoscheiben gewischt, bei den Touristen kamen sein kindliches Gesicht und seine höfliche Art gut an. In keiner Stadt war er länger als drei Tage geblieben und immer, wenn ihm langweilig wurde, zog er zum nächsten Ort weiter. Ich stellte ihn mir vor: den Wind in den Haaren, die Nächte im Wald unter den Sternen, einfach Herr seiner selbst, ohne Bindungen, frei wie ein Zugvogel … Dafür bewunderte und beneidete ich ihn gleichermaßen.

Ladja wohnte nun bei mir. Wir hatten das nie offiziell beschlossen, aber er nahm seinen Rucksack einfach nicht wieder mit, wenn er meine Wohnung verließ. Was genau er den ganzen Tag machte, erfuhr ich nie. Wenn ich ihn danach fragte, bekam ich nur vage Antworten wie: »Ich treffe mich mit ein paar Leuten.« Ich wusste nicht recht, ob ich mich über meine neue Beziehung freuen sollte oder nicht, denn schließlich war ich nach Berlin gekommen, um unabhängig, also auch möglichst ungebunden zu sein.

Oft spazierten wir an diesen kalten Herbstnachmittagen den Ku'damm entlang. Wir froren auf dem Weg nach Hause und kochten dann zusammen Gulasch und Kartoffelsuppe. Und langsam machte sich, unbemerkt und leise, irgendwo zwischen meinem Magen und meinem Kopf ein komisches Gefühl der Vollkommenheit breit.

Mit Ladja rauchte ich zum ersten Mal in meinem Leben Gras. Wir saßen auf dem Fensterbrett in meinem Zimmer und betrachteten die Sterne. Das hatte ich nicht mehr getan, seit ich meine schwarze Vulkaninsel im Mittelmeer verlassen hatte. In Berlin schaute ich nur in den Himmel, wenn es regnete oder wenn ein Flugzeug besonders laut war. Nach ein paar Zügen wurde mir schwindelig und ich wurde unglaublich müde. Mein Leben, dachte ich, war immer ein wirres Knäuel von Gedanken gewesen, Theorien und Ideen, die sich nun auflösten wie Rauch in der Luft. Das alles war weg und geblieben waren die Stille einer Winternacht und Ladjas Katzenaugen.

»Du wirst es noch lernen, Sonia«, sagte er. »Kiffen ist wie Sex. Man braucht Zeit, um das genießen zu können.«

Der abendliche Joint wurde zu unserem Ritual. Ab und zu saßen wir auch bei Ladjas bestem Kumpel Tomas herum. Er hatte eine helle Zweizimmerwohnung in Charlottenburg, mit sorgfältig ausgesuchten Möbeln und professionellem Soundsystem. Man hätte denken können, hier wohnte der Manager einer koreanischen Firma und nicht irgendein Pole ohne Aufenthaltsgenehmigung. Tomas arbeite zweimal die Woche in einer Kneipe und verdiene dort viel Geld, erzählte mir Ladja. Obwohl mir das Ganze merkwürdig vorkam, stellte ich keine weiteren Fragen.

Tomas war genau das Gegenteil von Ladja. Er war aufgeschlossen und frech und hatte immer gute Laune. Und er war total auf Frauen fixiert. Er hatte unzählige Ex-Freundinnen, darunter sogar eine reiche Hotelbesitzerin, die ihn hatte heiraten wollen. Die Beziehung ging kaputt, weil Tomas in der Disko eine andere kennengelernt hatte.

»Ich könnte jetzt mit meinem Arsch in einem Mercedes sitzen und ein Ferienhaus auf Rügen haben, wenn ich sie geheiratet hätte. Doch weißt du was? Ohne Liebe ist das Leben traurig, wie eine Party ohne Musik«, erklärte er mir eines Sonntags bei Kaffee und Kuchen, nachdem wir die ganze Nacht im Club verbracht hatten. Wir gingen fast jedes Wochenende in den »Tresor« oder ins »SO36«. Dort war die Musik am geilsten: Techno, Trance und House.

Ich arbeitete immer noch in der Kneipe in Wilmersdorf, doch ich war nicht mehr so richtig bei der Sache. Wenn ich um siebzehn Uhr Feierabend machte, wartete Ladja dort meist schon auf mich. Er kam oft eine halbe Stunde früher und trank einen Kaffee mit dem italienischen Ladenbesitzer. Pino war um die fünfzig, gab sich als Vierzigjähriger aus, lebte seit dreißig Jahren in Berlin und stand auf Sportautos, brasilianische Frauen und Koks. Er schien in mir eine Art kleine Nichte zu sehen, ein süßes Mädchen ohne Familie in der Großstadt, auf die man besser ein Auge hatte.

»Es ist eigentlich scheiße, was du machst, Kleine. Wäre ich dein Vater, würde ich dir eine Ohrfeige verpassen. Du bist so jung und treibst dich mit so einem Asozialen rum«, sagte er eines Tages zu mir, als ich gerade Besteck abtrocknete. Da ich nicht reagierte, setzte er nach. »Woher, denkst du wohl, nimmt dein Ladja sein Geld? Alle wissen, dass er anschaffen geht. Oder glaubst du etwa, er geht für seine Kohle normal arbeiten?«

Ich stand mitten im Raum und war plötzlich stumm. Ich konnte Ladja nicht verteidigen, weil ich wirklich nicht wusste, was er den ganzen Tag machte. Ich rannte raus, ohne ein Wort zu sagen, und atmete die kühle, nasse Novemberluft, bis mir die Lungen mehr wehtaten als mein Herz. Sag, dass es nicht wahr ist, dachte ich, bitte. Wir kannten uns jetzt sechs Wochen und ich hatte vielleicht etwas geahnt, aber nicht darüber nachdenken wollen.

Ladja kam an diesem Abend nicht und auch nicht am Tag danach. Ich hatte keine Ahnung, wo er war, und auch keine Telefonnummer, unter der ich ihn hätte erreichen können. Ich saß am Fenster, sah, wie in den anderen Wohnungen die Lichter angingen, und stellte mir vor, wie die Familien am Tisch saßen, Abendbrot aßen und über die Geschehnisse des Tages plauderten. Ich aber war allein. Die Freiheit, die sich noch zwei Monate zuvor so gut angefühlt hatte, tat mir nur noch weh. Ich dachte an Ladja, wie er in der kalten Nacht durch die Straßen wanderte und nicht nach Hause fand. Oder war ihm gar etwas zugestoßen?

Ladja blieb einige Tage weg. Ich ging weiterhin jeden Morgen arbeiten, sah dabei ständig auf mein Handy und hörte mir von den Kollegen in der Kneipe Sprüche an, die mir auch nicht halfen, wie »Du hast was Besseres verdient« oder »Mach jetzt mit ihm Schluss, dann ist es nicht so schlimm«.

Tomas wusste auch nichts. Einmal klingelte ich bei ihm. Die Musik in seiner Wohnung war höllisch laut, durch die Luft zog das süße Aroma von Gras und zwei unbekannte Mädchen saßen halbnackt auf seiner Couch und lachten. Ich fragte ihn nach Ladja, aber er zuckte nur mit den Schultern, als ob es um einen Unbekannten ginge.

Nach einer Woche klingelte es an einem eisigen Donnerstagabend an der Tür. Ladja stand da mit einem Blumenstrauß in der Hand und küsste mich verlegen auf die Wange. Er hatte eine neue, blaue Bomberjacke an und roch nach Straße und nach Regen, wie ein nasser Hund.

Ich schmiss die Rosen auf den Boden und marschierte in mein Zimmer. Das Letzte, was ich wollte, war eine kitschige Szene. Doch als Ladja mir in die Augen sah, rollten mir warme Tränen die Wangen herunter.

Er versuchte nicht, irgendeine Ausrede zu finden. Vielleicht habe ich ihn deshalb nicht rausgeschmissen. Es war, wie es immer wieder sein würde, wenn ich später mit ihm stritt. Ich wusste, dass ich nicht mit ihm Schluss machen wollte oder konnte – er sollte einfach nicht wieder weggehen. In dieser Nacht spürte ich dieses Gefühl das erste Mal mit einer Klarheit, die ich nicht kannte, aber von der ich wusste, dass es Kraftverschwendung wäre, sich dagegen zu wehren.

Am Morgen danach, auf dem Weg zur S-Bahn, erzählte er mir zum ersten Mal etwas über seine Vergangenheit. Sein Vater war Tischler, seine Mutter Köchin. Er hatte einen älteren Bruder, der eine eigene Familie hatte, und eine kleine Schwester, ein Jahr jünger als er. »Wenn das Wetter besser wird, können wir mal nach Polen fahren. Wir haben ein kleines Laubenhaus, dort kann man grillen und die Schwalben beobachten, wie sie ihr Nest bauen.«

Ich hörte kaum zu. Die Sätze meines Chefs klangen mir noch in den Ohren: »Denkst du etwa, er geht für seine Kohle arbeiten?« Ich musste ihn einfach fragen.

»Gehst du anschaffen?«, fragte ich unvermittelt.

Ladja blieb stehen und schaute mich an.

»Pino hat mir so was erzählt«, fuhr ich fort. »Stimmt es?«

Ich wurde immer lauter und ein paar Leute auf der Straße drehten sich nach uns um. Ladja packte mich an den Schultern und drückte mich gegen eine Wand.

»Ja, das mache ich«, zischte er leise, sein Blick war penetrant und hart. »Aber nur wegen des Geldes. Ich habe doch keine andere Wahl.«

Mein Kopf drohte zu platzen und ich bekam kaum Luft. Das Schlimmste war wohl, dass ich mir unter dem Begriff Prostitution nur entsetzliche Dinge vorstellen konnte. Ich sah Ladja vor mir, wie er am Bahnhof alte, hässliche Männer ansprach, um anschließend mit ihnen in einer billigen Pension zu verschwinden. Was sie dort mit ihm machten, wollte ich mir gar nicht ausmalen.

Wir hatten uns auf eine Parkbank gesetzt und ich starrte auf das gegenüberliegende Haus, wo eine große, rote Schrift von einem Fenster zum anderen reichte: »Fuck the USA«.

Mein Magen war durcheinander und der Geruch von gegrilltem Fleisch, der von einer Dönerbude zu uns herüberwaberte, machte es nur noch schlimmer.

Wir stiegen zusammen in die S-Bahn Richtung Westen. Am Bahnhof Zoologischer Garten stieg er aus. Er verabschiedete sich von mir und tauchte ab in seine Welt, die mir jetzt furchtbar unheimlich war.

Bis zum Beginn des ersten Semesters waren es zu dem Zeitpunkt noch zehn Monate. Ich war nach Berlin gekommen, um eine ganz normale Studentin zu werden. Nun war ich die Freundin eines polnischen Jungen, der als Stricher arbeitete. Damals konnte ich mir noch nicht vorstellen, dass ich mich eines Tages selbst in diesem Milieu bewegen würde und wie klein dieser Schritt, oder besser, die vielen Schritte sein würden, die zwischen dem Leben einer ehrgeizigen Abiturientin und dem einer Hure lagen.

# 2

## EROTIK-CHAT

Ich bin weder als Nutte geboren, noch habe ich in meiner Kindheit davon geträumt, eine zu werden. So ist es bei allen Frauen, die ich kenne, die diesen Job machen oder gemacht haben. Damals, als ich neu in Berlin war und total in Ladja verknallt, hätte ich nie daran gedacht, jemals für Geld mit Männern ins Bett zu gehen. Die Tatsache, dass mein eigener Partner anschaffen ging, machte mich am Anfang schier verrückt, so dass ich ihm sehr bald ein Ultimatum stellte: entweder ich oder sein Job. Er entschied sich für mich – und wenig später war ich es dann, die ihren Körper für Geld anbot.

Bis zu meinem zwanzigsten Lebensjahr waren meine Berührungspunkte mit der Prostitution gleich null. Bei Ausflügen in die Stadt sah ich Huren, die am Bahnhof für sich warben und von den Leuten halb missbilligend, halb gleichgültig betrachtet wurden. Oder voller Geilheit – schließlich stammten die meisten ihrer Kunden aus den adretten Häusern unserer Gegend. Meine Eltern vermieden das Thema zu Hause fast gänzlich, nur manchmal ließen sie abfällige Kommentare über die Prostituierten fallen.

Ich hielt diese Frauen, die ich nur von sehr weit anschauen durfte, immer für merkwürdige und zugleich reizende Wesen. Mit ihren langen Mähnen und Kniestiefeln,

den langen, zur Schau gestellten Beinen und den rotge-
schminkten Lippen sahen sie ganz anders aus als die meisten unserer Mütter. Erst als ich älter wurde, sah ich ihre mü-
den und einsamen Blicke, die mich ahnen ließen, dass sie
vielleicht gar nicht so unnahbar und cool waren, wie ich als
Kind geglaubt hatte. Natürlich hätte ich nie eine von ihnen
angesprochen. Es hieß, sie seien alle drogenabhängige oder
verschleppte Frauen aus Osteuropa und Afrika, die für bru-
tale Zuhälter arbeiteten. Nur Transsexuelle fanden meine
Freunde und ich lustig. Wir fuhren gerne zu zweit mit dem
Roller an ihnen vorbei und schrien den Freiern in ihre halb-
geöffneten Autofenster: »Das erzähle ich deiner Frau!«

Während meiner ersten Zeit in Berlin war ich genauso
ahnungslos, wie ich es in Italien gewesen war – so lange, bis
ich Ladja kennenlernte. Trotzdem war ich mir selbst da zunächst noch sicher, dass für mich so etwas nie in Frage
kommen würde. Immerhin konnte man auch mit normalen Jobs seinen Unterhalt bestreiten, oder nicht?

Genau das versuchten Ladja und ich am Anfang unserer
Beziehung. Zusammen mit Tomas fingen wir an, in einer
Disko im Prenzlauer Berg zu arbeiten. Die Jungs hatten
beide keine Aufenthaltsgenehmigung, deshalb waren sie
bereit, für einen Hungerlohn die Drecksarbeiten zu erledigen, die kein anderer machen wollte. In diesem Fall
schleppten sie Getränkekisten, füllten Kühlschränke und
räumten leere Flaschen von der Tanzfläche. Ich war für die
Toiletten zuständig. Die Bezahlung war mies, doch das
Trinkgeld meistens so gut, dass Ladja und ich davon leben
konnten. Wir hatten eine Menge Spaß, klauten Sekt aus den
Lagerräumen und tranken ihn auf den Toiletten. Morgens
um neun oder um zehn frühstückten wir dann mit dem ganzen Team des Clubs und fuhren anschließend halbbesoffen
nach Hause, wobei wir oft schon in der S-Bahn einschliefen.

Irgendwann weigerte sich der Chef, ein dicker Biker mit rasiertem Schädel, uns zu bezahlen. Eine Klage kam nicht in Frage, da Ladja und Tomas ja keine Arbeitsgenehmigung hatten. Rumnerven war zu gefährlich, weil der Besitzer über hundert Kilo wog und ein paar Rocker hinter sich hatte, die kein Problem damit gehabt hätten, uns alle totzuschlagen und in die Spree zu schmeißen – jedenfalls dachten wir das. So fuhren wir einfach nach Hause. Ladja weinte vor Wut, auch Tomas heulte, weil er das Geld seiner Freundin versprochen hatte, um die Stromrechnung zu bezahlen.

Als ich gerade noch zwei Euro in der Tasche hatte, rief ich meinen Vater an. Ich erklärte ihm, dass es sich um einen Notfall handele, und er schickte mir hundert Euro, die natürlich nicht lange vorhielten. Ich traute mich jedoch nicht, ihn ein zweites Mal anzurufen. Ich wusste, dass es unserem kleinen Familienhotel nicht gut ging. Meine Mutter konnte ich auch nicht um Unterstützung bitten. Mit ihrem miesen Gehalt als Bibliothekarin bezahlte sie die Schulden der Familie ab.

Ich wollte meinen Eltern keine Last sein. Immerhin war es meine eigene Entscheidung gewesen, zum Studieren nach Deutschland zu ziehen. Einen Anspruch auf BAföG hatte ich als Ausländerin auch nicht und so blieb mir nichts anderes übrig, als alleine klarzukommen.

Vorerst saßen Ladja und ich weiter in unserer Einzimmerwohnung, ohne Geld, aßen Nudeln mit Tomatensoße aus dem Glas, die es für sechzig Cent beim Discounter gab, drehten Zigaretten aus Billigtabak und träumten davon, in den Tierpark oder ins Schwimmbad zu fahren.

Ich war bereits ein Jahr in Berlin, als ich auf RTL2 einen Bericht über Web-Cam-Girls sah, Internet-Stripperinnen, die fröhlich aus ihrem Berufsalltag plauderten. Eine erzählte gerade, wie viel Geld man allein damit verdienen konnte, dass man sich vor einer Videokamera auszog. Das Ganze klang eigentlich relativ harmlos.

»Was würdest du denken, wenn ich so etwas tun würde?«, fragte ich Ladja. Ich dachte in dem Moment nur an das schnelle Geld.

Er hob die Schultern.

»So schlimm ist das nicht«, fuhr ich fort. »Man wird von niemandem angefasst und es ist total anonym.«

Weil Ladja sich nicht wirklich dazu äußerte, fühlte ich mich frei, am nächsten Tag eine Zeitung zu kaufen und einfach mal nach einschlägigen Anzeigen zu schauen. Ich wurde sofort fündig. Eine Firma warb mit einer »leicht erotischen Internettätigkeit«. Ich atmete tief durch und wählte die angegebene Nummer. Am anderen Ende der Leitung meldete sich eine freundliche Männerstimme. Meine Stimme zitterte am Anfang ein wenig vor Aufregung, doch mein Gesprächspartner verschaffte mir den Eindruck, dass es sich um einen ganz normalen Job handelte. Er sagte auch, dass es kein Problem sei, wenn ich so etwas zum ersten Mal mache. Am Ende vereinbarten wir einen Termin gleich für den nächsten Tag, an dem er mir alles genauer erklären wollte.

Das Haus war am Arsch der Welt. Ich brauchte eine Stunde mit dem Bus, um das kleine Dorf jenseits der Stadtgrenze zu erreichen. Ich stieg aus und stolperte durch die Straßen einer gepflegten Gemeinde mit Reihenhäusern, deren Bewohner sich hinter weißen Gardinen verbargen. Ich dachte zuerst, ich sei falsch ausgestiegen, doch dann fand ich tatsächlich die Adresse.

Ein großer, blonder Mann öffnete die Tür. Er stellte sich als Thorsten vor und bot mir Limonade an, da die Hitze unerträglich war. Wir setzten uns auf eine weiße Ledercouch in einem Wohnzimmer mit schwarzen Möbeln und pastellgrün gestrichenen Wänden.

Ein zweiter Mann setzte sich neben uns. Er hieß Andreas und war der Geschäftspartner von Thorsten. Gleich eingangs erklärte er ungefragt die in dieser Gegend erstaunliche Tatsache, dass er dunkelhäutig war: Er sei in Peru geboren, als Kind aber von einem deutschen Paar adoptiert worden und in Ost-Berlin aufgewachsen. Der Job sei an sich simpel, erklärte er. Es ginge nur darum, mit Männern zu chatten und sich dabei nackt zu zeigen. Manche Frauen benutzten auch einen Dildo und »verwöhnten« sich so vor der Kamera, dies sei aber keine Pflicht. Es gebe »freie Schichtwahl« – morgens, nachmittags oder nachts – und der Stundenlohn betrage zehn Euro, auszahlbar am 10. des Folgemonats. Das waren Konditionen, die mir fair erschienen, und so stimmte ich zu.

Danach plauderte er noch eine Stunde lang über sein Lieblingsthema, nämlich den Aufbau seines kleinen Pornoimperiums in der brandenburgischen Provinz, während sein Geschäftspartner regelmäßig nickte und eine Kippe nach der anderen rauchte.

Am Ende stellte Andreas mir noch ein paar Fragen. Dass ich mein Studium der Mathematik im Oktober beginnen wollte, fand er ganz toll. Er selbst habe Jura studiert, erzählte er, aber nach zwei Jahren abgebrochen, weil er zu faul gewesen sei, zu den Vorlesungen zu gehen. Ich lächelte. Ich wusste, das würde mir nicht passieren, dafür war ich viel zu ehrgeizig.

Am nächsten Tag fand ich mich pünktlich zur Mittagszeit in dem Reihenhäuschen mit Sprossenfenstern und Rosenbeeten ein, um meine erste Schicht als Internet-Stripperin anzutreten. Als Arbeitskleidung hatte ich mich für einen gelben Badeanzug mit Fransen entschieden, der mir halbwegs sexy erschien.

Ein schmales Mädchen mit schwarzen Locken und kleinen, runden Brüsten saß bereits auf dem Futonbett. Das Zimmer war vielleicht acht Quadratmeter groß, und außer dem Bett gab es nur noch ein paar Metallregale, in denen aus irgendeinem Grund Kochbücher standen. Das Frauenbild in diesem Haushalt ist jedenfalls klar, dachte ich. Nicht dass ich es teilte, aber für Geld konnte ich von mir aus gerne in die Rolle der notgeilen Hausfrau schlüpfen.

Die Frau stellte sich als Jeanette vor und erzählte mir, dass sie schon seit fünf Monaten für Andy und Thorsten arbeite. »Nette Kerle. Und zahlen immer pünktlich«, sagte sie.

Gerade hatte sich ein Besucher in den Videochat eingeloggt. Jeanette postierte sich vor der Webcam, die sich neben dem Monitor befand, zog ihren schwarzen Tanga aus und fing an, sich mit der Hand an ihrer rasierten Muschi zu streicheln. Sie stöhnte auch dabei, obwohl der Voicekanal gar nicht offen war. Mir war klar, dass sie simulierte, denn keine Frau geht allein und auf Kommando in zwei Sekunden so ab. Doch der Gast fand die Show anscheinend geil. »Du machst mich voll an«, schrieb er und »Weiter, du geile Sau, mein Riemen ist schon steif.« Nach drei Minuten war er weg und Jeanette konnte sich wieder anziehen.

»Die meistens bleiben bloß kurz, wollen deine Nippel und deine Muschi sehen und wichsen dabei. Es gibt auch welche, die wollen, dass du vor der Kamera pisst oder dass du dir die ganze Faust reinsteckst, aber das brauchst du nicht machen, wenn du nicht willst.«

Nach zehn Minuten musste Jeanette los. Sie hatte ein kleines Kind zu Hause und ihr Mann war berufstätig. Als sie aufstand, sah ich, dass ihr Rücken vollständig tätowiert war – eine Meerjungfrau mit einem Schwert in der Hand.

»Aus meinen wilden Zeiten«, meinte sie dazu nur. Es

beruhigte mich, dass sie ihr Leben als Internet-Stripperin offenbar für weniger wild hielt.

Dann war ich alleine. Ich machte es mir auf den herzförmigen Kissen bequem und konzentrierte mich. Ich schwitzte vor lauter Aufregung und stellte mir vor, was für Männer ich wohl gleich im Chat treffen würde. Zum Glück musste ich sie nicht sehen – es reichte schon, dass sie mich sahen.

Ich hatte mich als »Mascha« eingeloggt – keine Chatsex-Anbieterin benutzte ihren echten Namen. Nach drei Minuten hatte ich den ersten Besucher. Er nannte sich »Bird« und wollte mich einfach nackt sehen. Ich zog mich langsam aus und versuchte, so sexy wie möglich zu klingen, während meine Finger über die Tastatur huschten. Sich gleichzeitig auszuziehen, zu tippen und vor der Kamera zu bewegen war, wie ich feststellte, geradezu eine Kunst, und ich kam mir ziemlich tollpatschig vor. Ich schrieb Sätze wie »Ja, ich will dich auch haben ...« oder »Ich bin auch so geil und schon ganz feucht.«

Nach etwa zwei Minuten loggte sich Bird aus. Wie ich feststellen sollte, war das die Zeitspanne der meisten Chats.

Nach ein paar Stunden und einigen weiteren Kunden kannte ich die Abläufe. Die meisten konnte man schon mit ein paar schlüpfrigen Floskeln zufriedenstellen. Viele baten mich, ihnen meine Adresse und Telefonnummer zu geben, oder fragten, ob man sich treffen könnte, aber das alles war natürlich verboten und ich hatte ohnehin nicht vorgehabt, mich auf einen dieser Typen einzulassen.

Zum Glück rief mich am ersten Tag niemand an, Telefonsex wurde bei uns nämlich auch angeboten, was natürlich teurer war als der bloße Chat.

Ein Chat ging immer auf die gleiche Art und Weise los: »Zeig mir deine Titten«, »Spiel mal mit deiner Muschi«,

»Lass mich dein Arschloch sehen« – und wenn man es getan hatte, waren die Typen meist gleich wieder weg. Manche Chatpartner schrieben mir am Ende noch eine nette Zeile wie »Vielen Dank, hatte einen geilen Orgasmus«, viele gingen aber, ohne sich zu verabschieden.

Im Prinzip war das Ganze langweiliger als ein Bürojob. Man saß alleine in einem Zimmer, und wenn gerade keine Gäste da waren, musste man die Zeit totschlagen. Ich rauchte eine Zigarette nach der anderen, las mitgebrachte Bücher oder herumliegende Zeitschriften und naschte Smarties. Irgendwann kannte ich die ganzen Klatschblätter auswendig, weshalb ich immer häufiger per ICQ mit Andreas chattete, meinem Chef, der die ganze Zeit ein Stockwerk unter mir im Büro saß und sich ebenfalls langweilte. Unser beinahe einziges Thema war Sex, jedenfalls endete es meistens dort.

Eines Abends, im Chat war wieder mal nichts los, beichtete er mir die ganzen Seitensprünge, die er in fünfzehn Jahren Ehe begangen hatte. Ich tat, als ob ich schockiert sei.

»Von dir hätte ich das nie gedacht«, gab ich vor.

»Hey, ich hab wirklich sonst keine Leichen im Keller. Ich trinke nie Alkohol, gehe nicht mit Kumpels aus, zocke nicht. Verdammt, was habt ihr Frauen bloß immer? Ich bin auch nur ein Mensch!«, war die Antwort.

»War nur ein Scherz, bin auch keine Mutter Teresa«, schrieb ich zurück.

Der dunkelhäutige Andreas war eigentlich der deutscheste Mann, den ich je kennengelernt habe. Er kam immer überpünktlich ins Büro, räumte ständig auf und hatte nie Vorurteile gegen irgendwen. Das war die korrekte Seite an ihm. Die andere Seite offenbarte er mir im Chat – nämlich, dass er seine Frau zwei Jahre lang mit ihrer Cousine betrogen hatte. Da die heiße Verwandte im Baumarkt in Hellersdorf arbeitete, trafen sich die beiden jeden Tag zur

Mittagspause in ihrem Auto und vögelten, bis sie wieder arbeiten musste. Alles flog auf, als ihr Ehemann sie eines Tages überraschen wollte, sich dafür einen Tag Urlaub genommen und einen Tisch in einem indischen Restaurant um die Ecke reserviert hatte (jedenfalls behauptete er das später). Statt mit einem romantischen Mittagessen endete die Pause mit zwei zersplitterten Fensterscheiben, einem blauen Auge für Andreas und zwei fast zertrümmerten Ehen.

»Nette Familiengeschichte«, schrieb ich.

Plötzlich musste ich wieder chatten, denn ein Besucher hatte sich angemeldet – genaugenommen ein alter Bekannter: Horst, einer meiner größten Fans. Er war nach eigenen Angaben Mitte vierzig, Blumenverkäufer und hatte eine Eigentumswohnung in Cottbus. Seine geliebte und unersetzliche Freundin hatte ihn zwei Jahre zuvor für einen reichen Bauunternehmer verlassen und war in Brasilien untergetaucht, so dass er alleine auf einem Schuldenberg sitzen geblieben war. Sein einziger Trost waren seine Huskyhündin, die er nach seiner verlorene Liebe Susi getauft hatte, und seine fast täglichen Chat-Besuche.

»Ich sitze vor dem PC, trinke ein Glas Jack Daniels ohne Eis, halte meinen Schwanz in der Hand und warte, dass du dich ausziehst, meine süße Mascha«, schrieb er.

Ich tat, als ob ich den ganzen Abend nur auf ihn gewartet hätte, und schmiss mit theatralischer Geste erst meinen BH und dann meinen Slip weg. Sofort rief er auf unserer teuren 0190-Hotline an. Anscheinend war er durch meinen nackten Anblick wieder mal so geil geworden, dass er seine prekäre Finanzsituation vergessen hatte. Er erwähnte oft, er würde auf meine großen Brüste und meinen südländischen Akzent abfahren.

»Hallo …«

Ich erkannte die schüchterne Stimme sofort. Am liebsten

hätte ich laut losgelacht. Die Vorstellung, dass dieser arme Mann Hunderte von Euro im Jahr bezahlte, nur um ein bisschen nackte Haut zu sehen und ein paar Beleidigungen am Telefon zu hören, machte ihn für mich zu einer lächerlichen Figur. Er wollte beschimpft werden, er bettelte regelrecht darum, was nicht ganz einfach war, denn nach »Arschloch«, »Hurensohn« und »Dreckspenner« war mein Repertoire ausgeschöpft. Aber er stand jeden verdammten Abend wieder auf der Matte, pünktlich wie ein Schweizer Lokführer, holte sich einen runter, während wir chatteten oder telefonierten, und ging danach schlafen.

Irgendwann erzählte ich meiner Kollegin Sandra von Horst. Sie war eine ehemalige Lidl-Verkäuferin, wog achtzig Kilo und hatte riesige Brüste, die ihr eigenes Leben führten und ständig aus dem T-Shirt hüpften.

»Die Leute werden immer bekloppter«, sagte sie. »Für die paar Euro sollten wir uns das nicht antun.« Sie senkte ihre Stimme und murmelte verschwörerisch: »Du bist jung, Mädel, du kannst viel mehr Geld verdienen. Ich habe erst vor kurzem bei einer Begleitagentur aufgehört – na ja, ich bin fast vierzig, Kindchen. Aber ich habe dort gute Zeiten gehabt, und mit deinem Aussehen ... Glaub mir, was du hier kriegst, sind Peanuts.«

Ich mochte Sandra, obwohl ich sie nicht wirklich gut kannte. Sie war kein kicherndes Mädchen mit rosa lackierten Fingernägeln wie die meisten anderen Kolleginnen, sondern eine gestandene, direkte Frau. Doch ihren Vorschlag, als Nutte zu arbeiten, fand ich unpassend.

»Ich könnte so etwas nie machen. Ich liebe meinen Freund und will nur mit ihm Sex haben«, sagte ich mit allem Hochmut, den ich aufbringen konnte.

Sandra lachte nur.

»Du wirst schon sehen. Ich hoffe, es wird dir nie passieren, aber irgendwann steckst du im Dreck und brauchst Geld. Und dann ist es dir scheißegal«, sagte sie. »Ich bin ein wenig älter als du. Ich musste zwei Kinder großziehen und mein Ex, der Penner, hat mich im Stich gelassen.«

Ich vergaß ihre Warnung bald, denn am nächsten Tag bekam ich meinen ersten Lohn als Chat-Girl ausgezahlt – in bar. So viele Hundert-Euro-Scheine hatte ich noch nie auf einmal in der Hand gehabt. Ich war superglücklich, küsste Andreas auf die Wange, wünschte allen einen schönen Tag und ging als Erstes Richtung Einkaufszentrum, wo ich drei Tüten voller Klamotten kaufte. Es war das erste richtige Shoppen seit einem Jahr. Dass ich das Geld mit meinem Körper verdient hatte, störte mich nicht. Das Einzige, was die Männer letztendlich von mir hatten, war ein Bild auf dem Monitor.

Als ich an diesem Abend nach Hause kam, saß Ladja vor dem Rechner und spielte Autorennen. Seitdem ich so beschäftigt war, verbrachte er die meiste Zeit auf dem Kiez am Nollendorfplatz oder mit unserem Nachbarn Rudy. Rudy war ein Engländer, der den ganzen Tag billiges Bier aus dem Supermarkt trank und auf dem Bett Gitarre spielte. Er komponierte auch selber Lieder, meistens Heavy Metal, und manche seiner Stücke waren gar nicht schlecht. Sie handelten von Gewalt, Straßenleben und Perspektivlosigkeit. Seine Musikerkarriere scheiterte, wie alles andere, an seinem Alkoholproblem. Ladja, der auch nie nein zu einem Bier sagte, wurde bald Stammgast in Rudys Wohnung.

Wir hatten deswegen manchmal Streit. Ladja fühlte sich alleine, weil ich so selten zu Hause war, ich war frustriert, weil er, wenn ich nachts heimkam, so zugedröhnt war, dass kein Gespräch mehr möglich war.

Doch an diesem Tag lief alles wie geschmiert. Ich schmiss meine Tasche auf den Boden, zog das Portemonnaie raus und wedelte mit den Scheinen.

Ladja sagte zuerst nichts. Er hatte sich nur schwer damit abfinden können, dass ich mich für andere Männer auszog, vermied aber das Thema, da er selbst keinen Job hatte und somit auf die Kohle angewiesen war, die ich heimbrachte.

Wir aßen im chinesischen Restaurant, das sich im Erdgeschoss unseres Wohnhauses befand, gingen danach ins Kino und schauten uns einen Actionfilm an, um schließlich im »Rainbow« in Schöneberg zu enden, einem kleinen, gemütlichen Kifferladen, in dem man mehr als zwanzig Sorten Tee trinken konnte. Der Kellner kannte Ladja noch aus der Zeit, als er gerade aus Polen angekommen war und kein Wort Deutsch sprach.

»Du hast dich sehr verändert«, sagte er zu Ladja gewandt, aber ich verstand es als Kompliment in meine Richtung. Schließlich hatte ich aus Ladja einen anderen Menschen gemacht. Ich hatte ihn als abgemagerten Straßenjungen kennengelernt, der sich ohne Papiere durchschlug. Jetzt sah er – auch dank der Tatsache, dass ich ihm ein paar neue Kleidungsstücke geschenkt hatte – wie ein netter, attraktiver junger Mann aus, der irgendwo in einem Büro arbeitete und nach der Arbeit mit seiner Freundin zusammen auf dem Sofa saß und fernsah. Und ein bisschen war es ja auch so, dachte ich, als wir an diesem Abend nach Hause fuhren.

Ich fühlte mich glücklich wie lange nicht mehr. Ich sang unter der Dusche, schäumte mich mit einem Duschgel ein, das nach Kokosnuss und Mango duftete, malte mit dem Finger kleine Herzen auf den beschlagenen Spiegel und ging anschließend ins Bett, wo Ladja und ich uns liebten wie am Anfang unserer Beziehung.

Ich hatte noch einen weiteren Grund zu feiern, denn mein erster Tag an der Universität stand kurz bevor. Nach einem Jahr Berlin war mein Deutsch nun gut genug, dass ich zum Studium zugelassen war; den Sprachtest hatte ich ohne Probleme bestanden. Seit meiner Kindheit war mir eingetrichtert worden, dass ein Studium der einzige Weg sei, um im Leben Erfolg zu haben, und dass man besonders stolz sein konnte, wenn man eine Hochschule besuchte. Ich hatte die Aufnahmeprüfung für den Diplomstudiengang Mathematik bestanden, und wenn alles gutging, würde ich in fünf Jahren meinen Abschluss und einen soliden Job haben. Ich stellte mir vor, wie ich während des Studiums mit Kommilitonen auf einer Wiese sitzen und gemeinsam lernen würde. Oder wie wir bei Kaffee und Zigaretten zusammen an Projekten arbeiten würden und wie viel Spaß es machen würde, mit Ladja auf Studentenpartys aufzutauchen.

Am ersten Tag war dann alles ganz anders, als ich erwartet hatte. Ich fuhr mit Ladja zum Hauptgebäude, er küsste mich und wünschte mir viel Glück. Die Einführungsveranstaltung hatte schon angefangen, in dem überfüllten Saal gab es keine freien Sitzplätze mehr, so dass ich mit dem Rücken zur Wand stehen musste. Ein grauhaariger Dozent schwafelte etwas von global operierenden Firmen und Netzwerken. Immer mehr Leute verloren den Faden, dämmerten vor sich hin oder unterhielten sich mit dem Tischnachbarn.

Nach einer Stunde war die Veranstaltung vorbei. Im Foyer standen die Leute in Gruppen, manche tranken Kaffee und blätterten in ihren Unterlagen. Keiner sprach mich an. Ich fühlte mich fast ein wenig fehl am Platz.

In den kommenden Wochen bestätigte sich mein Anfangseindruck. Die Uni war ein anonymer Ort, selten saß man in den Veranstaltungen zweimal neben derselben Person. Den meisten Kommilitonen war Kommunikation sowieso nicht wichtig, zumindest schien das für Mathematikstudenten zu gelten. Sie gehörten offenbar eher zu dem

38

Menschenschlag, der den Samstagabend lernend oder vor dem Computer verbrachte. Die meisten waren zwar freundlich, wenn man sie nach Uni-Themen fragte, doch auf eine persönliche Ebene kam man fast nie, und wenn, dann stellte man fest, dass viele von ihnen Berlin gar nicht kannten, da sie immer in ihrer Bude saßen und Fachzeitschriften lasen. Dann gab es noch die Spießer aus gutem Haus, die man an ihren symmetrischen Haarschnitten und ihren affektierten Manieren erkannte. Die Abneigung war beiderseitig. Sie merkten mir vermutlich an, dass ich keine wohlhabenden Eltern hatte und einen in ihren Augen unkonventionellen Lebensstil führte, ich wiederum war der Ansicht, dass sie keine Ahnung vom wahren Leben hatten. Die ausländischen Studenten – davon gab es relativ viele – waren da meist schon pfiffiger, doch sie hingen nach Vorlesungsschluss lieber mit ihren jeweiligen Landsleuten herum.

»Ich finde die ganze Umgebung deprimierend«, gestand mir ein Mädchen aus meinem Mathe-Kurs, als wir zusammen in der Cafeteria saßen. Sie war mir, äußerlich betrachtet, sehr ähnlich: Lange Haare, hübsches Gesicht, klein und dünn. Der erste angenehme Mensch, den du hier getroffen hast, dachte ich. Jule war wegen ihres Studiums aus Braunschweig nach Berlin gezogen und kannte in der Stadt fast niemanden, so dass wir am Wochenende manchmal zusammen ausgingen. Wir standen beide auf Indie-Rock, Kneipenbesuche und hatten beide in der Anfangszeit an der Uni ziemlich große Probleme, besonders was die Organisation des Studiums anging. So hatte ich in kurzer Zeit immerhin eine neue Freundin gewonnen. Wie es bei mir zu Hause zuging, wagte ich ihr zu dem Zeitpunkt allerdings noch nicht zu erzählen – ganz zu schweigen von meiner Nebentätigkeit.

Als ich eines Tages von der Uni heimkam, war es in unserer Wohnung unheimlich still; sonst wurde ich üblicherweise mit lauter Musik empfangen. Ladja und Tomas saßen um den Tisch, sagten aber nichts. Tomas massierte sich die Schläfe und schaute mit einem abwesenden Blick in die Ferne. Von außen gesehen war er immer derselbe: Party, Koks und Mädels, das war seine Welt. Doch wenn er alleine mit mir und Ladja war, redete er oft von seinem Zuhause. In dem Dorf an der weißrussischen Grenze, in dem er geboren war, besaß seine Familie ein kleines Haus mit einem Garten. Es war schon ziemlich alt, doch Tomas und sein Vater erledigten die meisten Reparaturen allein. Sie flickten das Dach vor dem Winter und strichen die Fassade im Sommer.

»Ich denke in letzter Zeit immer öfter an meinen Alten, der jetzt allein auf die Leiter steigt und ohne mich die Arbeit macht«, sagte Tomas einmal. »Ich war seine einzige Hilfe und bin abgehauen. Manchmal denke ich, es war scheiße von mir. Ich sehe sogar meine Mutter vor mir, wie sie in der Küche sitzt, Kreuzworträtsel löst und jedes Mal die Stirn runzelt, wenn sie etwas nicht weiß.«

»Vielleicht ist es ein Zeichen«, sagte ich vorsichtig. »Willst du irgendwann zurück nach Hause?«

»Als ich hierherkam, war mir vieles scheißegal. Ich war achtzehn, ich wollte einfach leben«, fuhr er fort, ohne auf mich zu achten. »Ich war ein kleiner Junge in der Großstadt und kam mir vor wie in einem Vergnügungspark. Ich habe in Saus und Braus gelebt, bin auf der Straße gelandet, habe mit Pennern und mit Managern gefeiert. Aber letztes Jahr, als ich fünfundzwanzig wurde, ist mir ein Licht aufgegangen. Plötzlich kotzten mich diese Möchtegern-Reichen an, die dich am Arsch anfassen, weil sie dir ein Bier ausgegeben haben und denken, es steht ihnen zu. Die falschen Freunde, die dich in der Disko umarmen und küssen, aber nie da sind, wenn du sie brauchst …«

»Ich weiß, was du meinst«, murmelte Ladja.

»Verdammt!«, brüllte Tomas. »Ich kotze mich selber an! Ich habe keine Papiere, keinen Job, keine Wohnung und habe mir meinen Schwanz lutschen lassen, um zu überleben! Was ist das für eine Scheiße, Sonia, kannst du mir das erklären?«, fragte er und haute so stark mit der Faust auf den Tisch, dass die Gläser wackelten.

Ich hatte schon lange gewusst, dass Tomas auch mal anschaffen gegangen war, genauso wie Ladja, doch so offen hatten wir nie darüber geredet, und seine Ehrlichkeit verblüffte mich.

Auch ich war am Grübeln. Es fiel mir schwer, alles auf die Reihe zu kriegen. Ich war den ganzen Vormittag in der Uni, kam mittags kurz nach Hause, aß schnell etwas, fuhr anderthalb Stunden durch die ganze Stadt und kam trotzdem oft zu spät zur Arbeit. Thorsten, der mich nicht so gerne mochte wie Andreas, machte deswegen ständig Stress. Dass ich gerade mit dem Studium angefangen hatte, interessierte ihn nicht. Er meinte nur, Unpünktlichkeit sei schädlich fürs Geschäft, da die Kunden teuer bezahlten, um Mädchen zu sehen, und wenn der Sendeplatz unbesetzt sei, würden sie nie wieder in die Chat kommen. Thorsten hatte sowieso eine schlechte Meinung von Frauen. Frauen seien überempfindliche und unzuverlässige Wesen, fand er, die höchstens gut fürs Bett seien.

Eines Tages kam es wegen seiner Ansichten richtig zum Streit. Er brüllte mich an, ich zog meine Klamotten wieder an, schmiss die Tür zu und wollte schon nach Hause, als ich mich selbst ermahnte. Wenn du jetzt abhaust, sagte ich mir, bist du die Schwache. Und das wollte ich auf keinen Fall sein. Ich kehrte zurück, machte meine Schicht zu Ende, ging dann ins Büro und sagte mit kühler Stimme: »Übrigens, ich kündige.« Es war Zahltag und so nahm ich auch den Umschlag mit meinem Lohn für den vorigen Monat gleich mit.

# 3

# NEUKÖLLN –
# DAS ERSTE MAL FÜR GELD

Das Geld, insgesamt fünfhundert Euro, war innerhalb von zehn Tagen weg. Miete bezahlt, Essen gekauft, einmal den ganzen Nachmittag im »Rainbow« gesessen, mir einen Pulli und ein Paar Turnschuhe gegönnt – dann waren wir wieder abgebrannt, hatten zu zweit noch dreißig Euro und keinen Job in Sicht.

Ich saß verzweifelt in der zu kleinen Wohnung, mir schwirrte der Kopf. Ich sah nur mein leeres Portemonnaie und dachte an all die schönen Sachen, die ich wegen Mangel an Knete nicht machen konnte. Kein Urlaub mit Ladja, kein Kino, keine Disko und so weiter. Im Supermarkt kaufte ich nur die billigste Wurst und das billigste Brot und spähte nach Sonderangeboten. Beim Anblick einer Fleischtheke lief mir das Wasser im Mund zusammen, aber das meiste, was da lag, war unerschwinglich. Ich denke, in dieser Phase ist die letzte, ohnehin schwache Hemmung gefallen. Ich war bereit, für Geld fast alles zu machen.

Die meisten Prostituierten und Stricher kommen aus purer Geldnot überhaupt erst auf den Gedanken, anschaffen zu gehen. Für viele ist das alles andere als eine leichte Entscheidung, aber eine finanzielle Misere fegt schnell jegliche Bedenken beiseite. Ständig zu ackern, nur um gerade mal das Nötigste kaufen zu können, war nicht das, was ich mir vom Leben vorstellte. »Du bist gerade mal zwanzig Jahre alt, und anstatt deine Jugend zu genießen, hast du jeden Tag Stress wegen der Scheißkohle. Alles, was Spaß macht, kannst du dir eh nicht leisten. Mit normalen Jobs kommst du hier nicht weiter«, sagte ich mir.

Schon vor einiger Zeit hatte ich eine einschlägige Anzeige aus der Zeitung rausgeschnitten. Als Ladja weg war, holte ich sie aus der Schublade und las die verheißungsvollen Zeilen wieder: »Hübsche, nette Frau bis 35 J. für erotische Massagen gesucht. Unkompliziertes Team, Superverdienst. Nur Mut!«

Sollte ich das wagen? Ich ließ mir Zeit mit dem Anrufen, drehte immer wieder das Stück Papier in meinen Händen, rauchte noch eine selbstgedrehte, übel schmeckende Zigarette. Irgendwie wusste ich, dass von diesem Anruf mein weiteres Schicksal abhing und dass es danach kein Zurück mehr geben würde. Wenn ich bei dem, was ich nun vorhatte, irgendwelche üblen Erfahrungen sammeln würde, würden mich diese mein Leben lang begleiten, das war klar.

Schließlich nahm ich all meinen Mut zusammen, griff zu meinem Handy und wählte langsam die Telefonnummer. Es meldete sich eine tiefe Frauenstimme. Ich stellte mich als »Nancy« vor – wie schon als Web-Cam-Stripperin wollte ich auch hier nicht meinen echten Namen benutzen. »Nancy« erinnerte mich an eine Figur aus einer blöden Ami-Serie, die ich mit Ladja jeden Abend ansah, in der ein junges Mädchen aus einer reichen, spießigen Familie nach und nach die wahre, gefährliche Welt entdeckt.

Dann wusste ich erst mal nicht, was ich noch sagen sollte. Meine Gesprächspartnerin war aber sehr nett. Sie erklärte mir, dass es um Ganzkörpermassagen mit »erotischem Abschluss« ging, und versicherte mir, dass ich nicht unbedingt mit den Gästen Sex haben musste. Sie gab mir eine Adresse und wir machten einen Termin für den folgenden Tag aus.

In dieser Nacht schlief ich kaum, weil ich mir ausmalte, was auf mich zukommen würde. Mir kamen fremde, hässliche Männer in den Sinn, die mich anfassten. Immer wieder fragte ich mich, ob ich in der Lage sein würde, das lange auszuhalten. Sich vor einer Kamera auszuziehen war eine Sache, aber richtiger Sex gegen Geld erschien mir fast zu arg. Aber eben nur fast. Schlussendlich blieb ich bei der festen Absicht, es zumindest einmal auszuprobieren.

Am nächsten Tag verabschiedete ich mich von Ladja und seinem Kumpel, die gerade kifften und Metallica hörten, und gab vor, zur Uni zu gehen.

Das Haus war unauffällig, ein sanierter Altbau in Neukölln, einem der eher unedleren Berliner Bezirke. »Ekstase« stand auf einem Schild, im Eingang standen Fahrräder und Kinderwagen. Ich traute mich nicht zu klingeln. Ich ging wieder raus auf die Straße, atmete tief durch und rauchte eine Zigarette, die ich aus meinen letzten Tabakkrümeln gedreht hatte. »Knastzigaretten« nannte Ladja diese Art Glimmstängel.

Der Verkäufer vom gegenüberliegenden Dönerladen beobachtete mich, wie ich nervös den Bürgersteig auf und ab lief. Er grinste. Ich weiß nicht, ob ich mir das nur einbildete, doch ich hatte das Gefühl, dass er genau wusste, weswegen ich hier war.

Bisher hast du im Leben Glück gehabt, dachte ich. Behütete Kindheit, Mutter Bibliothekarin, Vater Hotelwirt, Gymnasium, Nachmittage mit den Freunden, mit Punk-Musik und heimlichen Zigaretten am Strand. Dass meine Eltern nicht wussten, dass ich rauchte, war lange Zeit das größte Geheimnis gewesen, das ich vor ihnen hatte. Ich konnte in dem Moment diese Augenblicke meiner Kindheit spüren, als seien sie gestern gewesen. Nun war ich zwanzig und vor anderthalb Jahren von zu Hause weggegangen. Wenn du diesen Laden betrittst, sagte ich zu mir selbst, dann schmeißt du deine ganze Vergangenheit in eine Mülltonne und verlässt einen Weg, der bislang ganz ordentlich verlaufen ist. Willst du das?

Ja, sagte eine andere Stimme in mir, genau das willst du. Dein Kühlschrank zu Hause ist fast leer, du brauchst Kohle. Damit war ich wieder in der Realität: in Neukölln vor der Tür eines sogenannten Massagesalons.

Ich klingelte. Es dauerte eine Weile, dann öffnete eine zierliche, blonde Frau. Sie war barfuß und hatte sich in ein Tuch mit Elefantenmuster eingewickelt, wie eine Inderin.

»Tschuldigung fürs Warten, ich war beschäftigt«, flüsterte sie und strich sich mit der Hand durch die Haare. Hinter ihr sah ich einen Schatten, der in einer Tür verschwand.

Sie führte mich bis zum Ende eines langen Flurs. »Das ist unser Aufenthaltsraum«, sagte sie. Es handelte sich um eine ganz normale Küche mit weißen Fliesen. In den Regalen standen Kaffee- und Zuckerdosen. Im Hintergrund lief New-Age-Entspannungsmusik vom CD-Player. Wie ein Yogastudio, dachte ich. Vielleicht war dieses Gewerbe ja viel netter, als ich geglaubt hatte. Aber dann fiel mein Blick auf eine voluminöse Frau Anfang vierzig, die am Tisch saß und Geldscheine zählte. Sie stellte sich als Nora vor und drückte kräftig meine Hand, während sie mich von oben bis unten musterte.

»Du bist ja eine ganz Süße«, stellte sie fest. »Wenn du dich nicht besonders doof anstellst, kannst du hier richtig gut verdienen.«

Sie erklärte mir den Job. Erotische Massagen: Der Mann ist nackt, du bist nackt und du massierst seinen Körper mit

Öl und dann seinen Schwanz, »bis zum Schluss«. Sex sei nicht zwingend erforderlich. Manche Frauen böten ihn aber natürlich an.

»Das ist im Prinzip deine Sache«, seufzte sie. »Ich hätte das Vögeln am liebsten aus dem Programm gestrichen, aber die Zeiten ändern sich. Früher konnte man mit reinen Handmassagen überleben, aber heute schießen die Billigpuffs wie Pilze aus dem Boden. Wir müssen leider konkurrenzfähig bleiben.« Empört fuhr sie fort: »Weißt du, ich habe gehört, dass man in Berlin schon für zwanzig Euro das volle Programm haben kann. Ich weiß nicht, welche Frau sich für einen Zwanni bumsen lässt. Für mich käme das auf keinen Fall in die Tüte.« Sie schüttelte den Kopf.

Kurz danach klingelte es an der Tür. Die Inderin stand auf und verschwand, um kurz danach wieder zurückzukommen. »So, Kleine.« Sie schaute mich aufmunternd an. »Jetzt kommt dein Debüt.«

In der Hand hielt sie ein schwarzes Kleid mit tiefem V-Ausschnitt, das ungefähr bis zum Knie reichte, dazu rote Sandalen mit hohen Absätzen. Ich fand den Look zu weiblich, fast zu sexy. Ich hatte mein Leben lang Baumwollunterhosen und Sport-BHs getragen.*

---

\* In den meisten Puffs arbeiten die Frauen in Unterwäsche, wobei dies kein Muss ist. Wer lieber ein Kleid tragen möchte, kann dies tun. Dazu tragen die meisten Frauen hohe Schuhe oder Stiefel, Spitzenunterwäsche oder Korsagen, meist in Schwarz oder Rot. Ich weiß nicht, ob dies nur eine blöde Konvention ist, so wie Handwerker eben Blau tragen, oder ob sich einfach im Lauf der Evolution herauskristallisiert hat, dass Männer auf so was am meisten abfahren. Mit den Jahren entwickelte ich eine Vorliebe für Dessous, die bis heute anhält. (Selbst privat gehe ich nie aus dem Haus, wenn Unter- und Oberteil nicht zueinander passen. Das Kaufen von Unterwäsche kann mich stundenlang beschäf-

»Letzte Tür rechts am Ende des Flurs«, sagte sie. »Der Gast wartet schon auf dich. Ein Stammkunde. Zahlt immer vierzig Euro für das kurze Programm. Harmlos eigentlich …«

Sie quatschte noch weiter, doch ich hörte nicht mehr zu. Ich versuchte mir den Mann vorzustellen, der dort auf mich wartete, um mit mir seinen Spaß zu haben. Doch immer wieder tauchte Ladjas Gesicht vor meinem inneren Auge auf.

»Was soll ich dort tun?«, fragte ich in die Runde. »Ich habe doch keine Ahnung von Massagen.«

»Du wirst wohl in der Lage sein, jemandem einen runterzuholen, oder?«, erwiderte Nora. »Geh rein, greif zuerst das Geld ab und dann mach deinen Service. Zehn Minuten, nicht länger.« Das waren wohl die Grundregeln. »Und jetzt geh. Geh! Du willst ihn doch nicht zu lange warten lassen.«

-----

tigen, obwohl ich eigentlich Besseres zu tun habe, als ewig zu shoppen.)

Die Vorbereitungen für die Arbeit dauerten bei mir immer mindestens eine halbe Stunde – dabei zählte ich noch zu den Schnelleren der Branche. Es fing am Abend zuvor an: Beine, Achseln, Intimzone rasieren. Ich bevorzugte immer eine Komplettrasur, auch unten, manche Frauen ließen aber einen Streifen in der Mitte stehen – das ist Geschmackssache. Ich schminkte mich nie exzessiv, da ich das vulgär fand und auch die Erfahrung gemacht hatte, dass Männer eher auf »natürlich« stehen. Meistens trug ich aber zumindest eine Make-up-Schicht und malte die Augenränder mit einem Kajalstift schwarz. Als Letztes zog ich silberne oder goldene Ohrringe an, sprühte mir einen Hauch Parfum auf den Hals und kämmte ein letztes Mal meine Haare. Der Kunde wählt eine Nutte, zumindest beim ersten Mal, nach ihrem Aussehen aus. Dabei kommt es nur darauf an, sexy und feminin zu wirken – ungeschminkte Frauen in schlampigem Look haben viele schon zu Hause. Wer für Sex bezahlt, möchte dafür quasi eine Traumfrau vor sich haben.

Ich ging bis ans Ende des Flurs, hielt kurz vor der besagten Tür, dann trat ich ein.

Im Zimmer war es viel dunkler als im Gang, so dass meine Augen sich erst daran gewöhnen mussten. Ich erkannte ein Bett mit roter Bettwäsche und den roten, herzförmigen Kissen, die mir schon mal im Erotik-Chat begegnet waren. Die Gardinen aus Samt und der Teppich waren ebenfalls rot. Auf einer kleinen Kommode standen eine blaue Vase mit Plastikblumen und eine altmodische Lampe, an den Wänden hingen abstrakt wirkende Bilder, die mich an die Kandinskys erinnerten, die ich einmal auf einer Klassenfahrt gesehen hatte.

Der Mann lag nicht auf dem Bett, wie ich vermutet hatte, sondern saß nackt auf einem Sessel. Er war ungefähr Mitte dreißig, hatte dunkle Haare und kleine Augen, die mich gierig anschauten. Er sah aus wie diese Typen, die mich manchmal auf der Straße anquatschten und prompt einen Korb bekamen – seine ganze Art war schleimig und er roch stark nach Schweiß. Als ich hereinkam, wichste er schon. Die Scheine lagen auf einem kleinen Glastisch neben dem Bett. Ich steckte sie in meinen BH, denn ich hatte mein Portemonnaie im Aufenthaltsraum gelassen und mein Kleid hatte keine Taschen.

Ich näherte mich langsam und hoffte, dass er die Angst in meinen Augen nicht sehen konnte. Ich starrte die Poster an und versuchte, so lässig wie möglich zu wirken.

»Hallo, Nancy«, stöhnte er. »Willst du mich nicht bestrafen? Ich war ein ganz böser Junge.«

Solche SM-Spielchen kannte ich aus dem Sex-Chat, doch live war es natürlich noch mal was ganz anderes.

Als ich ihn das erste Mal berührte, schloss ich kurz die Augen, machte sie dann aber wieder auf und fixierte die Tischlampe auf der Kommode. Nicht mal an Ladja dachte ich, mein Gehirn war einfach leer. Ich versuchte, mich auf meine Aufgabe zu konzentrieren, um ja nichts Falsches zu machen, und hoffte gleichzeitig, dass die Zeit schnell vorbeigehen würde.

Zunächst sollte ich ihm heißes Wachs auf die Brust tropfen. Ich nahm dafür ein Teelicht. Dann wollte er, dass ich mit der einen Hand seine Eier kräftig schlug und mit der anderen seine Brustwarzen quetschte.

Er musste mich mehrmals darum bitten, weil ich Angst hatte, ihn zu verletzen. Leute zu misshandeln war definitiv nicht mein Ding, zumindest am Anfang meiner Hurenkarriere, dafür war ich einfach zu gutmütig. Doch schließlich gab ich nach und tat ihm den Gefallen.

Während ich ihn malträtierte, wichste er die ganze Zeit, fasste mich aber nicht an. Nach ein paar Minuten kippte er den Kopf nach hinten und stieß einen spitzen Schrei aus. Sperma spritzte auf mein Bein. Panisch griff ich nach einem Taschentuch – das Letzte, was ich wollte, war die Körperflüssigkeit eines fremden Mannes auf meiner Kleidung.

Dann war alles vorbei. Er wischte sich ab, zog sich sorgfältig an und bedankte sich höflich. Er müsse leider zurück in die Arbeit, erklärte er mit ruhiger Stimme, aber es habe ihm Spaß gemacht und er werde sicherlich wiederkommen.

Das sollte sich in dieser Form oft wiederholen: Die Männer kamen als versaute Typen, und sobald sie abgespritzt hatten, wurden sie wieder zu Herrn Müller oder Dr. Meier und sprachen über das Wetter, als sei nichts Sonderliches vorgefallen, bevor sie sich höflich verabschiedeten. Gerade am Anfang war ich davon irritiert.

An meinem ersten Tag hatte ich fünf weitere Kunden. Wenn es an der Tür klingelte, stellten sich die anwesenden Frauen bei dem neuen Gast vor und der Mann suchte sich eine aus. Ich wurde fast immer ausgewählt, da ich neu war und die Gäste mich ausprobieren wollten. Dabei blieb es bei den Massagen, obwohl ein paar versuchten, mich davon zu überzeugen, für Extrageld doch noch zu blasen oder zu ficken. Beim letzten Kunden, einem attraktiven jungen Mann, fühlte ich mich schon viel sicherer als zu Beginn und schaute auch nicht mehr weg, während ich seinen Schwanz anfasste, sondern lächelte ihn an.

Am Ende der achtstündigen Schicht wurde abgerechnet: die Hälfte für die Frau, die andere Hälfte für den Laden. Ich bekam hundertsiebzig Euro bar auf die Hand. Die dicke Nora traute ihren Augen nicht, denn selten verdiente eine neue Frau so viel Geld gleich am ersten Tag. Ich hatte nur selten so viele Scheine auf einmal gesehen und brach fast in Freudentränen aus.

Als ich gegen neun Uhr abends das »Ekstase« verließ, war mir noch nicht danach, nach Hause zu fahren. Auf dem Weg zur S-Bahn entdeckte ich ein kleines indisches Restaurant, das noch offen hatte. Ich dachte mir: Du bist so lange nicht mehr in einem Restaurant essen gewesen, jetzt gönnst du dir was.

Ich trat ein, bestellte einen Teller mit Fleisch, Gemüse und Curry, ein Glas Prosecco und rauchte entspannt eine Zigarette, während ich auf meine Mahlzeit wartete. Außer mir war nur noch ein Gast anwesend: Eine Frau in einem gestreiften Anzug saß alleine an ihrem Tisch und spielte mit der Gabel. Ich stellte mir vor, sie sei eine Managerin, die schließlich mit dem Taxi ins Hotel fahren und am nächsten Tag auf einer Konferenz erwartet werden würde. Man sollte ein Buch über die Leute schreiben, die um zehn Uhr abends im Winter allein im Restaurant essen, fiel mir ein.

Die wichtigen Gedanken ließ ich nur zaghaft zu. Hatte ich Ladja betrogen? Sollte ich ihm davon erzählen? Ich dachte, dass er nie Verständnis haben würde für das, was ich heute getan hatte, und dass ich von diesem Tag an ein

Doppelleben führen würde: auf einer Seite Sonia, die Studentin, Partnerin und liebe Freundin, auf der anderen Seite Nancy, die für Geld zu haben war. An meinem Körper klebte der Schweiß fremder Männer. Doch das Knistern der Scheine in meinem Portemonnaie und der Duft des herannahenden Essens schalteten mein Gewissen erst mal aus. In zwei Tagen würde ich wieder im »Ekstase« arbeiten und sicher gut verdienen – und das war ein schönes Gefühl.

Ich gewöhnte mich schnell daran, Männer gegen Geld überall zu massieren. Viele Kunden versuchten auch mehr mit mir zu machen und ein paar Mal ließ ich es geschehen, weil sie echt gut bezahlten. Sex kostete fünfzig Euro extra, die ich für mich behalten durfte. Der erste Freier, mit dem ich es trieb, war ein junger sportlicher Typ Anfang dreißig. Ich lag regungslos auf der Matratze und ließ mich von ihm ficken, ohne irgendetwas zu empfinden, und hoffte, dass er schnell kommen würde.

Ladja erzählte ich, dass ich als Empfangsdame in einem Massagesalon arbeitete. Er fragte zum Glück nicht weiter nach, doch manchmal, besonders wenn wir Sex hatten, schämte ich mich angesichts der Tatsache, dass er nicht der einzige, sondern bereits der dritte oder vierte Mann war, der mich an diesem Tag nackt sah.

Auch in der Uni konnte ich meinen Nebenjob nicht gänzlich ausblenden. So meinte ich während einer Algebra-Vorlesung in dem jungen Assistenten, der vorne am Pult seinen Unterricht abhielt, einen meiner Kunden aus dem Massagesalon zu erkennen. Zum Glück war der Hörsaal immer vollbesetzt und ich saß absichtlich stets in der hintersten Reihe, um nicht gesehen zu werden. Ob er tatsächlich schon mal bei mir gewesen war, fand ich nie heraus.

Nach den Anfangsschwierigkeiten, Kontakte zu Kommilitonen zu knüpfen, hatte ich mich mit der Zeit mit einer

Gruppe bulgarischer Studenten angefreundet, die Informatik studierten. Sie luden mich oft in ihre Wohnung ein und wir feierten ab und zu bis in die Morgenstunden, in denen dann meist die Nachbarn wegen der lauten Musik die Polizei holten. Irgendwann kam das Gespäch auf unsere diversen Jobs. Auch die Bulgaren arbeiteten allesamt, um ihr Studium zu finanzieren. Einer stand in einer Fabrik am Fließband, ein anderer jobbte in einem Restaurant.

»Ich arbeite seit einer Weile in einem Call-Center«, log ich. »Es ist zwar langweilig, aber gut bezahlt, man kriegt zehn Euro die Stunde.«

»Klingt cool. Suchen sie noch Leute? Vielleicht könnte ich mich ja auch bewerben – die Arbeit in der Fabrik kotzt mich nämlich nur noch an«, erwiderte einer der Jungs.

Ich biss mir auf die Zunge wegen meiner Dummheit und versuchte rasch, das Thema zu wechseln, aber mein Kumpel hakte immer wieder nach.

»Ich kann fragen, ob sie noch jemanden brauchen«, sagte ich am Ende kurz und bündig und war froh, dass das Thema damit vorerst beendet war.

Nach einer Weile wurde Ladja auf die bulgarischen Kommilitonen eifersüchtig, die meisten waren schließlich männlich. Ich hatte ihn ein paar Mal zu den Partys mitgenommen, doch amüsiert hatte er sich dort kaum. »Ihr quatscht immer über euer Studium. Wie soll ich da mitreden?«, fragte er gelangweilt. Irgendwann gab ich auf und traf mich nicht mehr so oft mit den Bulgaren. Zwischen Studium und Massagesalon hatte ich ohnehin immer weniger Zeit zum Ausgehen.

Am Anfang waren meine Arbeitskolleginnen im »Ekstase« noch sehr nett zu mir. Mit Nina, die auch studierte und erst einundzwanzig war, hatte ich mich angefreundet. Wir waren auch ein paar Mal zusammen ins Kino oder shoppen gegangen. Sie hatte dieselben Probleme wie ich: kaum Geld, einen arbeitslosen Freund und ein schlechtes Gewissen nach Feierabend.

Doch die Stimmung änderte sich mit der Zeit, vor allem bei einer Kollegin namens Jessica. Sie war, genauso wie ich, langhaarig und schlank, nur hatte sie nicht so viel Busen und war schon Anfang dreißig. Man lernt im Puff recht schnell, Frauen mit den Augen von Männern zu sehen. Ich war jung, hübsch und hatte noch eine eher naive Art, deswegen waren alle verrückt nach mir. Viele von Jessicas Stammgästen gingen nur noch mit mir »auf Zimmer« (wie es im Bordelljargon heißt). Das stank ihr natürlich.

Sie arbeitete seit Jahren in dem Laden, deswegen überließ Mona, die Chefin, ihr die Verantwortung, wenn sie selbst nicht da war, was ziemlich oft vorkam, weil Mona gleichzeitig noch ein Sonnenstudio betrieb. Jessica nutzte dann ihre Macht aus und wurde ekelhaft zu mir. Irgendwas machte ich in ihren Augen immer falsch. Entweder war das Zimmer nicht richtig aufgeräumt oder ich hatte vergessen, nach Feierabend das Licht in der Küche auszuschalten, oder der Kaffee, den ich gekocht hatte, war zu stark. Die anderen Frauen fanden das übertrieben, aber kaum eine traute sich, Jessica zu widersprechen.

Als sie anfing, Nina wegen unserer Freundschaft anzugreifen, distanzierte auch Nina sich plötzlich von mir. Nora, die dicke Frau, die mich am ersten Tag empfangen hatte, schien zu wissen, warum. »Fotzenneid nennt sich das«, sagte sie, während sie an einem Stück Apfelkuchen kaute. »Wirst du in diesem Beruf immer wieder erleben. Es ist einfach schwierig, wenn so viele Frauen zusammenarbeiten. Im Prinzip ist jede Kollegin auch deine Rivalin, denn die Männer müssen sich ja für eine entscheiden. Deswegen ist es so schwer, in diesem Job echte Freundinnen zu finden.«

Nora war die Einzige, die weiterhin normal zu mir war. Die anderen grüßten mich immer seltener und wechselten kaum noch ein Wort mit mir, besonders wenn Jessica anwesend war. Ich fing an, Nora richtig zu mögen, auch wenn ich sie zunächst für eine schräge Ökotante gehalten hatte. Sie liebte alles, was mit Esoterik und Meditation zu tun hatte, war also das komplette Gegenteil von mir. An der Uni beschäftigte ich mich mit Algorithmen und Datenstrukturen, Spiritualität war nie mein Ding gewesen. Irgendwann ließ ich mir von ihr aus der Hand lesen, nur so aus Jux.

»Du wirst einen guten Beruf haben und viel Geld verdienen«, weissagte sie. »Und mehrere Kinder hast du. Aber du wirst deiner großen Liebe wegen viel leiden. Ich kann allerdings nicht sagen, ob es gut enden wird, die Linien auf deiner Hand sind nicht deutlich genug.«

Ich musste lächeln, sagte aber nichts, weil ich sie nicht beleidigen wollte.

Trotz Nora fand ich es immer schwieriger, mit der Arbeit in diesem Laden klarzukommen. Am Anfang hatte ich dringend Geld gebraucht, so dass es mir gelungen war, die Tatsache zu verdrängen, dass ich mit fremden, teilweise ekligen Männern rummachte. Doch mit der Zeit – als meine finanzielle Situation sich besserte – fiel mir das Ganze immer schwerer. Ich zitterte schon, wenn es an der Tür klingelte, und kotzte innerlich schon ab, falls der Gast mich wählte. Das Gefühl, von gierigen Händen betatscht zu werden und einen fremden Körper anfassen zu müssen, weil man dafür bezahlt wurde, war einfach mies. Manche Typen waren fett, andere stanken, einige waren alt und sahen auch so aus – allesamt Leute, mit denen man normalerweise nie ins Bett gehen würde. Auf Zimmer massierte ich die Kunden zunehmend lustlos, ihre Erektionen interessierten mich nicht im Geringsten. Falls einer mich anfassen wollte, schob ich seine

55

Hand weg, und während ich ihm einen runterholte, lag ich steif da wie ein Brett und lief sofort aus dem Zimmer, wenn er gekommen war.

Eines Tages verpasste ich die Bahn und kam zehn Minuten zu spät zur Abendschicht. Jessica stand schon im Flur, als ich den Laden betrat, und schaute mich an, als ob sie mich schlagen wollte. Ich wusste, dass sie schon lange eine Ausrede suchte, um auf mich loszugehen.

»Was denkst du eigentlich, wer du bist?«, brüllte sie. »Gestern Abend hast du eine Kerze im Roten Zimmer angelassen, sie brannte heute morgen noch. Willst du den Laden abfackeln? Und jetzt kommst du zu spät. Du machst nicht sauber, die Gäste beschweren sich über dich, dass du auf Zimmer so gut wie nichts machst ...« Ihr Gesicht war rot angelaufen, sie schaute mich hasserfüllt an.

»Du kannst mich am Arsch lecken!!«, schrie ich, lief aus dem Laden und knallte die Tür zu. Zitternd stand ich auf der Straße. Ich war so sauer, dass heiße Tränen meine Wangen herunterliefen. Manche Passanten starrten mich an, als ich da wie angewurzelt auf dem Bürgersteig stand und mich keinen Schritt nach vorne bewegte. Ein dicker Mann mit Hund fragte mich sogar, ob ich Hilfe brauchte, doch ich schüttelte nur den Kopf und drehte mich um. Es war mir sehr peinlich, Schwäche vor Fremden zu zeigen.

Ich war von mir selbst enttäuscht. Wie immer hatte ich im entscheidenden Moment nicht den Mut gehabt, mich zu wehren, und ich hasste mich dafür. Seit meiner Kindheit versuchte ich immer, Konflikte zu vermeiden, doch im Rotlichtmilieu musste man auch mal die Zähne zeigen, und das gehörte nicht zu meinen Stärken.

Ich stieg in die S-Bahn und fuhr nach Hause. »Scheiß auf die Kohle«, wiederholte ich immer wieder. »Früher hast du auch überlebt und jetzt muss es eben wieder so gehen.

Ladja wird dir helfen. Er muss, er ist dein Partner und liebt dich, alles in allem. Wenn du mit dem Mist aufhörst, dann fühlst du dich auch nicht mehr wie ein Stück Dreck nach der Arbeit und kannst wieder nur für ihn da sein.«

Als ich in die Wohnung kam, spielte Ladja gerade Gitarre mit Rudy, dem Engländer. Im Aschenbecher lag ein Joint. Der Tisch, den ich am Morgen noch gewischt hatte, war voll mit Bierdosen und Tabakkrümeln. Auf der Tischdecke, die ich am Tag zuvor gekauft hatte, waren Weinflecken und ein Brandloch.

Der Stress, den ich in den letzten Wochen heruntergeschluckt hatte, brach aus mir heraus.

»Das ist also deine Art und Weise, einen Job zu suchen!«, brüllte ich Ladja an. Meine Schreie übertönten selbst die laute Musik und Rudy hörte auf zu spielen. »Und das ist der Respekt, den du vor meiner Arbeit hast«, fuhr ich fort und zeigte auf den Tisch. »Wenn ich dir so wenig bedeute, könnte ich auch für Geld ficken gehen, dir ist das doch eh scheißegal, solange du dein Bier und was zum Kiffen hast!«

Ich rannte aus der Wohnung und stieß dabei eine Vase um, die Ladja für mich in einem Antiquitätenladen gekauft hatte. Sie zerbrach in tausend Scherben – ich ließ sie liegen.

Ich entschied mich, im »California« vorbeizuschauen, einer Stricherkneipe in Schöneberg, wo ich mit Ladja schon ein paar Mal gewesen war. Dort hoffte ich, Tomas zu finden. Mit ihm konnte man am besten reden.

Als ich reinkam, war von ihm aber nichts zu sehen. Der Laden war halbleer und die übliche Mischung aus alten Hits und Dance-Musik tönte aus den Lautsprechern. Ich erkannte ein paar Gesichter – Leute, mit denen sich Ladja manchmal unterhielt. Fast alle schauten neugierig in meine Richtung, doch ich setzte mich alleine in eine Ecke und bestellte eine Whisky-Cola.

Der Alkohol lockerte zwar meine verspannten Schultern, aber nach ein paar Minuten hatte ich wieder Tränen in den Augen und, wie immer, kein Taschentuch dabei.

»Es lohnt sich nicht, für einen Mann zu leiden«, sagte eine Stimme hinter mir. Bevor ich antworten konnte, lag ein Tempo auf dem kleinen Tisch neben meinem Getränk.

»Was weißt du schon, wie viel Mühe das überhaupt kostet: studieren und gleichzeitig arbeiten? Und wenn du nach einem endlosen Tag nach Hause kommst, total am Ende bist und dein Freund lacht und kifft und die Wohnung sieht aus wie ein Schweinestall, was denkst du, wie man sich fühlt?«

Ich wusste nicht mal, wie mein Gesprächspartner aussah, denn ich kehrte ihm immer noch den Rücken zu. Ich hatte nichts gegen Schwule, die auf Frauenversteher machten, doch in dem Moment war ich so durcheinander, dass sogar sein Mitgefühl mich nervös machte.

»Ah ja, diese Kerle. Alle Arschlöcher und Faulpelze«, kam die ironische Antwort. »Ich war selber so einer, bevor ich dazu gezwungen wurde, ein anderer Mensch zu werden. Und ich weiß, wie viel Leid ich anderen Leuten zugefügt habe.«

Ich drehte mich um und schaute ihn an. Der Typ war höchstens einen Kopf größer als ich, machte aber einen kräftigen Eindruck und hatte ein kantiges, männliches Gesicht.

»Du bist die Freundin von Ladja, oder? Ich kenne dich«, fuhr er fort. »Na ja, zumindest habe ich dich schon einmal hier gesehen. Hier verkehren ja nicht wirklich viele Frauen.«

Ich konnte mich nicht daran erinnern, je mit ihm geredet zu haben, aber er war auch kein Mann, den man sofort bemerkt. Eher einer, der ruhig sein Bier trinkt und das Geschehen um sich herum beobachtet. Er stellte sich als Milan vor und erzählte mir etwas über sein Leben. Er war verheiratet und hatte eine kleine Tochter, von der er mir ein Bild zeigte.

Er kam ins »California« wegen seines schwulen Geschäfts-partners, der dort oft Gesellschaft suchte.

»Weißt du, ich finde es gut, dass du studierst. Wenn du zwanzig bist, denkst du nicht daran, was in zehn Jahren sein wird, doch irgendwann kriegst du die Quittung. Ich hätte auch an die Uni gehen sollen, aber ich war damals zu faul. Ich wollte reisen, Party machen, Erfahrungen sammeln ...« Er kratzte sich am Kinn und schaute mich nachdenklich an.

»Ich wollte immer studieren und ich weiß auch nicht, was ich sonst machen sollte«, gestand ich. »Ich will später einen anständigen Job haben. Irgendeine Knochenarbeit für sechs Euro pro Stunde, das ist einfach nichts für mich.«

Milan rückte immer näher und für einen Augenblick dachte ich, er würde mich küssen. Doch stattdessen legte er die Hand auf meine Schulter. »Ich habe Glück gehabt, dass mein Geschäftspartner mir geholfen hat. Sonst würde es mir so ergehen wie den anderen Jungs hier. Viele versa-cken, ohne es richtig zu merken, saufen, nehmen Drogen und sind irgendwann zu alt, um was Vernünftiges zu ma-chen«, sagte er.

Danach stand er auf und ging. Er sagte den ganzen Abend nichts mehr zu mir, warf mir aber ab und an einen nachdenk-lichen Blick zu. Lange her, dachte ich, dass dich jemand wie ein Mensch und nicht wie ein Fickobjekt angesehen hat.

Ich fand es angenehm, einfach dort zu sitzen und über mein Leben nachdenken zu können. Monatelang hatte ich diesen Dreck über mich ergehen lassen, nur damit es mir besserging – und jetzt war ich mit meinen Nerven am Ende.

Ich bezahlte meinen Drink und verabschiedete mich aus dem »California«. »Irgendetwas muss sich in meinem Le-ben ändern«, sagte ich halblaut auf dem Weg nach Hause, und mit diesem Gedanken schlief ich ein, als ich später im Bett neben Ladja lag, der schon längst träumte.

# 4

## WEDDING –
## ZWISCHEN HÖRSAAL UND PUFF

Während meiner Rotlicht-Karriere habe ich mir oft vorgenommen, mit dem Anschaffen aufzuhören. Auf den ersten Blick schien das kinderleicht zu sein, so auch bei diesem ersten Mal, als ich wütend aus der Wohnung gerannt und ins »California« gegangen war. Die Realität sah freilich anders aus.

Hoffnungsvoll kaufte ich mir am nächsten Morgen eine Zeitung, aber die meisten Stellenangebote waren im Bereich Reinigung oder Gastronomie und die Bezahlung war so schlecht, dass ich Vollzeit hätte arbeiten müssen, um damit zu überleben, und dann hätte ich mein Studium an den Nagel hängen können. Ladja rief auch ein paar Firmen an, doch die suchten jedes Mal jemanden mit dieser oder jener speziellen Ausbildung oder Erfahrung, die er nicht zu bieten hatte.

Nach zwei Stunden Telefonieren zog ich alleine durch die Turmstraße, um meine Gedanken zu sortieren. Ich verfluchte die Tatsache, dass ich keine reiche Familie hinter mir hatte wie manch andere Kommilitonen, die mit mir in den Kursen saßen. Die meisten waren nicht klüger oder dümmer als ich, aber sie konnten sich in Ruhe ihrem Studium widmen, so dass sie wahrscheinlich vor mir fertig sein würden.

So in Gedanken, übersah ich fast ein gelbes Schild, das

in der Fensterscheibe einer türkischen Bäckerei hing. »Aushilfe gesucht«, stand dort in großen, fast kindlichen Buchstaben. Kurzentschlossen betrat ich den Laden.

An der Theke stand ein Mädchen mit großen, schwarzen Augen. Als ich sie nach der freien Stelle fragte, rief sie jemanden an. Wie sich herausstellte, war die Chefin ihre Tante. Überhaupt waren alle Frauen, die dort arbeiteten, miteinander verwandt. Alles war ordentlich und sauber, die Plastiktische frisch gewischt und der Duft von frischen Brötchen erfüllte den Raum. Allein der Gedanke, zu arbeiten, ohne mich ausziehen und antatschen lassen zu müssen, erfüllte mich mit Freude. Das Vorstellungsgespräch lief auch glatt, obwohl ich in der Backwaren-Branche keinerlei Erfahrung hatte. Am darauffolgenden Montag sollte ich zum Probetag erscheinen.

Ich war zunächst euphorisch, aber nach ein paar Stunden kamen mir Zweifel. Mit den Arbeitszeiten dort, meistens am Vormittag, hätte ich höchstens einen Kurs in der Uni besuchen können. Andererseits: Wäre es nicht vielleicht sogar besser, diesen einfachen, aber seriösen Job zu machen und die Uni ganz sausenzulassen?

Am nächsten Tag stand ich im Foyer des Mathematik-Gebäudes und schaute mir die jüngsten Klausurergebnisse an. Ich hatte in der Analysis-Prüfung eine der besten Noten geschrieben, obwohl ich wegen der Arbeit im Massagesalon kaum hatte lernen können. In dem Moment fielen mir die Worte des jungen Mannes im »California« ein: »Viele versacken und sind irgendwann zu alt, um was Vernünftiges zu machen.«

Ich stellte mir vor, wie mein Leben wäre, wenn ich die Uni verlassen würde: Wenn ich Pech hatte, blühten mir ein langweiliger und mäßig bezahlter Job, vielleicht ein paar Kinder, Abende vor der Glotze und Ferien in der Garten-

61

laube. Keine Weltreisen, keine intellektuellen Ansprüche, ständig Geldsorgen.

Noch am selben Tag rief ich in der Bäckerei an und teilte mit, dass ich nicht zur Verfügung stehen würde. Die Chefin sagte, dass sie gerne mit mir gearbeitet hätte, doch ich war mir sicher, dass ich die richtige Entscheidung getroffen hatte.

Was nichts daran änderte, dass ich nur noch dreißig Euro im Portemonnaie hatte, und auf dem Konto sah es auch nicht besser aus. Und bevor ich noch mal richtig darüber nachgedacht hatte, blätterte ich schon wieder Zeitungen durch auf der Suche nach den Puff-Annoncen. Schwierig war es nicht, die Suchanzeigen füllten jeweils bis zu zwei Zeitungsspalten. Ich erinnerte mich an mein erstes Mal, wie viel Angst ich vor jenem Anruf gehabt hatte, und musste lächeln. Dabei waren seitdem nur ein paar Monate vergangen.

Die Vorstellung, mit mehreren Männern am Tag rummachen zu müssen, störte mich inzwischen nicht mehr. Ich wusste ja, dass es meist nur um eine halbe Stunde ging, dann waren die Kerle weg und ich hatte mein Geld. Dass ich dafür mit Fremden Sex haben musste, nahm ich in Kauf, die andere Alternative, nämlich ohne Geld dazustehen, fand ich schlimmer. »Du musst lernen, abzuschalten. Wenn du mit dem Gast poppst, bist du eben nicht Sonia, sondern Nancy, so als ob du deinen Körper vorübergehend verlassen würdest«, sagte ich mir und fühlte mich mehr und mehr davon überzeugt, dass das tatsächlich möglich war.

Der Laden, den ich mir diesmal ausgesucht hatte, lag im runtergekommenen Wedding, in einer trostlosen Straße mit billigen Eckkneipen, Ramschläden und unsanierten Häusern, in denen vor allem Ausländer und arme Studenten wohnten. Der Puff befand sich im Hinterhof eines bröckeln-

den Gebäudes. Er lag im Parterre und war viel schäbiger als
das »Ekstase«. Im Aufenthaltsraum vom »Club One«, so
hieß das Bordell, gab es nichts anderes als eine durchgeses-
sene bunte Couch und zwei Stühle, die ziemlich mitgenommen aussahen. Die Ausstattung der winzigen Zimmer beschränkte sich auf eine Matratze auf dem Boden und eine
kleine Kommode, auf der eine Packung Taschentücher lag.
Duschen konnten die Gäste nicht und das Klo war klein
und dreckig.

Sven, der Besitzer des Puffs, roch nach Schweiß. Nachdem er mir den Laden gezeigt hatte, fragte er höflich, ob ich
gleich bleiben wolle. Als er mir die hiesigen Preise erklärte,
bekam ich fast einen Schock: ein Quickie, also zehn Minuten Sex, war schon für dreißig Euro zu haben, die halbe
Stunde bereits für fünfzig. Davon mussten die Mädchen
allerdings nur ein Drittel abgeben (in anderen Läden waren
fünfzig Prozent üblich). Extras, wie Blasen ohne Kondom
oder Küssen, machten fast alle Frauen für zehn Euro extra,
ich allerdings wusste schon jetzt, dass ich das nicht anbie-
ten würde. Wenn sich hier jemand Krankheiten holen
wollte, war das sein Problem, nicht meines.

Insgesamt hatte ich von dem Laden keinen positiven Eindruck, aber ich brauchte dringend Geld, und so zog ich
noch an Ort und Stelle meine Klamotten aus, setzte mich in
Slip und BH in die Küche, packte meine Bücher aus und
fing an, für die Uni zu lernen.

Außer mir saß nur noch eine Frau namens Leyla am
Tisch, die mich eine Zeitlang musterte und dann sofort anfing, mir intime Geschichten aus ihrem Leben zu erzählen.
Offiziell war sie fünfunddreißig, wie sie sagte, sah aber aus
wie fünfzig. Sie hatte gelbe Zähne vom Rauchen und Falten
wie ein Mops. Sie trug einen durchsichtigen, weißen BH mit
Blumenstickereien, der gar nicht zu ihr passte. An diesem

Nachmittag hatte sie noch einen Termin mit ihrem Bewährungshelfer, wie sie mir offenbarte, und musste unbedingt pünktlich sein, ansonsten würde ihr Knast drohen. So wie ich es verstand, hatte sie in Diskos Schlägereien angezettelt und war daraufhin vor Gericht gelandet.

Nach solchen und ähnlichen Storys war ich diesmal ausnahmsweise froh, als ich meinen ersten Kunden hatte. Ein junger Typ, höchstens zwanzig, mit rosigen Wangen und blonden Locken.*

Nachdem Leyla und ich uns vorgestellt hatten, wählte er mich aus. Er war total schüchtern und entschuldigte sich, dass er nicht so viel Geld hatte. Wir einigten uns auf einen Quickie für dreißig Euro. Er war unglaublich aufgeregt, traute sich kaum, mich anzurühren, und spritzte sofort ab, als ich seinen Schwanz anfasste. Danach zog er sich schnell an, bedankte sich und ging. Eigentlich doch eine ganz leichte Arbeit, dachte ich in diesem Moment.

Doch schon im Lauf des Tages änderte sich meine Meinung. Es kamen fast nur noch Türken oder Araber, die meisten von ihnen in Gruppen von acht oder zehn Leuten. Als ob ein Bordellbesuch eine Tätigkeit wäre, die man mit Kumpels unternimmt, wie Saufen oder Fußball gucken. Es

---

* Ich fragte mich immer wieder, was solche süßen Achtzehnjährigen im Bordell zu suchen hatten. Er war nicht der einzige sehr junge Mann, der unsere Dienste in Anspruch nahm. Wahrscheinlich beinhaltet das Bordell für diese Jungs eine ähnliche Faszination, wie wenn man das erste Mal offiziell in die Kneipe geht – nach einer Nummer im Puff haben sie das Gefühl, richtig erwachsen zu sein. Nicht selten suchten sich diese Jungs ältere Frauen aus, die ihre Mütter hätten sein können. Ich fragte mich immer wieder, ob nicht vielleicht der eine oder andere sich schon mal in die beste Freundin der Mutter verknallt hatte und die Sehnsucht danach, mit ihr ins Bett zu gehen, bei uns kompensierte.

gab immer einen Anführer, der oft als Einziger deutsch sprach. Er musterte die Frauen im Aufenthaltsraum und entschied nach kurzer Rücksprache mit seinen Leuten, wer mit wem auf Zimmer ging. Es war wie auf dem Viehmarkt. Unsere Namen merkten sie sich sowieso nicht. Sie machten fast immer Quickies, an denen wir kaum was verdienten. Dafür wurden wir dann auch noch bis ans Ende der vereinbarten Zeit total durchgebumst, in jeder Stellung, am liebsten anal und, was ich natürlich nicht erlaubte, ohne Gummi. Außerdem waren sie oft ungeduscht und grabschten einen an wie ein Stück Fleisch, ohne Zärtlichkeit oder Respekt. Natürlich gab es solche Kandidaten auch unter deutschen Kunden, aber das waren eher die Ausnahmen. Und auch die hatten zumindest nicht diese Verachtung in den Augen, wenn sie Sex mit mir hatten.

Als ich mich einmal bei meinem Chef über das herabwürdigende Verhalten unserer Klientel beschwerte, zuckte er nur ungerührt mit den Schultern. »So machen wir unser Geld. Wir sind ja nicht in Zehlendorf.«

Schon nach einer Woche fand ich die Arbeit nur noch abstoßend. Ich freute mich auf die Tage, an denen ich rund um die Uhr Vorlesungen hatte und nicht im Puff arbeitete, die Tage, an denen ich einfach Sonia sein durfte und mit Kommilitonen nach Vorlesungsschluss in der Cafeteria noch einen Kaffee trinken konnte. Manchmal machte ich auch Fahrradausflüge mit Ladja, dann grillten wir am See oder badeten in der Dämmerung. Umgeben von alten Bäumen und Vögeln, vergaß ich den Wedding, die stinkenden, gierigen Kunden und die ganzen dummen Gespräche mit meinen Kolleginnen im »Club One« über Männer, Kondome, Stellungen und Intimrasuren.

Nur auf Sex mit Ladja hatte ich keine Lust mehr. Jedes Mal, wenn er mich auch nur anfassen wollte, musste ich an

die widerlichen Typen denken, die sich sonst auf mir rum-
wälzten, und war dann restlos abgetörnt.

Mein Doppelleben vor den anderen Studenten zu verste-
cken kostete auch immer mehr Mühe. Einmal löste ich gerade die Hausaufgaben aus der Statistikvorlesung mit zwei
Kommilitonen aus dem Kurs; wir hatten uns dazu bei mir
zu Hause verabredet. Im Fernseher, der im Hintergrund lief,
wurde gerade ein Bericht über Zwangsprostitution gesen-
det.

»Die Frauen tun mir ja leid«, kommentierte Ulrike.
»Aber solange es Männer gibt, die zu Huren gehen, wird
sich daran nichts ändern.«

»Ich will nicht wissen, wie viele Professoren aus der Uni
ins Bordell gehen und wie viele Studentinnen sich damit ein
bisschen Taschengeld verdienen«, meinte Sascha darauf.

»Ich weiß nicht. Ich halte diese Geschichte von der Studentin, die im Bordell arbeitet, eher für einen Mythos«,
sagte ich kühl und tat so, als ob ich an einer Aufgabe weiter-
rechnen würde. Tatsächlich aber dachte ich in diesem Moment nur an den »Club One« und mein zweites Leben als
Nancy.


»Wir sollten heiraten. Dann kannst du Papiere beantragen
und ganz normal hier arbeiten«, sagte ich eines Tages zu
Ladja, als wir im Bett lagen und Fernsehen schauten.

Er drehte sich erstaunt zu mir um. »Ich würde dich sofort heiraten«, verkündete er euphorisch.

Ladja und ich waren inzwischen rund anderthalb Jahre
zusammen. Eigentlich hatte ich meiner Mutter versprochen, nie im Leben zu heiraten, und wenn, dann erst mit
dreißig, wenn ich schon einen soliden Beruf und einen Ren-
tensparplan haben würde. Frauen, die mit neunzehn vor
dem Traualtar standen, waren für mich entweder aus Ver-

sehen geschwängerte bildungsferne Dummchen oder Aus-
länderinnen, die bereits mit zehn Jahren einem Cousin versprochen worden waren. Auf jeden Fall hatten sie mit mir
nicht das Geringste zu tun. Aber nun hatte sich die Situation geändert.

Wir beschlossen, uns in Polen trauen zu lassen, weil es
dort unbürokratischer vor sich ging als in Deutschland. Polen war in meiner Vorstellung ein Märchenland mit grünen
Hügeln und mittelalterlichen Schlössern – so hatte ich es
von einer Klassenfahrt nach Krakau in der elften Klasse in
Erinnerung.

Als Ladja und ich dann in unserem zweiten gemeinsamen Frühling dort hinfuhren, um endlich zu heiraten, war
mein erster Eindruck allerdings niederschmetternd. Ladjas
Heimatstadt an der weißrussischen Grenze war herunter-
gekommen und durchweg grau. Am Ufer eines trüben Flüss-
chens reihten sich Hausruinen aneinander, in denen Menschen wohnten. Wäsche hing zum Trocknen in der Sonne.
Im Zentrum standen Gebäude aus der Jahrhundertwende,
die alles andere als gepflegt waren. Überall bröckelte der
Putz und die Holztüren waren morsch und voller Risse.

Wir ließen unser Gepäck in der Pension, in der wir ein
Doppelzimmer gebucht hatten, und gingen in eine Bahn-
hofskneipe. Drinnen war es so verraucht, dass man kaum
atmen konnte. Männer saßen an langen Plastiktischen vor
ihrem Bier und schauten ein Fußballspiel im Fernsehen an
oder spielten Darts. Ladja traf ein paar alte Bekannte aus
der Schulzeit und unterhielt sich ausgiebig mit ihnen, während ich höflich lächelnd danebensaß.

»Mir ist langweilig. Können wir nicht woanders hingehen?«, murrte ich nach einer Weile.

»Hier gibt es nicht viel zu sehen. Es ist halt nicht wie in
Berlin«, erwiderte Ladja.

Trotzdem verließen wir das Lokal und spazierten durch die leeren Straßen bis vor die Tore der Stadt. Als wir vor einem Waldweg standen, rief Ladja: »Hier habe ich meine Kindheit verbracht. Mit den Nachbarjungs haben wir Hütten und Boote gebaut. Holz gibt es hier jede Menge.«

Während er dies erzählte, sah er so entspannt aus, wie ich ihn selten gesehen hatte.

»Klingt schön«, sagte ich.

»Es war aber nicht immer schön«, entgegnete er, sprach aber nicht weiter. Ich folgte ihm in den Wald, wir liefen Seite an Seite, atmeten die frische Luft, die nach Harz roch, und schwiegen. Nach einer guten halben Stunde standen wir auf einem kleinen Hügel, von dem aus man das ganze Tal überblicken konnte.

»Da komme ich her«, sagte er und zeigte auf eine Betonsiedlung, die wie ein Fremdkörper inmitten der grünen Hügellandschaft lag. Fünf Minuten später standen wir vor einem grauen Klotz, der jenen in Ostberlin ähnelte, nur dass auf jedem Balkon eine Satellitenschüssel stand. Ladja zog nervös an seiner Zigarette und schaute immer misstrauisch nach links und rechts. Nach einer Weile endlich klingelte er an einem Schild ohne Namen. Die Tür ging ohne Begrüßung auf.

Die Wohnung, die wir im Haus betraten, war klein und roch nach Schimmel und Katzenurin. Die Tapete im Flur war vergilbt und an manchen Stellen zerrissen. An einem Küchentisch saß eine Frau vor einem Bier und einer brennenden Kippe. Als sie sich umdrehte, schaute sie Ladja an, als ob er ein Geist sei, hob die Augenbrauen und brachte keinen Ton heraus. Sie rauchte einfach nur ihre Zigarette und starrte ihn die ganze Zeit an. Erst als ich ihr Gesicht genauer betrachtete, konnte ich erkennen, dass es sich um seine Mutter handeln musste – sie hatte dieselben Katzen-

augen wie er. Obwohl sie nach Ladjas Erzählungen erst Anfang vierzig war, wirkte sie durch die tiefen Falten und die
grauen Haare wie sechzig. Auf ihren schmalen Schultern
hing eine schwarze Strickjacke.

Ohne ihren Sohn begrüßt oder berührt zu haben, stand
sie auf, schlurfte mühselig zur Anrichte und kochte uns einen Kaffee. Dabei sprach sie die ganze Zeit mit Ladja, der
seine Aufregung schwer verbergen konnte. Sie hatten sich
immerhin seit fünf Jahren nicht gesehen. Seine Mutter hingegen wirkte gleichgültig oder müde, wie jemand, der eine
schwere Last zu tragen hat und sich jetzt nur noch ausruhen
möchte.

Sie leerte die Bierflasche und machte schnell eine neue
auf. Ein paar Mal lächelte sie scheu in meine Richtung, ich
lächelte höflich zurück. Aber tatsächlich spürte ich eine
eisige Kälte, die mir durch Mark und Bein drang. Als ob uns
die ganze Zeit ein Feind auflauern würde.

»Gehen wir«, sagte Ladja nach einer Stunde abrupt. Es
war genau sechzehn Uhr. Er stand auf, zog sich seine Schuhe
an und küsste seine Mutter auf die Wange. Sie guckte uns
genauso abwesend an wie bei unserer Ankunft – als ob wir
zwei Fremde wären, die zufällig vorbeigekommen waren.

Später erzählte Ladja mir, dass er unbedingt hatte vermeiden wollen, dass wir seinen Vater trafen, der üblicherweise um vier Uhr nachmittags nach Hause kam. »Beim
letzten Mal, als wir uns gesehen haben, hat er mir die Nase
gebrochen«, sagte er leise.

Am nächsten Tag gingen wir zum Bürgeramt, wo Ladja
sich die zum Heiraten notwendigen Dokumente holte.
Meine Geburtsurkunde hatte mir mein Vater geschickt, mit
der Bitte, mir das Ganze nochmal zu überlegen. Doch
meine Entscheidung stand fest.

Wir bekamen einen Termin für zwei Wochen später, von

69

einer Beamtin, die uns neugierig anstarrte. Ladja war frisch rasiert und hatte sich die Haare kurz geschnitten. Trotz seiner vierundzwanzig Jahre sah er aus wie siebzehn und ich war ja auch erst zwanzig.

Nachmittags schauten wir nach einem Brautkleid. An Kaufen war natürlich nicht zu denken.

»Muss ja keine Schickimickiveranstaltung werden. Wichtig ist der Inhalt«, meinte Ladja. Am Ende lieh ich mir aus einem Laden ein ärmelloses, weißes Oberteil und einen schlichten Rock aus weißer Seide. Als ich mich im Spiegel sah, erkannte ich mich kaum wieder.

An einem Frühlingsnachmittag um fünfzehn Uhr wurde ich Ladjas Ehefrau, ein Wort, das ich nie in dem Mund nahm, weil es so erwachsen und ernst klang. Dabei blieben wir dieselben: zwei verknallte junge Leute, die Pläne schmiedeten und sich irgendwie durchs Leben boxten.

Als wir Polen mit der Heiratsurkunde in der Tasche verließen, seufzte Ladja tief. Er schien erleichtert und gleichzeitig melancholisch und sah aus dem Zugfenster, als könnte er da draußen, im üppigen Grün, etwas entdecken. Vielleicht eine Erinnerung an seine Kindheit, die nichts mit Schlägen, Alkohol und Leere zu tun hatte, etwas aus seiner schönen und traurigen Heimat, das er mitnehmen und von dem er später seinen Kindern erzählen konnte.

Als wir in Berlin ankamen, war alles wie immer. Tomas, Ladjas bester Kumpel, zerstritt sich mit seiner Freundin und wurde von ihr rausgeschmissen. Eine eigene Wohnung zu mieten kam für ihn nicht in Frage, und da er immer noch keine Aufenthaltsgenehmigung und keinen festen Job hatte, zog er bei uns ein.

Die ersten Tage waren lustig und sorgenfrei, ich fühlte mich ein wenig wie in einer Kommune. Abends aßen wir zusammen und spielten bis vier Uhr morgens »Mensch ärgere dich nicht« und »Risiko«, und irgendwann am frühen Nachmittag standen wir auf und fuhren mit den Fahrrädern zum Wannsee.

Einmal kamen die beiden sogar aus Jux mit mir in die Uni und setzten sich in eine Übung über Differentialrechnung – natürlich verstanden sie kein Wort. Tomas arbeitete zwei Nächte in der Woche in einer Kneipe und Ladja half dort beim Aufräumen und bekam ein paar Euro dafür.

Das Problem war, dass Tomas Ladja regelrecht mit Fragen bombardierte, was meine Arbeit anging, und so fing Ladja an, Verdacht zu schöpfen. Ich weiß nicht, ob er je darüber nachgedacht hatte, was ich als Empfangsdame in dem Massagesalon eigentlich genau machte. Er hatte nie nachgefragt. Entweder ist er total blauäugig und vertraut dir voll, oder aber er will es gar nicht so genau wissen, hatte ich mir immer gedacht. Nun aber interessierte er sich zunehmend für meine Arbeit.

Eines Abends knallte es richtig. Während ich im Bad war, wollte Ladja Zigaretten aus meiner Handtasche holen und fand stattdessen Kondome. Normalerweise ließ ich sie immer im »Club One«, doch an dem Tag hatte ich vergessen, sie rauszuholen.

Als ich aus dem Bad kam, zitterte er vor Wut. »Was ist das?«, fragte er und seine Augen waren eiskalt. Er schmiss das Gummi auf den Boden und verließ den Raum ohne ein weiteres Wort. Ich blieb allein mit Tomas und brach in Tränen aus. Ich versuchte gar nicht erst, es abzustreiten, und erzählte Tomas jedes Detail. Es war wie eine Befreiung, die Worte flossen wie Regen nach einem Gewitter, endlich hörte mir jemand zu. Nur eine gute Idee, die hatte Tomas auch nicht.

»Wieso verdienst du dein Geld nicht anders?«, fragte er

mich die ganze Zeit. Er konnte einfach nicht verstehen, dass man von einem Nebenjob in der Kneipe für sechs Euro die Stunde nicht leben konnte, wenn man jeden Tag für die Uni lernen musste und mit einem Mann zusammen war, dessen Leben aus Kiffen und Saufen bestand. Ich konnte nicht mehr aufhören zu schluchzen.

»Ach, komm, man findet immer einen Weg«, versuchte er mich zu beruhigen, doch überzeugt schien er davon nicht. Er selber stolperte schließlich auch so durchs Leben, immer abhängig von irgendwelchen Frauen oder von inoffiziellen Freiern, die »gute Kumpels« genannt wurden. Nachdem er eine Woche bei uns gewohnt hatte, tauchte einer davon wieder auf, ein alter Bekannter aus Hamburg. Er arbeitete als IT-Kaufmann in Frankfurt und war nur am Wochenende in Berlin, so dass er Tomas bei sich einziehen ließ. Tomas sollte dafür angeblich nur die Pflanzen gießen, aber als ich ihn einmal besuchte, fand ich in der ganzen Wohnung nur einen einzigen Kaktus, der auf dem Fernseher stand. Trotzdem ließ ich mir nichts anmerken, denn ich wollte Tomas nicht beleidigen. Ich mochte ihn und es war mir egal, dass er ein heimlicher Stricher war. Ich wusste selbst, wie man sich fühlte, wenn man aus Not die Hose runterlassen musste.

Ich ging nie wieder im »Club One« arbeiten, so billig wollte ich mich nicht mehr verkaufen, außerdem musste ich Ladja versprechen, mein Geld auf andere Weise zu verdienen. Allerdings hatte ich keinen echten Alternativplan, was die Finanzierung unseres Unterhalts anging. Zunächst ließ ich mir mal wieder hundert Euro von meinem Vater schicken und konzentrierte mich auf die Uni – genug zu lernen hatte ich ja. Ich beteiligte mich sogar ein paar Mal an einer AStA-Versammlung, obwohl ich Politik generell eher langweilig fand. Manche der Studenten dort waren aber echt engagiert und dachten, man könnte wirklich etwas ändern, zum Beispiel die Tatsache, dass die Hochschulen immer weniger Geld zur Verfügung hatten. Wenn ich an solchen und ähnlichen Diskussionen teilnahm, vergaß ich für eine gewisse Zeit, dass ich selbst mehr als genug finanzielle Probleme hatte und mich eigentlich nicht auch noch um das Budget der Uni kümmern konnte.

Ladja beruhigte sich nach und nach. Erst redete er nur halbherzig wieder mit mir, später wurde er sanfter und gab zu, dass ich mich auch wegen ihm in diese Situation gebracht hatte. Eines Nachts kam er mit einer guten Nachricht vom Kiez zurück: Er hatte endlich einen Job. Er hatte einen alten Freund getroffen, bei dem er vor Jahren mal gewohnt hatte. Der Mann hatte in Brandenburg einen alten Hof restauriert; dort würde er demnächst aushelfen: Tiere füttern, Ställe sauberhalten und so weiter. Als er davon erzählte, leuchteten seine Augen. Ladja war auf dem Land groß geworden und ich hatte oft den Eindruck, dass er die Natur vermisste. Jedes Mal wenn wir einen Hund auf der Straße sahen, streichelte er ihn; er hatte wirklich einen Draht zu Tieren. Und tatsächlich: Nach ein paar Wochen auf dem Bauernhof war er wie ausgewechselt. Die frische Luft und die Pferde taten ihm sichtlich gut. Er trank und kiffte nicht mehr so viel, sondern stand früh auf und fuhr mit dem Zug in das kleine Dorf. Nur vor dem Einschlafen rauchte er noch einen Joint.

Sein Arbeitgeber war natürlich ein früherer Freier von ihm. Er hatte ein altes Landhaus, fünfzig Kilometer außerhalb der Stadt, das er mit seinem Partner liebevoll instandgesetzt hatte. Ich war nie dort, musste mir aber unzählige Male die Beschreibungen von Ladja und Tomas anhören. Alte, wertvolle Möbel gebe es dort, Fresken an den Wänden und einen sogenannten Entertainment Room mit einem Plasmafernseher und Dolby-Surround-Sound. Allein das

Badezimmer sei so groß wie unsere Wohnung, nur dass es darin einen Jacuzzi und eine Regenwalddusche gebe. Die ganze Pracht sei umgeben von mehreren Hektar Privatwald.

Bei all dem Reichtum war der gute Mann offenbar keineswegs geizig. Offiziell wohnten in dem Paradies nur er und sein fester Freund, doch eigentlich war jeder willkommen, ständig wurden Partys gefeiert. Die beiden waren seit Jahren zusammen, hatten aber eine offene Beziehung und eine Vorliebe für jüngere Männer, so dass oft einer von ihnen einen Jungen aus dem Kiez abschleppte, mit dem sie sich dann gemeinsam vergnügten. All das schien ohne Eifersucht, Lügen und Streitereien zu geschehen und ich bewunderte sie deswegen aus der Ferne. Sie waren so anders als die Spießer im Puff, die mit mir rumvögelten und dann das Wochenende mit der Ehefrau in der Gartenlaube verbrachten.

# 5

## CHARLOTTENBURG –
## EIN COOLER NEW YORKER

Obwohl Ladja mit seiner Arbeit zufrieden war, konnten wir von dem Geld nicht leben. Oft arbeitete er nur vier oder fünf Stunden am Tag. Ich war außerdem zu stolz, um mich von meinem Mann finanzieren zu lassen, und so war der Weg zurück ins Rotlichtmilieu nur ein kleiner, vertrauter Pfad, den ich ging, ohne lange zu zögern. Ich hatte inzwischen mein zweites Semester angefangen und vor mir lagen richtig schwere Prüfungen: Numerik und Programmierung, die Säulen meines Fachs. Da wollte ich auf keinen Fall versagen, und um das Ganze konzentriert angehen zu können, brauchte ich finanzielle Sicherheit.

Die dicke Stella aus dem »Ekstase« hatte mir einen wichtigen Tipp gegeben. Sie hatte jahrelang Erfahrungen in Puffs und Massageläden gesammelt und wusste, wo man mit dem geringsten Zeitaufwand am meisten verdienen konnte. Ihrer Meinung nach waren die Night Clubs am besten, weil man dort an den Getränken mitverdiente. Wenn ein Mann einer Frau Sekt oder Champagner ausgab, bekam sie sogenannte Trinkprozente, so dass man nicht viele Nummern zu schieben brauchte, um auf eine gute Summe zu kommen.

Hoffnungsvoll rief ich in einem bekannten Club in Charlottenburg an. Ich hatte von ehemaligen Kolleginnen gehört, dass die Gäste dort besonders stilvoll und wohlhabend seien. Die Preise für die Getränke und für den Sex waren angeblich hoch und ungepflegte oder abgerissene Gestalten ließ man gar nicht erst rein. Sogar Hollywoodstars sollten dort gewesen sein.*

Als ich mich zu einem Vorstellungsgespräch dort einfand, spürte ich von dem Prunk allerdings wenig. Von draußen war lediglich ein kleines, leuchtendes Schild zu sehen: »L'amour«. Es war sechs Uhr abends und nur die Barkeeperin und die Putzfrau waren da, vom Chef keine Spur. Der Raum war eher klein, links der Bar stand eine weiße Ledercouch, daneben ein runder Glastisch, rechts davon ein Zigarettenautomat und eine Palme, deren vom Rauch vergifteten Blätter halbtot nach unten hingen. Eine Treppe führte nach unten zu sechs Zimmern von der Art, die man in Hotelbewertungen als »einfach, aber sauber« bezeichnen würde. In jedem Raum befanden sich ein Bett, ein Waschbecken und ein Glastisch.

Bereits am nächsten Tag fand mein Debüt im »L'amour« statt. Obwohl ich kein völliger Neuling in der Branche war, hatte ich ein mulmiges Gefühl, weil in Nachtclubs ganz andere Regeln als in Tagesläden galten, allein schon deswegen, weil man mit den Gästen trinken und quatschen musste, bevor sie sich eventuell dafür entschieden, Sex mit einem haben zu wollen.

---

\* Eine Kollegin erzählte mir mal mit leuchtenden Augen von einem berühmten Fernsehmoderator, der oft bei ihr im Laden gewesen sei. »Er wollte nicht mal ficken«, sagte sie. »Er hat fünf Mädchen gleichzeitig gebucht und sie mussten auf einen Glastisch pissen. Die Sau lag untendrunter und hat sich währenddessen einen runtergeholt.« Ihre Geschichte schockierte mich nicht sonderlich, dafür hatte ich schon zu viel gehört und gesehen. Ich fragte mich aber schon, was einen stinkreichen Typen dazu treibt, solche Dienste zu verlangen. Eine ältere Kollegin sah es so: »Den meisten Promis ist einfach langweilig. Sie können die schönsten Frauen

Ladja hatte ich erzählt, dass ich in dem Lokal für die Getränke zuständig sei und auf keinen Fall auf Zimmer gehen würde. Ob er mir das glaubte oder nur so tat, weiß ich nicht – wir sprachen nicht weiter darüber.

Ich war für acht Uhr abends einbestellt. Als Erstes ging ich in den Umkleideraum, in dem schon mehrere Mädchen standen, fast wie vor dem Turnunterricht – nur dass sie keine Baumwollunterwäsche trugen, sondern rote und schwarze Spitze. Ich war nervös wie vor meinem ersten Tag auf dem Gymnasium und murmelte ein leises Hallo, bevor ich meine Kleidung aus dem Rucksack holte. Keiner hatte mir gesagt, was ich hier überhaupt tragen sollte. Bisher hatte ich fast immer in Unterwäsche gearbeitet, aber ich hatte angenommen, dass man in einem feinen Club ein Abendkleid trug.

Die Blicke der anderen Frauen wurden ziemlich eisig, als ich ein schwarzes Kleid mit Pailletten glattstrich, das mir eines der Mädchen aus dem Puff im Wedding geschenkt hatte. Zwei dürre Wasserstoffblondinen, die aussahen wie Zwillinge, guckten sich an und lachten.

»Hier tragen wir nur einen Slip. Das ist nämlich ein FKK-Club«, sagte endlich eine der beiden, als ich mich schon angezogen hatte.

---

haben, die Weiber schmeißen sich ihnen geradezu vor die Füße, aber normaler Sex reizt sie gar nicht mehr. Sie suchen einfach was Neues und Aufregendes.« Es gibt aber auch Beispiele von Prominenten, die bloß eine normale Nummer wollen. Ein Newcomer der Komikerbranche besuchte oft einen Nachtclub in Charlottenburg, wählte jedes Mal eine neue Dame und poppte sie ziemlich heftig durch. »Die geizige Sau nimmt immer das billigste Programm und lässt nicht mal Trinkgeld da«, kommentierte eine Kollegin, die das Vergnügen gehabt hatte, ihn als Kunden zu haben.

Ich wusste erst mal nicht, was ich sagen sollte. Die ganze Situation war mir peinlich und ich zog das Kleid rasch wieder aus. Ich fand die Vorstellung ziemlich widerlich, ohne BH an der Bar zu sitzen, denn so konnte jeder, der reinkam, gleich auf meine nackten Brüste starren, egal ob er mit mir auf Zimmer wollte oder nicht.

Der Umkleideraum füllte sich mit immer mehr Mädchen, die laut redeten, sich schminkten und telefonierten. Es gab Metallspinde, die man abschließen konnte, und irgendwann fragte ich in die Runde, wo ich meine Sachen reintun solle. Keine Antwort. Ich blieb auf der Bank sitzen, bis mir eine Frau mit starkem russischem Akzent anbot, meinen Rucksack in ihrem Fach aufzubewahren. Sie war klein und pummelig, hatte aber große Brüste und ein hübsches, rundes Gesicht, das unter Tonnen von Puder und Make-up verschwand. Ihre Freundinnen waren auch alle Russinnen und gehörten schon zum Stammpersonal.

Etwa gegen zehn Uhr betrat ich endlich den Clubraum. Neben der Bar gab es einen schwarzen Vorhang, den ich am Tag zuvor nicht bemerkt hatte. Dahinter lag die sogenannte Spielwiese: ein Kingsize-Bett, auf das man sich mit einem Gast zurückziehen konnte, um mit ihm ein bisschen zu kuscheln, falls er nicht gleich auf Zimmer wollte. Dort lagen jetzt einige Mädchen und warteten auf Kundschaft, tranken Sekt und rauchten eine Zigarette nach der anderen.

Als die ersten Gäste reinkamen, zwei Biker um die vierzig, mit Lederjacken und langen Haaren, stürmten alle los und bildeten eine Traube um die beiden. Sofort begann eine billige Anmache – nur dass sie diesmal von den Frauen ausging. »Wie geht's dir, Süßer?«, war noch das Harmloseste, allerdings auch Einfallsloseste. Manche Mädchen fassten die Männer sogar an, streichelten ihren Rücken oder nahmen ihre Hand, in der Hoffnung, dass ihre Chancen dadurch stiegen.

Ich schaute mir die Szene aus der Ferne an, halb belustigt, halb angeekelt, denn einen Kunden anschleimen zu müssen fand ich unter meiner Würde. So blieb ich in der Ecke sitzen, schlürfte meine Cola und paffte gelangweilt vor mich hin. Wenn ich nicht so dringend Geld gebraucht hätte, wäre ich gleich wieder nach Hause gefahren.

Ich hatte mich schon entschlossen, nach dieser Nacht nie wiederzukommen, als das Schicksal sich zu meinen Gunsten wendete. Ein kleiner Mann in Polohemd und weißer Jeans kam herein und setzte sich neben mich. Er stellte sich als Steve vor, war Amerikaner und beruflich in Berlin.

»Das da ist gar nicht mein Ding«, sagte er und zeigte auf die zwei Biker, die immer noch von zehn Mädchen umzingelt waren. Wir lachten beide.

Steve war optisch nicht mein Fall, dafür war er zu schmal. Außerdem hatte er tiefe Aknenarben im Gesicht. Aber er war gebildet und schlau. Zufälligerweise war Walt Whitman unser gemeinsamer Lieblingsdichter unter den Amerikanern und wir schwärmten beide für Hemingway, so dass wir ein Gespräch über das Lesen und die Kunst begannen, während wir einem Mädchen zusahen, das sich zu »Erotica« von Madonna um eine Stange wand.

Natürlich wollte auch er irgendwann Sex. Er zahlte für zwei Stunden und kam schon nach zehn Minuten. Anders als bei den meisten Kunden schaltete ich diesmal nicht innerlich ab, sondern ich entspannte mich, während er mich zärtlich streichelte und mich gekonnt auf alle möglichen Weisen verwöhnte. Ich hatte sogar einen Orgasmus, was mir fast schon Schuldgefühle gegenüber Ladja bereitete.

Die restliche Zeit tranken wir Champagner und er erzählte mir von seinem Leben in New York, wo er mit seiner Frau und seinen Söhnen wohnte. Er hatte an der Universität Kunstgeschichte studiert und handelte jetzt mit Gemälden. In Berlin würde er eine Galerie eröffnen und daher für drei Wochen in der Stadt bleiben.

»Ist das nicht verrückt, dass wir immer noch hier sitzen und reden?«, fragte er gegen drei Uhr morgens. So komisch ist das gar nicht, dachte ich. Wir wissen, dass wir uns nach diesen drei Wochen nie wiedersehen werden. Vor diesem Hintergrund kann man sich sehr entspannt unterhalten.

Für einen Augenblick sehnte ich mich nach einem anderen Leben, in dem ich an der Seite eines solchen Mannes zu Matineen ins Theater gehen, Galerien besuchen und ab und zu am Wochenende nach Paris oder nach Madrid fliegen würde. Ein Leben, in dem man nicht ständig zitterte, wenn die nächste Mahnung im Briefkasten lag. Doch dann dachte ich an Ladja, der arglos zu Hause im Bett lag und schlief, und fühlte mich schuldig. Er liebte mich, ich aber verließ ihn in Gedanken wegen jemandem, der einfach nur mehr Geld hatte als er.

In den drei Wochen, die Steve in Berlin verbrachte, ging es mir finanziell erstaunlich gut. Ich ging höchstens dreimal die Woche in den Club, doch dank ihm verdiente ich eine Menge Geld. Er bestellte jedes Mal eine Flasche vom teuersten Champagner und ging mit mir für drei oder vier Stunden auf Zimmer, was sonst höchst selten vorkam. Im Bett fand er genau die richtige Mischung zwischen Schmusen und hartem Sex, und obwohl ich nicht in ihn verliebt war, freute ich mich jedes Mal auf unsere gemeinsame Zeit, auch wegen der vielen Anekdoten, die er mir nach und nach über seine Reisen erzählte.

Die anderen Frauen ließen sich nichts anmerken, aber ich war mir sicher, dass sie neidisch auf meinen guten Fang waren. Ein Stammgast ist das Beste, was einer Nutte passieren kann: viel quatschen, wenig Sex, und die Kohle ist garantiert. Ich brauchte außer Steve keine anderen Kunden und hatte auch kaum Gelegenheit, welche kennenzulernen, da er jedes Mal, wenn er kam, die ganze Zeit über bei mir blieb, bis der Laden zumachte.

Da ich nicht jede Nacht in den Club musste, konnte ich ganz entspannt meine Vorlesungen besuchen und für die Prüfungen lernen. Alles schien picobello. Ich konnte für eine Weile aufatmen und mich daran erinnern, wie es sich anfühlte, keine materiellen Sorgen zu haben und damit dem Lebensglück ein bisschen näher zu sein.

Dann aber passierte etwas, das die Situation veränderte: Ladja verlor seinen Job. Er kam eines Tages traurig von der Arbeit zurück und erzählte, dass der Partner des Gutsbesitzers ihn nicht leiden könne und sie ihn deshalb gefeuert hätten. In den folgenden Tagen versank er wieder in seinen apathischen Zustand. Er stand erst um Mittag auf und zog dann mit Rudy und Tomas um die Häuser. Ich konnte nicht viel mehr für ihn tun, als ihm jeden Tag die Zeitung zu kaufen in der Hoffnung, dass er die Stellenanzeigen lesen würde, doch wenn ich abends nach Hause kam, lag sie jedes Mal unberührt auf dem Tisch.

Und es gab noch etwas, das mir Sorgen bereitete: Steves Abreise näherte sich. An seinem letzten Abend in Berlin besuchte ich ihn in seinem Hotel am Ku'damm. Wir speisten in einem Steakhouse, saßen anschließend im Biergarten und schlenderten mit Caipirinhas in der Hand die Straße entlang. Er wollte unbedingt irgendetwas unternehmen, das »typisch Berlin« war, doch mir fiel nichts ein. »Diskos und Bars habt ihr auch in New York«, meinte ich. Doch dann zog ich, ohne ein Wort zu sagen, meine roten Sandalen aus. Besoffen, wie er mittlerweile war, machte er es mir nach und spazierte neben mir, seine italienischen Lederschuhe in der Hand.

»Ich weiß nicht, ob das typisch Berlin ist«, sagte ich. »Ich habe das am ersten Tag hier einfach getan, weil ich mich so frei gefühlt habe.«

Steve schaute mich an und legte seinen Arm um meine Schultern. »Du bist ein guter Mensch«, sagte er nachdenklich. »Ich hoffe, dass alles, was du dir wünschst, in Erfüllung geht.«

Darüber, dass es unser letzter Abend war, sprachen wir nicht. Ich wollte ihm nicht das Gefühl geben, unprofessionell zu sein. Für ihn war ich nur ein Mädchen, das er bezahlte, um Spaß zu haben, auch wenn er mich das nie merken ließ. Umgekehrt war er für mich nicht mehr als ein Kunde, trotz der interessanten Gespräche.

Am Ende ließ mir Steve dreihundert Euro und seine E-Mail-Adresse da, obwohl er wahrscheinlich wusste, dass ich ihm niemals schreiben würde. Ich verabschiedete mich um vier Uhr morgens von ihm mit einem leichten Kuss auf die Wange.

# 6

# LICHTENBERG –
# EINE FRAUENCLIQUE

»Wieso versuchst du es nicht als Tutorin in der Uni? Die suchen dort immer Leute und du hast gute Noten«, schlug meine Freundin Jule vor.

»Ich bin erst im zweiten Semester. Man muss mindestens das Vordiplom haben«, erwiderte ich.

Der Winter war zu Ende. Wir hatten seit dem Nachmittag auf Jules Balkon gesessen, Sangria getrunken und gequatscht, und in einem schwachen Moment hatte ich ihr von meiner Nebentätigkeit als Nutte erzählt. Am Anfang unserer Freundschaft hatte ich behauptet, in einer Web-Agentur zu arbeiten, doch nach einem halben Jahr wurde das Lügen zunehmend beschwerlich. Immer wieder fragte sie mich nach Details meines Jobs und jedes Mal musste ich mir was Neues einfallen lassen, so wie im Gespräch mit anderen Kommilitonen auch. Manchmal vergaß ich, wem ich bereits was erzählt hatte, und verplapperte mich.

»Du arbeitest im Büro? Ich dachte, du kellnerst«, fragte mich mal ein Junge aus dem Algebrakurs, als wir nach der Übung in der Cafeteria zusammensaßen.

»Ich habe im Restaurant gekündigt – war mir zu stressig«, murmelte ich und wechselte rasch das Thema. Oft genug fragte ich mich, wie lange das noch gutgehen würde.

Auf mein Geständnis hin hatte Jule erst ziemlich schockiert reagiert und eine Zeitlang geschwiegen. Doch dann versuchte sie, so cool wie möglich zu wirken und meine Gründe zu verstehen.

»Und du kommst wirklich klar damit?«, fragte sie mit besorgtem Blick.

Ich sagte das, was alle Nutten auf diese Frage antworten, und meinte es auch so: »Ja, es ist schon okay. Doch lange will ich es nicht mehr machen. Für eine Weile ist es nicht schlecht, aber irgendwann kotzen dich die Kerle echt an.«

Jule kaute nervös auf einem Eiswürfel.

»Dein Ladja muss zu Potte kommen, so gerne ich ihn mag«, sagte sie. »Du bist seine Frau. Er kann so etwas doch gar nicht zulassen.«

»Er weiß ja auch nichts davon – zumindest weiß er nicht, dass ich immer noch anschaffen gehe. Er denkt, dass ich jetzt im Club hinter dem Tresen stehe«, sagte ich.

»Er muss Arbeitslosengeld beantragen! Er hat ja jetzt Papiere!«, sagte sie. »Es geht doch nicht, dass du studierst und gleichzeitig euch beide ernährst.«

»Er wird schon was machen, ganz bestimmt. Gestern erst hat er rumtelefoniert wegen einer Ausbildung als Sicherheitskraft am Flughafen …«, schwindelte ich und glaubte es in dem Moment selbst. Ich war Jule dankbar, dass sie mich nicht wegen meiner Nebentätigkeit verurteilte, obwohl für sie selbst, wie sie mir klarmachte, eine solche Tätigkeit vollkommen unvorstellbar war. Ich hatte das Gefühl, dass unsere Freundschaft durch meine Ehrlichkeit und ihre Offenheit noch gestärkt wurde.

Nach Steves Abreise hatte ich es im Club schwer. Um gut zu verdienen, musste ich mindestens bis vier Uhr morgens dort sitzen, die ersten Gäste kamen immer erst gegen eins. Oft hatte ich in einer Schicht nur zwei oder drei Zimmer, denn viele Männer kamen vorbei, um einfach nur zu saufen und sich dabei Frauen anzugucken, und es gehörte zum guten Ton, dass man ihnen Gesellschaft leistete und mittrank.

Von dem Geld, das ich im »L'amour« verdiente, konnten Ladja und ich zwar ganz gut leben, aber mein Körper rebellierte gegen diesen kräftezehrenden Lebensstil. Durch den Alkohol, die vielen Zigaretten und die schlaflosen Nächte war ich irgendwann so fertig, dass ich tagsüber nichts mehr auf die Reihe bekam. Selbst an meinen freien Tagen war ich oft so müde, dass ich die Vorlesungen schwänzte und bis mittags schlief. Lust zu lernen hatte ich auch nicht mehr. Ich bekam tiefe Augenringe und Pickel, mein Gesicht sah aus wie das einer Drogenabhängigen.

Meine Kolleginnen waren auch nicht die beste Gesellschaft. Einmal musste ich zusehen, wie zwei betrunkene Frauen sich um einen Gast prügelten. Als er versuchte, dazwischenzugehen, bekam er selbst eine auf die Fresse.

Als ich mich während einer besonders langen Clubnacht mehrmals übergeben musste, beschloss ich kurzerhand, dem »L'amour« Lebewohl zu sagen. Am Ende der Schicht, gleich nach der Abrechnung, nahm ich meine Klamotten aus dem Schließfach, verließ den Club und meldete mich nicht mehr. So ein Verhalten war im Rotlichtmilieu nicht unüblich, da man, im Gegensatz zu einem normalen Job, keinen Arbeitsvetrag hatte.

Die Miete für den Monat war schon bezahlt und ich beschloss, einfach für eine Weile nicht mehr zu arbeiten und stattdessen die verlorene Zeit an der Uni nachzuholen. Ich genoss mein Leben als Studentin inzwischen so sehr, dass ich am liebsten nie wieder jobben wollte. Ich stand früh auf, besuchte die Vorlesungen und saß während der Pausen lernend in der Bibliothek. Ich hatte nun so viel Freizeit, dass ich mich an der Uni auch für einen Karatekurs und zum Russisch-Sprachunterricht anmeldete – beides hatte mich schon immer interessiert. Abends war ich um achtzehn Uhr zu Hause und konnte mit meinem Mann Abendbrot essen und eine Runde Schach spielen oder Modellflugzeuge basteln, bevor wir schlafen gingen. Seitdem ich nicht mehr mit Freiern für Geld ficken musste, hatte ich auch wieder Lust auf Sex und schlief fast jede Nacht mit Ladja – der Sex mit ihm war wieder so schön wie am Anfang unserer Beziehung. Dass ich anschaffen gegangen war, hatte er mir verziehen, und wir hatten nie mehr darüber geredet.

Dieses schöne Leben dauerte gerade mal drei Wochen, dann war mein Geldpolster aufgebraucht. In einem Moment der Verzweiflung rief ich meine Familie in Italien an und erzählte, dass Ladja und ich eine hohe Stromnachzahlung aufgebrummt bekommen hätten.

»Ich kann wirklich nicht mehr so viel arbeiten. Ich muss lernen!«, bettelte ich fast verzweifelt. Schließlich schickte mir meine Mutter tatsächlich zweihundert Euro, obwohl sie mit ihrem Bibliothekarinnengehalt ja schon das kleine Hotel meines Vater mit am Leben hielt. Die unerwartete Hilfe bewirkte allerdings nur einen Aufschub – nach zehn Tagen war ich wieder pleite. Ladja hatte sich zwischenzeitlich zwar tatsächlich für eine Ausbildung am Flughafen beworben, jedoch eine Absage bekommen – weil er keinen Führerschein besaß, behauptete er. Ich vermutete eher, dass es auch damit zu tun hatte, dass er einfach dort aufgekreuzt war, ohne Termin und ohne Unterlagen.

Als ich nur noch zwanzig Euro in der Tasche hatte, war es wieder mal so weit: Ich kaufte eine Zeitung und las die Anzeigen unter der Rubrik »Modelle gesucht«. Mittlerweile kannte ich die Prozedur ja …

Ich brauchte eine Weile, um den Laden in Lichtenberg zu finden, den ich mir rausgesucht hatte, da ich in der Gegend völlig fremd war und dort alles ziemlich ähnlich aussah. Lichtenberg war ein Arbeiterbezirk im Osten. Es gab viele Plattenbauten mit zehn Etagen und mehr und ich fand keinen Supermarkt oder Kiosk, wo man hätte fragen können. Schließlich entdeckte ich einen kleinen, roten Pfeil am Eingang eines Plattenbaus: »Massagesalon Oase«.

Ich wurde von Anja, der Chefin, empfangen. Sie trug einen Businessanzug, was für einen Puff ziemlich unüblich war. Schwarze, lange Haare fielen ihr auf die Schultern und sie war mollig, aber nicht dick. Nachdem wir uns einander vorgestellt hatten, führte sie mich in ein Büro.

»Soso, du hast also schon gearbeitet?«, fragte sie und musterte mich, während sie sich eine Zigarette anzündete. Sie war sehr neugierig. Ich erzählte von diesem und jenem Puff, welche Preise die verschiedenen Clubs hatten und was die Frauen davon abbekamen. Von sich selber erzählte sie nicht viel, nur, dass sie und ihr Freund sechs Monate zuvor das Geschäft übernommen hatten und einige Frauen anschließend gegangen waren, weshalb sie sich quasi einen neuen Mitarbeiterinnenstab aufbauen mussten. Allerdings waren sie nicht die Besitzer, sondern verwalteten den Laden nur für einen gewissen Holger, der sich aber nie blicken ließ.

Mitten im Gespräch rannte ein kleiner schwarzer Hund ins Zimmer und fing an zu bellen. Eine Frau folgte ihm und brüllte drauflos, während sie chaotisch mit den Armen in der Luft rumfuchtelte. »Rex, Rex! Wie oft habe ich dir gesagt, du sollst Platz machen? Platz, Platz! Anja, der Hund hat wieder auf den Teppich gepisst. Ich weiß nicht mehr, was ich mit ihm machen soll.«

Dann bemerkte sie mich und reichte mir die Hand.

»Hallo, ich bin Mandy. Lass dich nicht erschrecken. Es

ist manchmal wie in einem Irrenhaus hier, aber eigentlich sind wir wie eine große Familie. Ich hoffe, du wirst dich wohl bei uns fühlen.«

Ich schaute sie an. Sie hatte ein schmales, blasses Gesicht und müde grüne Augen. Sie war sehr dünn und trug nur einen weißen BH mit roten Rosen und einen weißen String-tanga mit Spitze. Ich schätzte sie auf Anfang zwanzig.

»Mandy arbeitet schon lange hier«, erklärte Anja. »Sie quatscht viel, aber das tun die meisten unserer Frauen.«

Dann zeigte sie mir das Aufenthaltszimmer. Mandy saß nun wieder friedlich auf einer durchgesessenen Ledercouch und kraulte den Hund. Eine andere, dunkelblonde Frau saß auf einem Barhocker vor einem Videospiel und tippte konzentriert auf die Tasten, ohne uns wahrzunehmen. Sie war älter als Mandy, vielleicht Mitte dreißig, aber trotzdem schlank und attraktiv. Auch sie trug nur Unterwäsche, dazu weiße Kniestiefel.

Mitten im Raum stand ein Glastisch, der vollständig mit Tellern, Gläsern und Zeitschriften bedeckt war.

»Mädels, so geht das nicht«, sagte Anja und schüttelte den Kopf. »Wenn ein Gast hier sitzen möchte, kriegt er einen Schock.«

Die spielende Frau stand langsam auf, zog eine unglückliche Miene, griff nach zwei Tellern und verschwand hinter einer Tür.

»Da ist die Küche«, seufzte Mandy. »Der Herd ist kaputt, es gibt kaum Platz fürs Geschirr und die Schränke fallen auseinander. Und wir müssen unbedingt was wegen der Dusche unternehmen, Anja. Die Schiebetür geht nicht mehr richtig zu und ...«

»Ja, ja«, murmelte Anja. »Wenn ihr genug Geld reinbringt, können wir uns sogar eine Dusche mit goldener Armatur kaufen.«

Ich setzte mich zu Mandy. Innerhalb von fünf Minuten wusste ich alles über sie. Sie hatte Friseurin gelernt und war mit einem Typen zusammen, der seit zwei Jahren arbeitslos war und sie furchtbar kontrollierte. Eigentlich liebte sie ihn nicht und wusste auch nicht genau, wieso sie überhaupt noch mit ihm zusammenwohnte.

»Der hat mich heute wieder zwanzig Mal angerufen«, stöhnte sie und rollte die Augen. »Ich krieg 'ne Krise.«

Die Frau in den Kniestiefeln stellte sich als Jana vor.

»Unsere Handwerkerin«, ergänzte Anja lächelnd.

»Ach Quatsch«, erklärte Jana. »Ich habe halt jahrelang als Automechanikerin gearbeitet. War aber vor der Wende. Und jetzt sitze ich hier und bin eine Masseurin.« Das letzte Wort zog sie ironisch in die Länge.

»Ich nehme an, ich brauche dir nicht zu erklären, wie der Job funktioniert«, sagte Anja.

Ich schüttelte den Kopf.

Jana, die Automechanikerin, zeigte mir die Zimmer. Fünf Stück, alle klein und mit niedrigen Decken. In jedem Raum gab es ein Waschbecken und eine Liege, die mit rotem Samt bedeckt war. Darunter lagen Ölflaschen, ein weißes Laken und eine Küchenrolle; in drei der Zimmer gab es zusätzlich einen Futon. Die Wände waren rot und mit goldenen ägyptischen Mustern verziert, die Fenster mit schwarzer Klebefolie verdunkelt.

Zwei Tage später, an einem Samstag, hatte ich meine erste Schicht. Ich hatte mich dafür entschieden, meinen Künstlernamen zu ändern, und nannte mich fortan »Stella«. Mit mir sollte eine gewisse Vera arbeiten. Normalerweise waren von Anja abgesehen, die aber nicht auf Zimmer ging – mehr als zwei Frauen pro Schicht anwesend, doch am Wochenende wollten natürlich alle am liebsten freimachen.

Vera war blond und schlank, kam aus Estland und war

außer mir die einzige Ausländerin in der »Oase«. Zur Begrüßung stellte sie mir zwei Flaschen Ananasbowle auf den Tisch. »Am Samstag ist meistens nicht viel los«, erklärte sie in gebrochenem Deutsch.

Gemeinsam mit Anja fingen wir an zu trinken und Karten zu spielen. Die Frauen brachten mir Skip Bo bei, eine Art Bridge mit Zahlen. Das Spiel wurde im Laufe der Zeit zu einer Besessenheit beim Personal der »Oase«. Kaum waren wir im Laden, packten wir die Karten aus.

Anja und Vera liebten beide poppige Musik und prollige Diskos, in denen sich halbnackte Mädels um eine Stange räkelten. Wir tanzten gerade etwas beschwipst zu »You're my heart, you're my soul«, als es klingelte. Der Gast wählte mich. Er war jung, Anfang dreißig und, wie er mir gleich zu Beginn erzählte, seit einigen Wochen Single. Er machte einen höflichen und sauberen Eindruck.

Ich ging mit ihm auf Zimmer. Dies war meine erste Massage nach längerer Zeit, aber sie fiel mir überhaupt nicht schwer. Ich kam mir vor wie eine alte Schauspielerin, die nach einer langen Pause wieder in eine bekannte Rolle schlüpft.

Ich massierte seinen Rücken und plauderte nett mit ihm: Was machst du so? Wohnst du hier in der Nähe? Wo warst du das letzte Mal im Urlaub? Treibst du Sport und so weiter. Die meisten Gäste waren sehr gesprächig, auch was ihre Sexualität anging, wahrscheinlich, weil ich für sie eine fremde Frau war, die sie sowieso nie wiedersehen würden und mit der sie daher offen reden konnten. Manchmal erzählten sie mir von ihren Wichsfantasien oder dass sie seit einem halben Jahr keinen Sex mit ihrer Partnerin mehr hatten. Die Tatsache, dass sie splitternackt vor mir lagen, erleichterte die Konversation: Man konnte sich einige Formalitäten sparen und gleich darüber reden, was einen interessierte. Doch der Hauptgrund, warum die Männer so viel laberten, war, dass viele sonst niemanden hatten, der ihnen zuhörte. Ich fand es immer wieder verblüffend, wie einsam die meisten Männer leben, selbst wenn sie eine Familie haben und Freunde, mit denen sie sich am Wochenende zum Grillen treffen.

Der Typ streichelte ein bisschen meinen Busen und ich fing an, ihm einen runterzuholen. Mehr wollte er nicht, er war offenbar sehr schüchtern. Ich hatte meine rechte Hand eingeölt, damit er schnell kommen würde – was auch geschah. Als er fertig war, reichte ich ihm die Papierrolle, damit er sich abwischen konnte, wartete, bis er angezogen war, begleitete ihn zu Tür, gab ihm zum Abschied einen Kuss auf die Wange und kehrte zurück in den Aufenthaltsraum, wo Anja und Vera eine kleine Privatparty schmissen.

»Wenn du je in den Knast gehst«, nuschelte Vera, die mittlerweile ziemlich angetrunken war, »dann fahr nach Holland. Die haben die besten Gefängnisse dort.«

»Ich will nicht unbedingt in den Bau«, erwiderte ich lachend. »Aber woher weißt du das so genau?«

»Na ja, ein paar Mal haben sie mich ohne Papiere erwischt. Mal in Spanien, mal in Frankreich und eben auch in Holland.«

Ich konnte es nicht glauben, dass dieses zierliche junge Mädchen schon so viel erlebt hatte.

»Früh angefangen«, erklärte sie und zuckte mit den Schultern. »Als ich fünfzehn war, habe ich mich in meinem Dorf mit ein paar Russen angefreundet – Igor und seine Freunde. Ich war ein naives Mädchen vom Land und die Typen waren nicht halb so nett, wie sie aussahen. Sie haben mich mit falschen Papieren nach Westeuropa mitgenommen. Ich habe drei Jahre lang gefickt, gefickt, gefickt und Igor hat kassiert, kassiert, kassiert. Er hat mit meiner

Muschi Geld verdient Die Zeit im Knast war da noch das wenigste.«

Ich hatte noch nie von einer Frau gehört, die Erfahrungen mit Zuhältern gemacht hatte. Ich dachte, so etwas gäbe es gar nicht mehr, und wunderte mich über meine eigene Naivität. Gleichzeitig war ich dankbar, dass mir so ein Schicksal erspart geblieben war.

Vera hatte allerdings Glück im Unglück gehabt. Igor kam irgendwann bei einer Bandenschießerei ums Leben und seitdem genoss sie ihre neue Freiheit. Sie wohnte jetzt mit einem Araber zusammen, der ein Solarium besaß, und schickte ihr Geld fleißig nach Estland, wo immer noch ihre Eltern und ihre vierjährige Tochter lebten. Sie kam mir richtig stark vor.

»Ich hätte das alles nicht gepackt«, sagte Anja. Sie wirkte nachdenklich. »Ich glaube, ich hätte mich eher umgebracht. Ich hätte nie den Mut, in ein fremdes Land auszuwandern. Ich bin nie weiter weg gewesen als bis Polen und einmal in Paris, und das jeweils auch nur zusammen mit meinem Freund.«

Im Laufe des Nachmittags kamen noch ein paar weitere Männer. Auf diese Weise lernte ich Panda kennen, einen treuen Stammgast, Mitte vierzig, pummelig und klein. Er wurde so genannt, weil er bei jedem Wetter ein graues Sweatshirt mit Kapuze trug. Auf der Vorderseite war ein Pandabär zu sehen und hinten stand in roter Schrift: »Rettet den Wald.« Ein anderes Kleidungsstück schien er nicht zu besitzen, und so bekam er seinen Spitznamen. Alle vermuteten, dass Panda einfach nur ein armes Schwein war und niemanden zu Hause hatte. Er hatte lange graue Haare, sein Mantel roch muffig und seine Regenstiefel waren zerrissen und zerkratzt.

Panda sagte nie etwas. Während der Massage war er

starr und still, alles, was man von ihm hörte, war ein leises Stöhnen, wenn er kam. Danach saß er immer stundenlang mit den Mädels im Wohnzimmer, schlürfte Kaffee und hörte sich unsere Plaudereien an oder spielte mit uns Karten. Wenn man ihn was über sein privates Leben fragte, lächelte er, antwortete aber nicht und wechselte stattdessen das Thema.

Anja tolerierte ihn, weil er fast immer etwas mitbrachte, Kuchen, Pizza oder frisches Obst, und nie nein sagte, wenn man ihn um eine Kippe anschnorrte, obwohl er wahrscheinlich selber von Sozialhilfe lebte. Den größten Teil seines Einkommens gab er offensichtlich in der »Oase« aus.

»Als was arbeitest du eigentlich gerade?«, fragte mich Ladja eines Abends beim gemeinsamen Kartoffelschälen.

»Als Masseurin«, sagte ich und versuchte, dem Wort einen seriösen Klang zu geben. Ich hatte meinem Mann geschworen, nie wieder für Geld zu ficken, und mich einige Wochen auch daran gehalten. Irgendwann schlich sich dann aber wieder der Gedanke ein, dass ich fast das Doppelte verdiente, wenn ich zu den Massagen auch Sex anbot. Und schließlich: Machte es wirklich einen so großen Unterschied, ob ich dem Typen einen runterholte oder mit ihm fickte?

»Wir gehen morgen zum Arbeitsamt. Sie müssen mir helfen, einen Job zu finden. Bis dahin beantrage ich Arbeitslosengeld«, erklärte Ladja.

»Das wäre nicht schlecht«, sagte ich, ohne daran zu glauben. Denn noch immer bezahlte ich allein die Miete und die ganzen Rechnungen, obwohl er schon seit zwei Monaten seine Arbeitserlaubnis hatte.

Schließlich stand Ladja, wie Millionen andere Leute in Deutschland, vor dem Haus mit dem roten A. Aber dass uns das Arbeitsamt Wedding keine große Hilfe sein würde, war uns nach drei Minuten klar. Auf dem Flur wimmelte es von Kinderwagen, Frauen mit Kopftüchern und rauchenden Männern mit tristen Gesichtern. Keiner wusste, wo man sich hinbegeben sollte, nicht mal der Mann am Empfang. Er blickte nur verzweifelt auf das Chaos und schrie regelmäßig »Bitte nicht alle auf einmal«. Im zweiten Stock sagte man uns, dass man dort für Neuanmeldungen nicht zuständig sei. In der fünften Etage fanden wir nach einer Stunde Schlangestehen heraus, dass wir im falschen Zimmer saßen: Um Studenten und deren Ehepartner kümmere sich jemand anderes.

Nach drei Stunden hatten wir endlich den richtigen Ansprechpartner gefunden. Eine dünne Frau mit Anzug musterte uns, schwieg eine Weile und sagte schließlich in gelangweiltem Ton, dass Ladja keine Hilfe zustehen würde, da wir beide Ausländer seien und Ladja keinen Cent in die Sozialversicherung eingezahlt habe. Wenn wir kein Geld hätten, sollten wir eben »nach Hause« fahren.

Ich hätte am liebsten laut geschrien, wollte aber keine Aufmerksamkeit erregen. So gingen wir in den Park vor dem Arbeitsamt und rauchten. Ladja zog aufgeregt an seiner Zigarette und brachte keinen Ton heraus.

Über die Zukunft wollte er allerdings auch nicht reden. Ich hatte ja immer Geld nach Hause gebracht und er vertraute darauf, dass ich das weiterhin tun würde. Ziemlich bald stellte er seine Arbeitssuche wieder ein. Stattdessen sah er in der Regel den ganzen Vormittag fern und fuhr mittags mit dem Fahrrad auf den Kiez. Seine Kumpels waren fast alle arbeitslos oder jobbten nur ab und zu, so dass er immer jemanden antraf und sich in bester Gesellschaft befand. Und ein paar Cent für Bier und Gras waren schnell zusammengekratzt. In der Hinsicht waren in seiner Clique alle sehr großzügig – wer gerade durch Stütze oder aus anderen Gründen zu Geld gekommen war, gab es auch aus.

Wie absurd mein Leben manchmal war, bemerkte ich, als ich eines Tages nach einer Analysis-Vorlesung mit einem Kommilitonen am S-Bahnhof stand. Wie sich herausstellte, wohnte auch er in Lichtenberg, ganz in der Nähe der »Oase« – und schon saß ich in der Falle, weil ich gerade dorthin wollte.

»Ich gehe ins Fitnessstudio«, log ich und hoffte, er würde mir glauben.

»Wo ist denn da ein Fitnessstudio?«, fragte er. »Ich müsste nämlich auch mal wieder etwas Sport treiben. Könnte das was für mich sein?«

Diesmal hatte ich keine Ahnung, wie ich aus der Situation glimpflich herauskommen sollte. Deswegen griff ich zu einer Notlösung.

»Oh, Scheiße«, rief ich mit gespielt hektischem Gesichtsausdruck, »da fällt mir ein – ich habe ganz vergessen, dass ich heute Nachmittag noch einen Zahnarzttermin habe.« Ich verabschiedete mich hastig, stieg aus der Bahn, die wir gerade betreten hatten, und wartete auf die nächste.

In der »Oase« arbeitete ich dreimal die Woche, meistens abends, von sechzehn bis zweiundzwanzig Uhr. Das war normalerweise die beste Zeit, trotzdem musste ich oft ewig auf Gäste warten.

Um die Zeit totzuschlagen, waren ich und die anderen Frauen ständig am Quatschen. Meistens ging es dabei um die Gäste und um die Männer im Allgemeinen, was thematisch nicht weit auseinanderlag. Wir hatten, was die Freier anging, richtige Rankings.

Die Schlimmsten waren diejenigen, die nur dreißig Euro zahlten, für zwanzig Minuten klassische Massage plus Handentspannung, und dafür möglichst alles machen wollten. Ich nannte sie die Kraken, denn sie schienen tausend Hände zu haben, mit denen sie gleichzeitig Brüste, Muschi und Arsch anfassen wollten. Noch nerviger waren die Araber, die versuchten, zu handeln, als ob man auf dem Basar wäre. Sie gehörten zu den schwierigsten Kunden. Sie waren meist ziemlich dominant und versuchten immer, eine Frau davon zu überzeugen, alles zu machen, was sie wollten. Zum Beispiel fragten sie immer wieder nach Analsex. Nach den Zeiten im Wedding hatte ich mich allerdings entschieden, mir von solchen Leuten nichts mehr bieten zu lassen. Wenn man ihnen mit einer genauso großen Schnauze begegnete, kam man mit ihnen eigentlich gut klar und sie verzichteten auf ihre Extrawünsche.

Ali, einer meiner Stammgäste, versuchte grundsätzlich, immer zwei Euro weniger zu bezahlen.

»Das Geld brauche ich für die Fahrkarte nach Hause«, behauptete er mit ernster Miene.

»Du wohnst doch um die Ecke, du Pfeife«, antwortete ich jedes Mal. »Du kannst auch laufen.«

Dann fing das immergleiche Palaver an: Wir seien so teuer, er sei ja so arm, er habe Familie – und so weiter.

»Du kannst woanders hingehen, wenn du es dir hier nicht leisten kannst«, schoss ich dann zurück. »Oder du holst dir selbst einen runter. Das ist kostenlos. Wenn ich mir einen Döner hole, kriege ich auch keinen Rabatt.« Meist tat ich an dieser Stelle des Disputs schon einen Schritt Richtung Tür.

Am Ende seufzte er, zog die zerknitterten Scheine aus der Jackentasche, zählte sie langsam und entschied sich für eine halbe Stunde Tantra-Massage und zusätzlich dafür, einen runtergeholt zu bekommen – machte zusammen fünfzig Euro. Je nach Laune und Sympathie durfte er mich dann auch ein bisschen anfassen. Generell war es so, dass jede

Frau für sich selbst entscheiden konnte, wie weit der Gast sie befummeln durfte. Man musste immer ein Gleichgewicht finden zwischen zu viel erlauben und alles ablehnen. Wenn Ali zum Beispiel zu weit ging, wies ich ihn mit einem schroffen »Pfoten runter, bitte« zurecht. Nach einigen Treffen war das allerdings nicht mehr nötig – er lag schließlich nur noch auf der Pritsche wie ein unschuldiger Hundewelpe und ließ sich von mir kneten.

»Ich bin total verrückt nach dir«, gestand er mir jedes Mal am Ende. »Wenn ich dein Mann wäre, würde ich nie zulassen, dass du hier arbeitest.«

»Ich bin unabhängig und wir leben im einundzwanzigsten Jahrhundert«, konterte ich dann. »Ich tue, was ich will, und verdiene mein eigenes Geld.«

Er war es nicht gewohnt, dass Frauen das letzte Wort hatten, und kippte jedes Mal wieder aus den Latschen, wenn ich sein Machogetue parierte.

Nach einer Weile in der »Oase« hatte sich alles so gut eingespielt, dass ich quasi zur Familie gehörte. Es sah dort ohnehin meistens aus wie in einem Freizeitzentrum für Frauen und nicht wie in einem Puff.

Das Erste, was jedem Besucher sofort auffiel, war, dass es immer angenehm nach Essen roch. Mindestens eines der Mädels war immer in der Küche und brutzelte irgendetwas, manchmal kochten wir auch alle zusammen. Einmal kauften wir sogar einen Braten und ließen ihn im Ofen garen, bis die ganze Wohnung wie die Küche meiner Oma zur Adventszeit duftete. Kurz vor Feierabend wurde dann gegessen, samt Salzkartoffeln, Sauerkraut und Buttergemüse.

Unsere Spiele- und Musiksammlung war auch nicht zu verachten. Von Rammstein bis Juliane Werding und Xavier Naidoo war alles enthalten. Die Highlights waren aber die drei Videospiele im Aufenthaltszimmer und die Skip-Bo-Karten, und nach ein paar Monaten brachte Mandy von zu Hause auch noch ihren alten Fernseher mit.

Zum Alltag gehörte es natürlich auch, über die eine oder andere Frau zu lästern. Auch wenn es niemand offen zugeben hätte: Die Neuen waren dabei unser Lieblingsziel.

Dascha, Veras beste Freundin, fing im Frühling an, für uns zu arbeiten. Sie hatte, wie Vera, ein Kind von einem Mann, der sie verlassen hatte, fand in Estland keinen Job und war mangels Alternativen illegal nach Deutschland gekommen. Dass sie zum Überleben anschaffen gehen müsste, war ihr ziemlich klar gewesen.

Sie und Vera teilten sich eine Zweizimmerwohnung. Sie hatten beide keine Krankenversicherung, waren nicht gemeldet und hatten ständig Schiss vor einer Razzia, obwohl es, wie Anja uns immer versichert hatte, in der »Oase« seit Jahren keine Kontrollen gegeben habe, da ihr Freund »gute Kontakte« zur Behörde habe. In anderen Läden, besonders in Nachtclubs, gab es hingegen ständig Razzien.

Eines Tages rannte Dascha aber kreischend in die Küche, wo wir alle versammelt waren, um Pudding zu machen. »Die Bullen, die Bullen!«, brüllte sie und zerrte die verblüffte Mandy ans Fenster. Vor dem Haus stand tatsächlich ein weiß-grünes Auto.

»Ich habe es immer gesagt«, flüsterte Mandy mir ins Ohr. »Von wegen Anjas Gelaber, hier kommt keine Durchsuchung.«

Kurz danach klingelte es an der Tür. Zwei normal gekleidete Männer setzten sich im Aufenthaltsraum auf die Couch, machten ein bisschen Small Talk, erkundigten sich nach den Preisen, und das alles mit eindeutig berlinerischer Sprachfärbung. Vera und Dascha schienen sich in der Zwischenzeit in Luft aufgelöst zu haben.

»Jut, Mädels«, sagte der Größere nach einer Weile in falsch-freundlichem Ton. »Ich bedanke mich erst mal, mal sehen, vielleicht kommen wir später vorbei. Was sagst du?«, fragte er und schaute seinen Kumpel an, der nur kurz nickte.

»Komische Vögel«, kommentierte Jana, als die beiden weg waren.

»Das waren aber garantiert keine Bullen«, sagte ich. »Dafür waren sie zu ungepflegt. Außerdem hätten sie uns sonst zumindest nach den Ausweisen gefragt.«

»Warte mal ab, die kommen zurück mit Verstärkung«, murmelte Mandy, die zu Katastrophenszenarien neigte.

»Erzähl keinen Dreck«, schnitt ihr Jana das Wort ab. »Denkste, die Bullen in Berlin haben nichts Besseres zu tun? Wir machen hier schließlich nichts Verbotenes.«

Nach einer halben Stunde kamen auch Vera und Dascha wieder. Sie waren vor lauter Angst aufs Dach geflüchtet.

Nach dem Vorfall war Dascha ziemlich am Ende. Sie sah überall Polizei und träumte nachts davon, abgeschoben zu werden und in ihr armes Dorf am Ende der Welt zurückkehren zu müssen. Sie fing an, übel zu saufen. In der »Oase« waren wir alle ziemlich trinkfest, doch Dascha wurde in kürzester Zeit zu einem Fall für die Entgiftungsklinik. Sie kam um sechzehn Uhr schon halb zugedröhnt in die »Oase«, kippte während der Arbeit mindestens zwei Flaschen Sekt und plünderte den Gemeinschaftskühlschrank. Nach der Arbeit ging sie dann besoffen tanzen. Bei einer dieser Gelegenheiten lernte sie einen Brasilianer kennen, bei dem sie nach kurzer Zeit einzog. Der Mann war angeblich reich oder einsam genug, für Dascha zu zahlen und auch noch ihre Familie in Estland zu unterstützen. Sie kam nicht mehr in die »Oase« und brach auch jeden Kontakt zu Vera ab.

»So viel zum Thema Freundschaft«, meinte Vera nur.

»Was machst du nach der Vorlesung?«, fragte Jule an einem glühend heißen Sommertag, während wir in der Mensa aßen. »Ich und Nicole wollen nachher baden gehen. Kommst du mit?«

»Ich muss arbeiten«, seufzte ich. Was »arbeiten« für mich bedeutete, wusste Jule schon längst, wir sprachen aber nie darüber, wenn andere Kommilitonen anwesend waren. Obwohl ich mich in der »Oase« wohl fühlte, war die Vorstellung, an einem solchen Tag statt am Strand in einem Puff zu sitzen und Freier zu bedienen, nicht gerade prickelnd.

Manche Gäste waren nur schwer zu ertragen. Ich hatte gleich mehrere Problemfälle. Ein Freier etwa zeigte mir immer seinen Behindertenausweis und wollte dafür einen Rabatt haben. Er war mit der Roten Armee in Afghanistan verwundet worden und humpelte mit einem Bein. Er wollte außerdem, dass ich ihm ohne Gummi einen blies – was ich natürlich nicht tat –, und wenn er kam, brüllte er wie ein Verrückter.

Ein anderer hielt sich für besonders witzig und nannte sich Donald Duck, war aber ohne Zweifel mein schlimmster Kunde. Er versuchte alles, was nicht ging: Küssen, seine schmutzigen Finger in meine Muschi stecken, den Schwanz ohne Gummi an der Muschi reiben. Dazu laberte er ununterbrochen und fragte ständig, ob wir uns nicht mal privat treffen wollten.

»Ich habe einen Freund«, antwortete ich jedes Mal genervt und fragte einmal zurück: »Außerdem, was sollten wir denn zusammen machen?«

»Na ja, einen Kaffee kann man immer trinken, vielleicht ein Stück Kuchen dazu ...«, sagte er unterwürfig.

»Du glaubst doch wohl nicht, dass ich dich für ein Stück Kuchen umsonst ficke. So arm bin ich auch wieder nicht.«

Ich dachte, ich hätte ihn damit für immer verprellt, aber

das Gegenteil war der Fall. Er kam ständig wieder. Seitdem machte es mir zunehmend Spaß, eklig zu ihm zu sein. »Donald Duck, wann hast du das letzte Mal deine Haare gewaschen?«, fragte ich oder: »Donald Duck, es dauert immer länger, bis du einen hochkriegst. Nicht dass du noch impotent wirst ...«

Er zuckte dann kurz zusammen und tat so, als habe er nichts gehört.

Vera fasste es einmal so zusammen: Zwanzig Prozent der Gäste waren nett, vierzig Prozent ekelhaft und der Rest richtige Arschlöcher. Mit der Zeit baute man eine Aggressivität auf, die sich bei der ersten Gelegenheit gegen jeden richtete, der einem in die Quere kam. Dann stritt ich mich zum Beispiel zu Hause mit Ladja wegen Kleinigkeiten, obwohl ich in Wirklichkeit die Freier mit einem Baseballschläger hätte verprügeln wollen.

Es gab zum Glück nicht nur Idioten. Ich hatte ein paar Stammgäste, mit denen es richtig Spaß machte. Ein Bauarbeiter, kaum dreißig Jahre alt, kam immer samstags für eine Massage. Er war ein gemütlicher Typ, hatte eine Vorliebe für Rammstein und erzählte immer von seiner Freundin und seinen Kumpels. Seine Geschichten hatten etwas Familiäres, so dass ich bald das Gefühl hatte, sein Leben zu kennen: die durchzechten Nächte, die Sonntagnachmittage vor dem Fernseher mit einer Tüte Chips, an denen man mit dem Partner kuschelt und über Blödsinn redet, und den täglichen Trott: Aufstehen, Frühstücken, Ackern, Feierabendbier, Bett, und am nächsten Morgen das Ganze von vorn. Nach einer halben Stunde mit ihm war ich stets ziemlich relaxt und konnte anschließend auch ekelhafte Kunden besser überstehen.

Noch angenehmer war Kai, der Finanzberater. Vera hatte mich bereits vor ihm gewarnt, als ich das erste Mal mit ihm auf Zimmer ging. Ich stellte ihn mir ziemlich pervers vor, zumal Männer in Anzug und Krawatte oft die schmutzigsten und geizigsten waren. Doch er meinte, er wolle nur eine rauchen, ein bisschen plaudern und Sex.

Kai fickte wie ein zum Tode Verurteilter. Dazu redete er wie ein Wasserfall über seine Fantasien: Sex mit drei Frauen, Sex in einer Kirche, zugucken, wie ein Schwarzer eine Frau poppt und sich dabei einen runterholen und so weiter.

Die anderen Mädchen fanden ihn nur anstrengend, ich aber mochte diesen animalischen Trieb, der sich unter der Fassade des Spießers verbarg. Er war echt gut im Bett und wusste, was eine Frau braucht. Der Sex mit ihm war immer super, auch wenn ich danach jedes Mal fix und fertig war. Außerdem gefiel mir sein muskulöser Körper und seine Vorliebe für Kunst und die schönen Dinge des Lebens. Er fragte mich ständig, ob ich nicht Lust hätte, ein paar Wochen mit ihm und seinen Kumpels auf dem Mittelmeer zu segeln. Er zeigte mir tatsächlich Bilder von einer Yacht und eleganten Männern, die in der Sonne Cocktails tranken, mit stilvoll gekleideten Frauen an ihrer Seite. Seit der Erfahrung mit Steve, dem amerikanischen Geschäftsmann, wusste ich aber, dass so ein Leben nicht zu mir passte und dass ich für diesen Mann nichts anderes sein würde als eine Puppe, die man den Freunden vorführt, oder eine versaute Studentin, mit der man geil poppen kann. Und so lehnte ich seine Einladungen höflich ab.

Einmal stand ich am Fenster und telefonierte gerade, als ich sah, wie ein Mann um die dreißig den Hof überquerte. Er trug die typische Kleidung eines Öko-Familienvaters vom Prenzlauer Berg: beige Bermuda-Shorts, Sandalen, Kuriertasche. Er lehnte sein Fahrrad mit Kindersitz gegen die Wand, blieb kurz stehen, atmete tief durch und klingelte schließlich. Wie der Zufall es wollte, buchte er ausgerechnet mich für eine halbe Stunde, ohne zu wissen, dass ich seine verschüchterte Ankunft beobachtet hatte. Er war anspruchslos, fast unterwürfig, kam schnell und bedankte sich mindestens dreimal für meine Dienste.

»Wohnst du im Prenzlauer Berg?«, fragte ich, als er schon wieder angezogen war.

»Woher weißt du das?«, antwortete er und wurde dabei knallrot.

»Sieht man einfach«, behauptete ich. Dann musste ich lachen, weil ich mir vorstellte, wie er nach der Nummer zu seiner Frau und seinem Kind auf den Spielplatz fahren würde oder zur Elternversammlung in die Kita.

Noch erstaunlicher war allerdings ein Mann, der von Vera einen Quickie wollte, also eine Nummer für zwanzig Minuten. Kaum hatten sie das Zimmer betreten, warf er sich auf sie, steckte sein Ding in sie rein und kam fast noch im selben Moment. Danach zog er sich hastig wieder an, wie ein Feuerwehrmann auf dem Weg zu einem Großbrand.

»Du hast es aber eilig«, meinte sie, als sie ihn zur Tür begleitete.

»Meine Frau sucht gerade einen Parkplatz, wir wollen gemeinsam einkaufen. Ich habe ihr erzählt, dass ich schon mal aussteige und Zigaretten holen gehe«, erklärte er, ohne rot zu werden.

Vera bekam vor Überraschung den Mund nicht mehr zu und erzählte die Geschichte den ganzen Tag herum. »So sind Männer. Sie wollen immer vögeln«, war ihr lapidares Fazit.

Mein Lieblingsgast war allerdings Wolfgang.

Wolfgang war dreißig Jahre lang ein treuer Bahnbeamter der DDR gewesen und kurz nach der Wende in Frührente gegangen. Eigentlich hatte er, wie sein Opa und sein Vater zuvor, Komiker werden wollen, doch kurz nach dem Krieg gab es im zerstörten Ostberlin keinen Bedarf für so etwas. Seine Leidenschaft hatte er aber nie aufgegeben und so erzählte er immer verdammt lustige Geschichten.

Am besten fand ich das Abenteuer mit der »Stasischlampe«. Wolfgang war, stockbesoffen und geil, in den fünfziger Jahren in einer Kneipe in Pankow gelandet. Dort hatte er eine ebenfalls betrunkene Dame abgeschleppt, die, kaum hatte sie seine Wohnung betreten, ihre Handtasche entleerte. Zum Vorschein kamen mehrere Personalausweise, manche auch aus Westberlin, mit verschiedenen Namen, aber immer dem selben Foto. Als die Frau dann im Alkoholrausch anfing, ihn zu beschimpfen, rastete Wolfgang auch aus und rief vom Nachbarstelefon die Volkspolizei an, die die verblüffte Dame mitnahm. Wolfgang musste zur Wache fahren, um eine Aussage zu machen. »Diese beschissene Stasischlampe!«, brüllte er die ganze Zeit. »Ich habe sogar einen Beweis!« Mit diesen Worten kramte er einen Slip aus der Hosentasche, den die Frau auf der Toilette zurückgelassen hatte. Die sonst so verkrampften Staatsdiener mussten laut loslachen. Sie merkten schnell, dass Wolfgang nur ein armes Schwein war, ein bisschen Spaß haben wollte und mit Politik nichts am Hut hatte, und so durfte er ungeschoren nach Hause.

Anja war allerdings immer misstrauisch, wenn eine Frau sich gut mit einem Gast verstand. Normalerweise waren private Kontakte zwischen Freiern und Frauen unerwünscht, doch von Wolfgang hatte ich Telefonnummer und Adresse.*

---

\* Das oberste Gebot einer Nutte ist Diskretion. Das ist eine der ersten Sachen, die man im Puff lernt. Gleich nach dem Einlass werden die Männer ins Empfangszimmer begleitet. Klingelt ein zweiter Gast, muss er in einem anderen Raum Platz nehmen. Auf keinen Fall dürfen sich zwei Kunden treffen – jeder Freier muss den Eindruck haben, der einzige Mann im Laden zu sein.

Ihn besuchte ich tatsächlich. Er hatte eine unauffällige Zweizimmerwohnung in einem Plattenbau am Stadtrand, zwischen gepflegten Wiesen und Kinderspielplätzen. Die Fußböden waren aus grünem PVC, aber er hatte ein paar hübsche Möbel: einen alten Schreibtisch aus Mahagoni und einen Apothekerschrank, beides Erbstücke. Am meisten gefiel mir sein altmodisches Telefon aus DDR-Zeiten, mit einem Riesenhörer und Wählscheibe. An den Wänden hingen Fotos von nackten Frauen, manche aus Zeitungen, andere selbstgeknipst von den unzähligen Escort-Mädchen, die ihn über all die Jahre besucht hatten.

Das Beste aber war Wolfgangs Kartoffeleintopf, angeblich nach einem alten Berliner Rezept seiner Oma. Jedes

---

Auf Zimmer ist es nicht anders. Wenn der Kunde von sich aus aus seinem Leben erzählt, ist das okay, aber es verbietet sich, Fragen an ihn zu stellen. Die meisten Männer plaudern dennoch gerne mit einem, gute Stammgäste lassen einem Mädchen auch schon mal die Visitenkarte oder zumindest die Telefonnummer da. Sie wissen, dass keine von uns je auf die Idee käme, den Arbeitgeber oder die Ehefrau anzurufen und zu erzählen, dass Herr Soundso ins Bordell geht. Das würde nämlich nicht nur bedeuten, dass der Mann nie wiederkommen würde, sondern auch, dass ein System, das von Diskretion genauso zusammengehalten wird wie von Lust, bald zusammenbrechen würde. Der Vorteil einer Großstadt ist dabei, dass man Leute nur selten zufällig auf der Straße trifft. Trotzdem passierte es mir ein paar Mal im Lauf meiner Karriere, dass ich in der S-Bahn oder beim Einkaufen Kunden wiedererkannte. In den meisten Fällen drehten sie den Kopf weg, manche grüßten mich aber auch, lächelten dabei und gingen weiter. Einer hatte sogar seine Frau und die beiden Kinder im Schlepptau, als ich ihn vor dem Wurststand auf dem Weihnachtsmarkt am Alex traf, und mein Mann stand ebenfalls neben mir. Trotz allem flüsterte mir der Kunde ein leises »Hallo« zu, bevor er seine Hot Dogs bezahlte und mit seiner Familie in der Menge verschwand.

Mädchen, das ihn besuchte, bekam einen Teller, weil: »Et jibt nischt Schlimmeret, als ein Mädel hungrig jehen zu lassen.«

Nach dem ersten Besuch ging ich regelmäßig zu Wolfgang, jeden zweiten Samstag im Monat. Das Menü variierte, je nach Jahreszeit und Lust. Manchmal gab es zum Beispiel Kasseler Kamm mit Bratkartoffeln oder auch Kohlrübensuppe. Dazu servierte er immer Rotwein, während im Hintergrund Musik von alten Schallplatten lief, meistens Jazz.

Wolfgang, der eigentlich aus gesundheitlichen Gründen nicht hätte trinken sollen, leerte meistens zwei Flaschen in drei Stunden. Er selbst definierte sich als Gesellschaftstrinker, tatsächlich aber war er, außer wenn Mädchen zu ihm kamen, immer allein. Er hörte oft Opern auf Kassetten und erinnerte sich an die Zeiten, als er jeden in der Staatsoper Unter den Linden mit Vornamen kannte und nach der Vorstellung eingeladen wurde, mit dem Ensemble Sekt zu trinken. »Damals konnte man sich die Karten noch leisten«, schimpfte er dann, seine große, schiefe Nase wurde weinrot, und er begann eine Tirade über die Scheißregierung von heute, die dem Volk nur die Kohle aus der Tasche zöge.

Das Beste an Wolfgang war aber, dass er, abgesehen von seinen Monologen über Politik, wirklich zuhören konnte. Da er beim Sex sowieso keinen hochbekam, ließ er es sich immer mit der Hand machen, was etwa fünf Minuten dauerte. Die restliche Zeit fragte er mich über mein Leben aus, meine Freundschaften oder was ich über dieses und jenes dächte. Obwohl er mir jedes Mal nur hundert Euro für vier Stunden gab, ging ich gerne zu ihm.

Ladja ahnte nicht, dass ich mich regelmäßig mit einem Kunden traf. Seitdem ich in der »Oase« angefangen hatte, hatte er von meinem Leben außerhalb unserer vier Wände sowieso keinen blassen Schimmer. Er hing meistens mit den

Jungs aus dem »California« rum und verbrachte seine Zeit zu Hause vor dem Rechner oder dem Fernseher. Darüber, wie mich meine Arbeit oft ankotzte, konnte ich sowieso nicht mit ihm reden. So entfernten wir uns immer weiter voneinander, ohne es richtig zu merken.

Von meinem Studium wusste er auch nichts, obwohl ich mich oft bei uns mit Kommilitonen traf, um zusammen die Hausaufgaben zu erledigen. In der Lerngruppe war auch ein chinesischer Student, der aufgrund seines Fleißes auf-fiel. Er hatte fast kein Geld, lebte in einem winzigen Zim-mer im Studentenwohnheim und büffelte den ganzen Tag. Dafür bekam er allerdings fast nur Einsen.

»Vielleicht müsste ich es auch so machen: weniger arbei-ten und mehr Zeit über den Büchern verbringen«, sagte ich mir manchmal, wenn ich ihn sah, obwohl ich wusste, dass so ein asketisches Leben nichts für mich war.

Während ich meinen anstrengenden Spagat zwischen Hörsaal und Puff hinlegte, für Klausuren lernte und sexuelle Wünsche bediente und ab und zu mit Leuten aus der Uni oder aber aus der »Oase« abends wegging, bastelte Ladja tagelang an einer Brücke für die Modelleisenbahn herum. Er glaubte tatsächlich daran, an einer Ausstellung teilneh-men zu können und dafür Geld zu bekommen.

»In Hamburg gibt es so was, da kommen sogar Besucher aus dem Ausland«, schwärmte er. »Es wäre geil, wenn man so was Großes auch in Berlin organisieren könnte, eine Halle mieten und dort mehrere Landschaften aufbauen. Die Alpen, den Grand Canyon – ich habe so viele Ideen, ich bräuchte nur jemanden, der mir für den Anfang etwas Geld leiht.«

Ich musste lächeln: Ladjas Naivität berührte und er-schreckte mich gleichermaßen. Er konnte den ganzen Tag mit Träumereien verbringen – ich aber war für die Realität zuständig. Unsere Rollenverteilung war so gesehen ziemlich klar und ich fragte mich, ob er je erwachsen würde.

Trotzdem hatte ich mir lange Zeit eingebildet, dass alles in Ordnung sei. Ich hatte Ladja geheiratet und gedacht, er sei die Liebe meines Lebens. Nun aber spürte ich zunehmend Zweifel. Der Sex war immer noch gut, doch es war nicht mehr so wie am Anfang, als mein Körper sich nach ihm sehnte und ich ein Kribbeln in den Zehenspitzen fühlte, wenn Ladja am Horizont auftauchte. Manchmal dachte ich jetzt, ich könnte ihn auch mit einem Kunden aus der »Oase« tauschen, einem von den Typen, die hübsch aussahen und mich nett behandelten.

»Nach einer Weile ist es halt nicht mehr so prickelnd«, sagte meine Freundin Jule am Telefon. »Ist mir mit allen meinen Freunden passiert.«

»Aber das ist doch traurig, oder?«, meinte ich. »Was passiert dann in zehn Jahren? Er schnarcht immer lauter, schläft auf der Couch und schaut sich vor dem Einschlafen einen ungarischen Pornofilm an? Manchmal ist es jetzt schon geiler, wenn ich mit einem Gast ins Bett gehe. Gerade heute kam ein junger Mann, mit dem ich ein ganz gutes Feeling hatte, und mit ihm hatte ich einen Superorgasmus. Mit Ladja klappt das oft nicht mehr – ist das nicht schlimm?«

In der Uni lief auch nicht alles glatt. Die Statistik-Klausur bestand ich gerade mal so, mit der Note vier, was mich ärgerte. Als ich zur Klausureinsicht ging, hatte der Assistent kaum tröstende Worte für mich.

»Das sind ganz einfache Sachen, die Sie da falsch gemacht haben. Anscheinend haben Sie sich nicht gründlich genug vorbereitet.« Ich schwieg betroffen. »Ich würde mich an Ihrer Stelle mehr mit dem Stoff beschäftigen, ansonsten enden Sie wie diese Leute, die planlos durch das Studium stolpern und erst nach vier Jahren mit miesen Noten gerade mal das Vordiplom schaffen.«

Ich ging raus, zündete mir eine Zigarette an und dachte nach. Du arbeitest im Puff, um studieren zu können. Aber anscheinend gelingt dir dein Studium nicht besonders gut, ging es mir durch den Kopf. Warum machte ich denn das alles? Der ersehnte feste Job nach dem Diplom schien mir plötzlich alles andere als sicher – arbeitslose Akademiker gab es genug. Was, wenn ich also völlig umsonst die besten Jahre meines Lebens im Bordell zubrachte?

Inzwischen war es so, dass ich jeden Morgen beim Aufwachen etwas Großes erwartete, etwas, das meine Existenz entscheidend verändern würde. Doch ein Tag verging und der nächste kam, ohne dass etwas passierte. Das Glück traf mich dann ausgerechnet an Ladjas Geburtstag, so überraschend und schön wie ein Sommersturm, der einen im Kleid erwischt.

# 7

## MILAN – DIE GROSSE LIEBE

Ladjas Geburtstage wurden immer groß angekündigt und großzügig gefeiert, so wollte es die polnische Tradition. Zu einem gelungenen Fest gehörten dabei eigentlich nur zwei Dinge: jede Menge Alkohol und die richtigen Gäste.

Im Juli wurde Ladja fünfundzwanzig. Wir standen gemeinsam auf und frühstückten im Café um die Ecke. Ich schenkte ihm eine blaue Sportjacke von Adidas, die er im Schaufenster von Karstadt ein paar Mal sehnsüchtig angeguckt hatte. Es machte mich glücklich, dass ich ihm diesmal, dank meines guten Verdienstes in der »Oase«, etwas kaufen konnte. Im Jahr zuvor war das nicht möglich gewesen. Er hatte mir oft erzählt, dass er als Kind nie eine Geburtstagsparty hatte feiern dürfen, weil seine Eltern dafür zu arm waren – kein Kuchen, kein Spielzeug, keine Freunde.

»Das bedeutet mir sehr viel«, sagte er mit feuchten Augen, als er stolz die neue Jacke anprobierte. Sie passte ihm perfekt.

Tomas hatte den wichtigen Tag vergessen, zumindest tat er so. Als Ladja ihn am Mittag anrief, lag er mit Kopfschmerzen und einer fremden Frau im Bett. Wir hatten geplant, zum See zu fahren, mit ihm und unserem englischen Nachbarn Rudy, der allerdings komplett betrunken und pleite in seiner Wohnung lag, weil er am Tag zuvor sein Arbeitslosengeld versoffen hatte.

»Das nennt man dann Freunde«, stellte Ladja enttäuscht fest. Mir fiel in dem Moment auf, dass er außer Tomas, Rudy und mir niemanden hatte. Die Leute, mit denen er sich sonst herumtrieb, waren Bekanntschaften aus dem Kiez, mit denen man vielleicht zusammen kiffte und Dart spielte, die aber ansonsten nicht an unserem Leben teilhatten.

»Fahren wir halt ins ›California‹«, sagte Ladja, nachdem er sich eine halbe Stunde lang durch die Fernsehprogramme gezappt hatte. Ich nickte nur, obwohl ich nicht wusste, was man an so einem Tag in einer Stricherkneipe zu suchen hatte.

Ich kannte niemanden der Anwesenden, doch Ladja begrüßte alle und jeder gratulierte ihm prompt, als er erzählte, dass er Geburtstag hatte. Ich blieb in der Tür stehen und konnte mich nicht entscheiden, ob ich mich irgendwo hinsetzen sollte, während Ladja schon sein erstes Bier bekam.

»Hast du Angst? Ich weiß, dass wir alle hier schrecklich aussehen, aber beißen tut keiner«, sagte jemand lachend in meine Richtung. Ich erkannte Milan wieder, den Mann, der mich ein paar Monate zuvor getröstet hatte, als ich hier gewesen war und wegen Ladja geweint hatte.

»Was machst du hier?«, fragte ich erstaunt.

»Ich warte auf Josh, meinen Geschäftspartner«, erklärte er und lächelte kokett. Obwohl er sich gerade mit jemandem unterhielt, schaute er mich die ganze Zeit an. Normalerweise hätte ich das als unangenehm empfunden, doch ich erwiderte seinen Flirtversuch und schenkte ihm meine ganze Aufmerksamkeit. Er hatte kurze braune Haare und seine braunen Augen strahlten Lässigkeit und Stolz aus. Obwohl er mich nur ansah, hatte ich in seiner Nähe auf Anhieb ein Gefühl der Geborgenheit. Seine Schultern waren breit und seine Oberarme kräftig, er wirkte männlich und selbstbewusst, ohne dabei aber wie ein Körperfetischist auszusehen. Je länger wir uns anschauten, desto detaillierter malte ich mir aus, wie es wäre, mit ihm Sex zu haben. Er ließ sich nichts anmerken, doch ich wusste aus irgendeinem Grund, dass er denselben Gedanken hatte.

Du triffst jeden Tag so viele Leute, dachte ich – in der U-Bahn, auf der Straße, im Puff. Jeder dieser Menschen hat ein Leben, das du nicht kennst. Vielleicht spielt dein Tischnachbar in der Uni Klavier und komponiert jeden Abend Musikstücke und der Eisverkäufer ist in Wirklichkeit ein leidenschaftlicher Schriftsteller. Doch ihre Existenzen rauschen an dir vorbei und du lebst weiter in deiner kleinen Welt. Und plötzlich begegnet dir einer, mit dem es anders ist. Du weißt nichts über ihn, aber hast den Eindruck, dass du ihn genau kennst. Ist das nicht irre?

Ladja unterbrach meine Träumereien, indem er mir auf die Schulter klopfte.

»Darf ich dir jemanden vorstellen? Das ist Josh, ein alter Freund von mir. Er kommt aus Kanada, wohnt aber seit der Wende in Berlin.«

Neben ihm stand ein braungebrannter, sportlicher Mann Ende vierzig. Er war groß und hatte schulterlange blonde Haare, die nach hinten gebunden waren. An seinen Schläfen deuteten sich ein paar graue Strähnen an. Er trug eine Uhr von Dolce & Gabbana, aber sonst war nichts Protziges an ihm, obwohl er, wie Ladja mir später erzählte, eine Immobilienfirma besaß und tierisch viel Geld hatte.

»Josh will eine Disko eröffnen – ein ganz neues Konzept«, erzählte Ladja aufgeregt. »Ein Laden, in dem immer Live-Musik gespielt wird, Indie-Rock und Punk und so weiter. Ich soll ihm dabei helfen, Kontakte zu jungen Bands zu knüpfen. Das ist für mich kein Problem. Ich kenne ja so viele Leute.«

Ich hörte ihm nicht wirklich zu, denn Milan starrte mich immer noch herausfordernd an. Langsam machte er mich damit nervös. Ich fing an, eine Serviette in kleine Stücke zu reißen und eine Haarsträhne um meinen Finger zu wickeln. Auch dass Tomas inzwischen eingetroffen war, bemerkte ich kaum.

Nach unzähligen Bier- und Wodka-Lemon-Runden schlug Ladja vor, in ein Café um die Ecke zu gehen, wo man Billard und Darts spielen konnte.

»Ich bin zu angetrunken, um Sport zu treiben. Ich bin nicht mehr so jung wie ihr«, witzelte Josh. Tomas und Ladja beharrten aber darauf, also beglich Josh die Rechnung und wir tranken aus.

»Ich komme auch mit«, sagte Milan, als wir schon vor der Tür standen. Tomas schaute ihn überrascht an, schließlich war er mit keinem von uns befreundet. Nur mir war klar, warum er mitwollte.

Es war Sommer und die Straßen waren voller Leben. Hunde, die friedlich in der Sonne schliefen, grillende Familien, Touristen in Straßencafés. Josh erzählte von einer Motorradtour durch die finnischen Wälder und einem improvisierten Rockkonzert, das dort auf einer Wiese stattgefunden hatte; die Musiker hatten sogar trotz einsetzenden Regens weitergespielt.

»Da müssen wir auch hin!«, rief Tomas begeistert. »Einfach zwei Zelte borgen und losfahren, das wäre irre geil. Ich fange morgen an, dafür zu sparen, ich schwöre es!«

»Wir könnten meine Angelausrüstung mitnehmen. Fische fangen und gleich am offenen Feuer rösten. Weißt du, wie viele Fische in finnischen Flüssen schwimmen?«, rief Ladja und legte seinen Arm um Tomas' Schulter.

Milan und ich liefen hinter den drei anderen her und schwiegen. Ich merkte, dass er seine Schritte verlangsamte.

113

Und dann schoss ein verrückter Gedanke durch meinen Kopf: Du musst jetzt mit Milan verschwinden. Du musst mit ihm in die nächste Seitenstraße abbiegen und ihn fragen, was das Ganze soll. Warum die Blicke, die Gesten – was will er von dir? Weiß er nicht, dass du Ladjas Frau bist?

Natürlich hätte ich das nie getan, genauso wenig, wie Tomas mit einem Zelt nach Nordeuropa gefahren wäre. Ich arbeitete zwar in einem Bordell, doch privat war das eine ganz andere Sache. Ich hätte mir nie vorstellen können, Ladja zu betrügen.

Das Billardcafé war fast leer. Viele Stammgäste waren wahrscheinlich übers Wochenende weggefahren, und die, die in der Stadt geblieben waren, hockten am See oder im Park. Nur ein junger, dunkelhäutiger Mann und ein älterer Herr, offensichtlich sein Freier, saßen nebeneinander. Der Junge hatte tiefe Augenringe und rote Augen und sah generell etwas fertig aus. Seine dreckige Jeansjacke lag zusammengeknüllt auf dem Boden und er drückte pausenlos auf seinem Handy herum. Sein Freier trank ein Weizenbier und unterhielt sich mit dem Barkeeper über das ungewöhnlich warme Wetter. Ich kannte ihn flüchtig und wusste von Ladja, dass er darauf stand, Stricher mit der Peitsche zu bearbeiten.

Zu fünft saßen wir um einen runden Tisch und Josh gab eine Runde Jägermeister aus. Milan und ich lehnten ab und bestellten statt dessen zwei Colas. Ich konnte nicht aufhören, Milans Hände anzuschauen. Obwohl seine Haut ziemlich dunkel war, waren seine Finger zartrosa und ein bisschen pummelig, wie die eines kleinen Kindes. Das passt überhaupt nicht zusammen, dachte ich. In diesem Augenblick merkte ich, dass ich in ihn verknallt war.

Mädchenkram, schoss es mir im nächsten Moment durch den Kopf. Du bist zu intelligent dafür, du weißt, dass so eine

Euphorie immer wieder mal auftaucht und flüchtig ist, wie eine Wolke am Himmel. Lass es! Ich war wütend, weil ich nicht glaubte, dass daraus etwas Gutes entstehen würde, und weil es nicht in mein Leben passte. Gleichzeitig war ich dankbar wie eine alte Frau, dass ich so etwas mal wieder erleben durfte, trotz der Tatsache, dass ich in einem Bordell arbeitete und fast jeden Mann mittlerweile als potentiellen Freier sah.

Das Gesprächsthema wechselte zu Extremsportarten. Josh war ein paar Mal Fallschirm gesprungen, Ladja wollte mir von einem Kumpel in Warschau erzählen, der an Motorcrosswettbewerben teilgenommen hatte. Doch ich hörte ihm wieder nicht zu.

»Würdest du aus zehntausend Metern Höhe loslassen können?«, fragte mich Milan plötzlich.

Ich schaute ihn erstaunt an.

»Weiß nicht. Es wäre schon toll, sich mal gedankenlos durch die Luft fallen zu lassen. Aber wahrscheinlich würde ich mich im letzten Moment doch irgendwo festhalten. Das ist wohl ein Urinstinkt – vielleicht einfach die Angst vor dem Unbekannten.«

Milan schaute kurz an die nikotingelbe Decke und sagte dann: »Ich weiß, was du meinst. Manchmal hätte ich gern den Mut, alles zu verändern: aus dem Alltag auszubrechen, ein Abenteuer zu erleben. Aber ich bin ein braver Familienvater, der jeden Tag arbeiten geht …«

Er seufzte und drehte sich wieder zu Josh, der gerade von seinem Urlaub in Vietnam erzählte.

Plötzlich klingelte mein Handy und ich ging raus, weil es in der Kneipe zu laut war. Anja, meine Chefin, war dran und wollte mir irgendetwas über Wolfgang erzählen, meinen Stammgast.

»Ich denke, dass sein Gedächtnis immer weiter nachlässt«, kicherte sie. »Er weiß doch, dass du am Freitag nie arbeitest. Trotzdem kommt er hierher, bringt seine üblichen Mon Chéris mit und meckert rum, dass du nicht da bist. Die Männer haben sie manchmal echt nicht alle.«

Als ich auflegte, stand Milan neben mir.

»Was machst du hier?«, fragte ich schroff. In Wirklichkeit hatte ich Angst, mit ihm alleine zu sein. Doch es war eine angenehme Angst, wie bei einer Achterbahnfahrt in der Sekunde, bevor man in die Tiefe stürzt.

»Ich könnte dir erzählen, dass ich frische Luft brauche, doch das würdest du mir wahrscheinlich nicht glauben. Du bist ja auch nicht doof«, antwortete er.

Dann waren wir beide still und beobachteten die Autos, die an uns vorbeirauschten. Ein Paar fuhr in einem Cabrio Richtung Innenstadt. Der Typ trug kein T-Shirt und rauchte, sie lachte und hatte ihre nackten Füße aufs Armaturenbrett gelegt. Das könnten wir beide sein, wenn das Leben anders verlaufen wäre, dachte ich.

»Als ich vorhin übers Springen geredet habe«, sagte Milan, »meinte ich nicht aus Flugzeugen und so. Man hat ja auch sonst oft Schiss vor dem Unbekannten.« Er sprach langsam, als ob ihm die Wortwahl schwerfiele. »Ach, was quatsche ich überhaupt für einen Mist«, fuhr er fort. »Du weißt, was ich meine. Ich habe dich erst zweimal gesehen und doch das Gefühl, dass du ein Teil meines Lebens bist. Das hat auch nichts mit Fremdgehen oder so zu tun. Ich habe meine Frau erst ein Mal betrogen und es hat mir nichts bedeutet – ein Mädchen, das ich in der Disko abgeschleppt und danach nie mehr getroffen habe. Aber seit ich dich kenne, träume ich davon, mir dir auf einem großen Bett zu liegen und dich zu streicheln.«

Ich schluckte. Normalerweise war ich Männern gegenüber schlagfertig, besonders bei der Arbeit. Zu oft kamen irgendwelche Heinis in den Laden, die dachten, man könne sich für ein paar Euro auch Zuneigung kaufen, meistens Kerle, die seit Jahren spießige Ehen führten, in denen jeder für sich lebte, oder aber total einsame Typen, die sonst gar niemanden hatten. Sie alle suchten im Puff nach einer Nähe, die nicht nur körperlich war. Außer Mitleid hatte ich allerdings so gut wie nie etwas für sie empfunden. Ich spielte vor den Kunden meine Rolle, aber am Ende des Tages gab es für mich immer nur Ladja. Doch nun zitterten mir die Knie.

»Komm, gib mir nur einen Kuss«, sagte Milan und fasste mich um die Taille. Ich wollte mich nicht wehren, obwohl ich wahnsinnige Angst hatte, dass jemand rauskommen und uns sehen würde. Doch plötzlich ließ Milan mich wieder los, ging zurück ins Lokal und ich blieb draußen stehen.

Wir ließen den Nachmittag mit einer Runde Tequila ausklingen und ich schob einen Zettel mit meiner Handynummer in Milans Hosentasche. Er streichelte unauffällig meinen Rücken, als wir aufstanden, um die Kneipe zu verlassen.

Ladja, Tomas und ich fuhren mit der U-Bahn nach Hause. Irgendwann kam das Thema auf Milan.

»Kennst du ihn gut?«, fragte ich Tomas.

»Gut genug. Er hat früher oft mit uns rumgehangen. Er hat sogar ein paar Monate mit mir in einer WG gewohnt. Eigentlich mochte ich ihn, aber seit er mit Josh zusammen war, ist er total eingebildet.«

»Du meinst, die beiden waren ein Paar?«, fragte ich erstaunt.

»Na klar«, antwortete Tomas. »Josh war total in Milan verknallt und der Junge brauchte Kohle. Sie haben in einer schicken Wohnung in Schöneberg gelebt, so ein Penthouse mit sieben Zimmern und geilem Ausblick. Aber dann hat Milan diese Natalie kennengelernt, sie ist schwanger geworden, er hat sie geheiratet, die Tochter wurde geboren und so weiter. Na ja, ob er jetzt glücklich ist …«

»Was meinst du?«, hakte ich nach.

»Er läuft so ziemlich jeder Tussi hinterher, das weiß jeder. Und mit seinem Job … Okay, er hilft Josh in der Immobilienfirma. Aber Josh lässt nicht mehr so viel Geld springen wie früher, als sie noch gepoppt haben. Er kriegt halt einen normalen Lohn. Na ja, sein Problem«, sagte er und streckte die Beine weit von sich.

In den nächsten Tagen tat ich so, als sei nichts gewesen, und führte mein Leben weiter wie immer. Vormittags Vorlesungen, lange Nachmittage in der »Oase«, abends mit Ladja und Tomas rumhängen, auf Jules Balkon sitzen und dabei Musik hören.

Nach der fast verpatzten Klausur fing ich an, noch regelmäßiger und intensiver zu lernen, denn so ein Fiasko wollte ich nicht wieder erleben. Wenn ich aber abends am Schreibtisch saß, fiel es mir schwer, mich zu konzentrieren, denn ich dachte die ganze Zeit an Milan und hoffte, dass er wieder im »California« auftauchen würde. Allerdings wusste ich von Tomas, dass er nicht so oft im Kiez verkehrte und nach der Arbeit meistens gleich nach Hause fuhr.

Ich hätte gerne mit jemandem darüber geredet, doch ich wusste nicht, mit wem. Meine Freunde, sogar Jule, waren auch die meines Mannes, und ich hatte zu viel Angst, dass sie ihm etwas erzählen würden.

Eines Tages saß ich im Aufenthaltszimmer der »Oase«, als mein Handy klingelte. Es war gerade nichts los, die Mädels stritten herum, lösten Kreuzworträtsel und bestellten pausenlos Essen per Telefon.

»Hallo, hier ist Milan. Ich weiß, du hast meinen Anruf nicht erwartet, aber …« Er hörte auf zu reden.

»Warte kurz«, flüsterte ich und simulierte einen Hustenanfall, damit er keine Puffgeräusche hörte. Ich rannte in den Flur. Ich wollte nicht, dass eine der Frauen irgendwas mitkriegte, auch wenn wir sonst keine Geheimnisse hatten und Männer unser Lieblingsthema waren.

»Ich muss dich sehen«, brachte er schließlich heraus. »Neben dem ›California‹ ist ein kleines Café. Ich bin um acht da. Kommst du?« Ich merkte, dass das eine Bitte war.

»Kommst *du* denn?«, fragte ich zurück.

»Ich halte es nicht mehr aus ohne dich und du fragst mich, ob ich komme?«

Ich konnte mir sein Lächeln vorstellen, diese Grübchen im Gesicht und seine leuchtenden Augen. Und die unpassenden zartrosa Hände, die ich schon auf meiner Haut spüren konnte. Ich wusste, dass er vergeben war, und wollte ihn trotzdem so sehr, dass ich Kopfschmerzen bekam.

Ich war eine Stunde zu früh am vereinbarten Treffpunkt, also lief ich die Straße rauf und runter, schaute die Vitrinen an und versuchte, mich für eine Hose oder ein T-Shirt zu begeistern. Aber ich konnte nur an Milan denken. Was, wenn er sich als Enttäuschung entpuppte?

Ladja hatte ich erzählt, dass ich mit Jule und anderen Frauen aus der Uni ausgehen würde, und ich hoffte, dass er sich nicht bei mir melden würde.

Endlich war es acht. Eilig lief ich zurück zum Café. Milan stand da, die Hände in den Hosentaschen, und schaute in den Himmel.

Ich hatte vor, zu sagen: Milan, ich bin eine verheiratete Frau und auch sonst trage ich ziemlich schweres Gepäck mit mir herum. Ich habe mit so vielen Männern gevögelt, dass ich sie nicht mehr zählen kann, und es ist mir auch scheißegal, wie viele es waren. In der Uni mache ich einen auf brave Studentin, aber nach Vorlesungsschluss gehe ich anschaffen. Und ich bin auch nicht Julia Roberts und du bist nicht Richard Gere, der mich aus meinem Leben befreien wird. Was willst du also von mir?

Aber in Wirklichkeit sagte ich gar nichts.

Milan streichelte etwas unbeholfen meine Wange. »Schön, dass du gekommen bist«, meinte er nur.

»Dachtest du etwa, ich verpasse dir einen Korb?«, entgegnete ich und kaute nervös an meinen Fingernägeln.

Er suchte eine Kneipe aus, weil er sich in der Gegend besser auskannte als ich. Sie war gemütlich: Holzwände, kleine Metalltische und Spiegel mit strahlenden Pin-up-Girls aus den fünfziger Jahren. Dazu der angenehme Duft eines Zigarillos mit Vanillegeschmack, den eine Frau am Nebentisch rauchte. Als ich Zigaretten aus meiner Tasche kramen wollte, fiel ein Buch raus, mit dem ich mir in der »Oase« gerade die Zeit vertrieb: Haruki Murakami, *Die gefährliche Geliebte*. Ich fand, dass der Titel zur Situation passte, und auch Milan lächelte.

»Bist du gefährlich?«, fragte er mich.

»Nein, im Gegenteil. Ich bin eher eine … verträumte Leseratte.«

So fing unser Gespräch über Bücher an. Er stand mehr auf Krimis mit politischem Hintergrund, ich auf lustige Romane wie *Herr Lehmann* oder alles von Wladimir Kaminer. Ich sagte, dass mein Lieblingsschriftsteller auch Milan heiße, aber er hatte noch nie etwas von Milan Kundera gehört. Ich versprach, ihm *Die unerträgliche Leichtigkeit des Seins* zu leihen, mein Lieblingsbuch von Kundera. »Ich kann es dir auch schenken«, ergänzte ich. Für einen Moment musste ich daran denken, wie ich das Buch auf dem Flohmarkt am Ostbahnhof gekauft hatte. Seitdem war weniger als ein Jahr vergangen, aber es kam mir vor wie eine Ewigkeit.

»Hast du schon Pläne für heute Abend?«, fragte Milan nach einer Weile. In seiner Hand hielt er einen Schlüsselbund.

Ich würde gerne mit dir schlafen, hätte ich am liebsten gesagt. Doch ich schüttelte nur den Kopf. Er lächelte, weil er schon wusste, was gleich passieren würde.

Wir brachen auf und ich folgte ihm in die Wohnung eines Kumpels, der gerade nicht in der Stadt war und ihm die Schlüssel überlassen hatte. Sie lag im fünften Stock eines Altbaus. Als wir die Holztreppe hochrannten, knallten die Absätze meiner Stiefel lautstark auf die Stufen. Es kam mir vor, als könnte das ganze Haus hören, weshalb wir es so eilig hatten. Er schloss die Wohnungstür auf, wir huschten hinein, und noch im Flur schlang ich einen Arm um seinen Hals und griff mit der anderen Hand nach seinem Gürtel.

»Nicht so schnell, meine Süße.« Er hielt meine Hand fest und seine Stimme verschaffte mir eine Gänsehaut.

Er knipste das Licht an und erst jetzt bemerkte ich, dass wir in einer Werkstatt standen. Auf dem Boden lagen Sägeblätter, Schrauben und Feilen und mitten im Raum war eine Holzplatte in ein Gestell gespannt, auf der zwei Bohrmaschinen lagen. Alles war voller Holz- und Metallspäne.

»Hier arbeitet mein Kumpel Mario. Er übernachtet nur manchmal in seiner Werkstatt, deswegen ist alles etwas chaotisch«, entschuldigte er sich. Ich fragte mich, wie viele Frauen er schon hierher gebracht, bei wie vielen er sich schon mit genau diesen Worten entschuldigt hatte. Auch streifte mich kurz der Gedanke, ob er je schon mal im Bordell gewesen war. Doch ich beschloss, fürs Erste an all dies nicht zu denken.

Ich schaute ihn an. Mir war fast schlecht vor Aufregung, mein Herz schlug wie verrückt.

»Vielleicht ist es besser, wir vergessen die ganze Sache«, sagte er plötzlich ganz ruhig. In seinen Augen sah ich, dass er mich haben wollte, doch seine Worte wirkten wie eine Ohrfeige.

»Sei nicht dumm.« Meine Stimme wurde laut. »Du hast mich doch heute nicht die ganze Zeit angeglotzt und hierher verschleppt, nur um mich jetzt einfach wieder gehen zu lassen!«

Ich bewegte mich langsam in seine Richtung.

»Du weißt ganz genau, dass wir damit nicht anfangen sollten«, flüsterte er wieder.

»Ich weiß nur, dass wir irgendwann beide tot sind. Und dann macht es keinen Unterschied mehr, oder?«

Wir rissen uns unsere Klamotten vom Leib und fielen zusammen auf einen herumliegenden Teppich. Wir liebten uns stundenlang, ohne zu merken, wie die Zeit verging und der Morgen kam.

Ich wünschte, ich hätte ein Bild von uns in dieser Nacht. Ich wünschte, ich hätte den Duft seiner Haut speichern können.

Irgendwann klingelte sein Handy und brachte uns in die Gegenwart zurück. Er löste sich aus meiner Umarmung und lief durch das Wohnzimmer, auf der Suche nach seiner Unterhose.

»Am besten ziehen wir uns jetzt an, Sonia«, sagte er. Ich versuchte, in seiner Stimme einen Hauch der Zärtlichkeit zu entdecken, die er nur wenige Minuten vorher noch gezeigt hatte. Er aber zog sich hurtig an, mit der Schnelligkeit eines Soldaten in der Kaserne, wenn der Alarm losgeht.

Ich saß auf dem Boden und rührte mich nicht.

»Was ist?«, fragte er.

»Wie eine Nummer im Puff«, murmelte ich.

Milan kam zurück zu mir, setzte sich neben mich auf den Teppich, schlang seine Arme um mich und küsste meine Stirn und meine Augen.

»Am liebsten möchte ich gar nicht mehr hier weg«, sagte er. Doch dann stand er auf und ging Richtung Tür.

Vor der Haustür küssten wir uns ein letztes Mal und gingen dann getrennte Wege. Ich schaute ihm hinterher, bis er aussah wie ein Mann wie viele andere und in der Menge verschwand. Dann begab ich mich zur S-Bahn-Station.

Im hellen Licht des Tages erschien mir diese Nacht wie ein Traum. Noch vor einer halben Stunde hatte ich zusammen mit Milan nackt auf dem Boden einer fremden Wohnung gelegen, nun aber lag das normale Leben wieder vor mir: Dass ich heute nachmittag wieder nackt mit allen möglichen Männern im Bett liegen würde, diesmal aber wieder völlig leidenschaftslos, versuchte ich erst mal zu verdrängen. Davor musste ich noch zur Uni, um mir ein Buch in der Bibliothek auszuleihen.

Alles fiel mir an diesem Morgen auf die Nerven: die Kinder, die den Bahnsteig entlangrannten und kreischten, die beiden Studentinnen, die neben mir im Wagon über Referate diskutierten, der Türke, der mich vor meiner Wohnung fast überfuhr und irgendwas aus seinem BMW brüllte.

Ladja war noch wach und sah im Fernseher einen Dokumentarfilm über Pinguine.

»Na, wo seid ihr Mädels so lange gewesen?«, fragte er.

Ich murmelte etwas von Disko und schlich ins Schlafzimmer. Obwohl es acht Uhr morgens war und ich die ganze Nacht kein Auge zugemacht hatte, konnte ich kaum einschlafen. Allein in meinem Zimmer, erlebte ich jeden Augenblick mit Milan noch mal und versuchte, nicht daran zu denken, dass er wahrscheinlich gerade seine Tochter zum Kindergarten brachte und dass mein Mann im Wohnzimmer saß.

Auf dem Weg in die »Oase« schlief ich fast ein. Ich kam zu spät und mein Kopf drohte zu explodieren. Ich verzichtete sogar auf mein Tagesritual: Zeitung lesen, eine Zigarette rauchen, ein bisschen mit den Mädels plaudern, bevor ich mich umzog und zu Stella wurde. An jenem Tag aber durchquerte ich einfach den Aufenthaltsraum und ließ mich auf die Couch plumpsen.

Mandy ließ sich gerade von Vera, der Estin, eine Maniküre machen und schimpfte dabei wie immer über ihren Ex-Freund, der ihre EC-Karte geklaut und sich damit Geld abgehoben hatte, um einen Urlaub auf Mallorca zu buchen, ständig bei seiner Mutter rumhing und außerdem sowieso einen viel zu kleinen Schwanz hatte. Vera hörte geduldig zu, feilte ihr die Nägel und ließ ab und zu einen Kommentar fallen wie: »Lesben sollten wir werden.« Die beiden versuchten mich ins Gespräch zu ziehen, was normalerweise nicht schwer war, doch ich blieb wie versteinert liegen und starrte auf ein Plakat an der Wand, auf dem ein muskulöser Mann an einem Tropenstrand zwei Bikinischönheiten umarmte.

»Was ist los mit dir?«, fragte Mandy nach einer Weile.

»Nichts. Nur ein wenig Stress mit meinem Studium«, antwortete ich halbherzig.

»Dein Ehegatte, oder?«, hakte sie nach. »Ich würde ihn arbeiten schicken, das kannst du mir glauben. Nach allem, was du für ihn getan hast.«

»Er hat jetzt einen Job«, log ich. »Er geht putzen.«

Das schien Mandy zufriedenzustellen und sie redete weiter mit Vera.

Meine schlechte Laune nahm ab, als es an der Tür klingelte und der Gast sich für mich entschied.

Ich kannte ihn schon: Mitte vierzig, leichter Bierbauch, verheiratet. Eigentlich harmlos. Er holte sich immer selber einen runter und quatschte dabei über seine erotischen Fantasien.

Doch allein der Gedanke, einen fremden Mann anzufassen, schien mir an diesem Tag schrecklich. Ich hatte noch Milans Geruch in der Nase, konnte noch seinen Atem an meinem Hals und seine Hände an meinem Körper spüren. Heute hätte auch Brad Pitt kommen können und ich hätte mich geekelt.

Ich massierte den Kerl lustlos eine halbe Stunde lang, brachte währenddessen keinen Ton heraus und starrte die verstaubten Plastikblumen in der Ecke an, während er mit seinem Ding spielte.

Nach einer Weile unterbrach er das übliche Gelaber. Ich schaute ihn perplex an.

»Du bist heute nicht ganz bei der Sache«, sagte er fast amüsiert. »Ist was passiert?«

Am liebsten wäre ich weggerannt, denn es war mir peinlich, dass selbst ein Kunde meinen Zustand bemerkte. Eigentlich gehörte es zu meinem Job, persönliche Probleme außen vor zu lassen. Dann aber dachte ich, dass er mir eine Ausrede sowieso nicht glauben würde und ihm mein Problem letztlich ohnehin egal wäre – er kannte ja nicht mal meinen richtigen Namen.

»Weißt du«, seufzte ich, »ich hatte eine tolle Nacht mit einem Mann und denke, dass ich in ihn verknallt bin.«

»Aha.« Unter seinem Schnurrbart zeichnete sich ein Lächeln ab. »Aber nicht mit deinem Mann, oder?« Er wusste, dass ich verheiratet war.

»Nein, mit einem Kumpel von ihm.« Ich kam mir vor wie ein Kommunionskind bei seiner ersten Beichte. »Verstehst du vielleicht, oder? Du bist doch selbst verheiratet.«

Er nickte. »Seit genau sechsundzwanzig Jahren. Ich war einundzwanzig, als wir heirateten, und bin noch im selben Jahr Vater geworden. Zu DDR-Zeiten hat man früh angefangen.«

»Wow«, sagte ich. »Und wie ist es nach so langer Zeit? Liebst du deine Frau immer noch?«

Er hob die Schultern. »Was heißt schon lieben, Kindchen? Nach 26 Jahren ist man froh, wenn man abends nach Hause kommt und nicht alleine essen muss. Man ist so lange zusammen, dass man sich nicht mehr fragt, warum eigentlich. Das Haus ist fast abbezahlt, die Kinder sind groß, die Zeit des spontanen Sex im Wald ist vorbei. Früher hatte ich mal eine Geliebte, und jetzt« – er tätschelte seinen unübersehbaren Bauch –, »jetzt muss ich bezahlen, um die Berührungen einer schönen Frau genießen zu dürfen. Auch traurig.«

Plötzlich war ich ziemlich entspannt und froh darüber, dass der Gast nicht sauer war und sich die Massage ein wenig zu einer Art Kaffeeklatsch entwickelte.

»Und was würdest du mir raten?«, fragte ich.

»Genieße es«, sagte er ernst. »Genieße die Stunden mit deinem Lover, genieße deinen Mann, und wenn du kannst, finde noch einen dritten Liebhaber. Tu alles, was für dich gut ist, ohne ein schlechtes Gewissen zu haben. Denn irgendwann bist du alt und dann ist der Zug abgefahren.«

»Werde ich machen«, versprach ich.

»Keine Party heute Abend, Stella«, sagte er noch, als ich die Tür hinter ihm schließen wollte. »Nur weil du jung bist, heißt das nicht, dass du keinen Schlaf brauchst. Mach dir einen Tee und geh mal früh ins Bett.«

Ich lächelte.

»Was machst du gerade?«, fragte Milan mit sehnsüchtiger Stimme.

Ich saß im Audimax in der Uni und hörte eine Vorlesung über Wahrscheinlichkeitstheorie. Als mein Handy geklingelt hatte, war ich aufgesprungen und hatte versucht, mich unauffällig Richtung Ausgang zu schleichen, und dafür böse Blicke von den Studenten geerntet, die meinetwegen aufstehen mussten.

»Ich bin in der Mensa, hab gerade Pause«, log ich. Wie wichtig ist eine Univeranstaltung gegen ein paar Stunden mit Milan, dachte ich.

Er kam mit seinem roten Polo, hupte, ich stieg ein und wir fuhren zum Teufelssee. Im Radio sang Nena »Irgendwie, irgendwo, irgendwann«.

Es war noch Morgen, die Kinder waren in der Schule und die Eltern arbeiteten, somit genossen wir einen fast leeren Badestrand. Nur ein Rentner blätterte etwas entfernt von uns in seiner Zeitung.

Wir breiteten eine Decke aus und zogen erst unsere Schuhe, dann unsere restlichen Kleider aus. Ich hatte Kirschen in meinem Rucksack, so rot und saftig, dass meine Lippen davon dunkelrot wurden – umso süßer schmeckten Milans Küsse.

»Du hast mir gefehlt«, sagte ich.

»Du mir auch«, antwortete er, während er meine Füße massierte. »Ich konnte nicht aufhören, an unsere Nacht zu denken. Ich hatte so lange nicht mehr mit einer Frau geschlafen.«

Ich hätte am liebsten gefragt, wie oft er noch mit seiner Frau Sex hatte, doch ich biss mir auf die Zunge. Es gab von Anfang an eine unausgesprochene Regel zwischen Milan und mir: keine Fragen über unsere Beziehungen. Wenn wir zusammen waren, gab es unsere Partner einfach nicht. Manchmal, wenn es Krach zwischen ihm und seiner Frau gegeben und er etwas getrunken hatte, erzählte er Bruchstücke aus seinem Eheleben. Doch es interessierte mich mehr, nackt mit ihm unter dem Sternenhimmel zu liegen, über die Welt zu philosophieren und leidenschaftlich zu vögeln. Seine Geschichten kamen mir außerdem bekannt vor, sie hätten von jedem stammen können, der in die »Oase« kam und dort seine Seele ausschüttete. Aber Milan war für mich kein gewöhnlicher Sterblicher, er war mein Geliebter und sollte mit den Ärgernissen des Alltags nichts zu tun haben.

Seine Haut war braungebrannt und duftete nach Gras. Ich küsste seinen straffen Bauch.

»Hier?«, flüsterte er und deutete mit seinem Kopf auf den Opa, der immer noch interessiert seine Zeitung las.

»Ist doch egal«, antwortete ich. »Der ruft bestimmt nicht die Bullen.«

Also liebten wir uns mitten auf der sonnigen Wiese. Danach zogen wir uns wieder an, ohne ein weiteres Wort zu reden. Milan setzte seine Sonnenbrille auf und fuhr mich zurück zur Uni. Das Radio blieb aus, ich blickte die ganze Zeit aus dem Fenster und er konzentrierte sich angespannt auf die Straße.

»Ist was?«, fragte ich, nachdem er vor der Uni eingeparkt hatte.

Er berührte meinen Arm und streichelte meine Haut mit seinen Fingerspitzen. »Hör zu, Sonia«, fing er an. »Ich denke, es ist besser, wenn wir nur Freunde sind. Du bist verheiratet und ich habe ein Kind und möchte nicht riskieren, meine Familie zu verlieren.«

Ich war schockiert und konnte kaum glauben, was ich hörte. Er roch noch nach mir, ich nach ihm – und nun machte er schon Schluss? Mein Herz fing wieder an zu pochen, mir wurde schwindelig.

»Ja, gut – wenn du meinst«, sagte ich und versuchte zu klingen, als ob ich über eine Hausaufgabe für die Uni reden würde.

»Du bist wunderbar und der Sex mit dir ist super. Aber ich kann meine Frau einfach nicht weiter belügen …«

»Okay, dann auf Wiedersehen«, unterbrach ich ihn, stieg aus, ohne mich zu verabschieden, rannte über die Wiese und verschwand im Hauptgebäude. Ich setzte mich in die Cafeteria, trank Kaffee aus einem Pappbecher und rauchte hastig eine Zigarette.

Plötzlich entdeckte ich in der Menge von bunten Rucksäcken den von Jule. Ich winkte ihr zu und sie setzte sich neben mich. Eigentlich hatte ich mir vorgenommen, mit niemandem über Milan zu reden, doch nun musste ich unbedingt meine Gedanken sortieren.

»Das Schlimme ist: Ich glaube, ich habe mich verknallt«, schloss ich meine Geschichte ab.

Jule runzelte die Stirn. »Ich weiß nicht, ob das eine gute Idee ist. Ich weiß, du hast gerade Stress mit Ladja. Aber der Kerl ist verheiratet, er wird seine Frau so schnell nicht verlassen. Oder?«

Ich schüttelte den Kopf. »Sie machen einen ziemlich glücklichen Eindruck, wenn sie mit der Kleinen unterwegs sind«, sagte ich, weil mir das jemand erzählt hatte. »Doch auf der anderen Seite sagt er, dass er schon lange keinen Sex mehr gehabt hat …«

»Nicht alle brauchen so viel Sex wie du«, seufzte Jule. »Ich kenne viele Paare, die sich nicht unbedingt jeden Tag die Klamotten vom Leib reißen und aufeinander rumturnen und trotzdem in Harmonie leben. Na ja, auf jeden Fall hast du mit ihm gepoppt. Damit ist es ein One-Night-Stand gewesen, nicht mehr.«

»Es war heute bereits das zweite Mal«, flüsterte ich.

»Noch besser«, antwortete Jule. »Eine Affäre! Beende das Ganze und erzähle Ladja nichts.«

»Ich bin doch nicht verrückt«, sagte ich lächelnd.

Ich setzte mich in den Computersaal, surfte ziellos im Internet und dachte über Milans Worte nach. Vielleicht hatte Jule recht. Ich hatte eine Affäre und jetzt war sie halt vorbei. Immer noch etwas traurig, aber definitiv erleichtert, machte ich mich auf den Heimweg.

Zwei Wochen später schleppte mich Ladja wieder mal ins »California«. Ich hatte öfter an Milan gedacht, als mir lieb war, und da saß er nun. Er spielte Skat mit ein paar Kumpels in der fast leeren Kneipe. Er war auf sein Blatt konzentriert und ignorierte zunächst unseren Gruß, doch als Ladja in Richtung Toilette verschwand, drehte er sich kurz in meine Richtung und warf mir einen eindeutigen Blick zu. Das genügte: Aus war's mit meiner Lässigkeit. Ich wurde unruhig, schaute andauernd zu ihm hin und stampfte rhythmisch mit den Füßen gegen die Theke.

»Was ist los?«, fragte Ladja, als er zurück war.

»Nichts«, antwortete ich und zuckte mit den Achseln. »Stress mit dem Studium.«

Er streichelte meinen Kopf. »Mein kluges Mädchen«, flüsterte er mir ins Ohr. »Du schaffst jede Klausur, das weißt du doch.«

Für einige Sekunden hatte ich wieder Schuldgefühle, die aber schnell nachließen. Ich wartete nervös auf ein Zeichen von Milan und wusste, dass es kommen würde.

»Um neun vor dem Eiscafé«, raunte er im Vorübergehen, während Ladja in ein Gespräch verwickelt war.

In der Uni erzählte ich außer Jule niemandem von Milan. Obwohl ich mittlerweile ein paar Kommilitonen etwas besser kannte und wir manchmal abends zusammen ausgingen, hätte ich mit ihnen nie über solche persönlichen Sachen geredet.

In der »Oase« wollte ich eigentlich auch mit niemandem über meine Gefühle sprechen, weil man mich dort ohnehin nicht verstehen würde. »Liebe gibt es bei mir maximal eine

Stunde und die kostet hundertfünfzig Euro«, meinte unsere Automechanikerin Jana immer. Sie sei noch nie in ihrem Leben verliebt gewesen, sagte sie, dabei war sie bereits fünfunddreißig und hatte ein Kind. »Höchstens mal ein wenig verknallt und das war auch spätestens nach drei Wochen vorbei, als der Typ nachts in meinem Bett schnarchte.«

Mit Isa redete ich am liebsten, denn wir hatten viele Gemeinsamkeiten. Sie studierte BWL an der Fachhochschule und interessierte sich für Fremdsprachen. Auch sonst war sie unglaublich gebildet, obwohl sie schon seit ihrem sechzehnten Lebensjahr auf den Strich ging. Sie hatte allerdings gerade Stress mit ihren Klausuren und war daher wenig belastbar. So vermied ich auch ihr gegenüber das Thema Milan, erledigte meine Arbeit und alberte mit meinen Kolleginnen herum wie sonst auch.

Kurz nach Feierabend stand ich mit Celina, die gerade erst bei uns angefangen hatte, in der Küche. Ich spülte, sie trocknete ab. Aus Versehen ließ ich ein Glas fallen, das auf dem Boden zerbrach.

»Du bist echt verträumt«, sagte sie, während sie die Scherben zusammenfegte. »Bist du zwar immer, aber ich denke, du hast da jemanden. Ich merke es an deinen Blicken.«

»Meinst du?«, fragte ich ironisch.

»Ich will dir nur sagen: Sei vorsichtig«, redete sie weiter. »Na ja, solange du kein Kind hast, kannst du immer noch mit deinem Alten Schluss machen.«

Soviel ich wusste, war sie verheiratet und hatte zwei kleine Töchter.

»Ich treffe mich übrigens nach Feierabend mit Harry«, sagte sie und schwieg dann, als ob sie auf meine Genehmigung warten würde, weiterzureden. Ich blieb aber stumm, da ich Harry nicht wirklich kannte. Ich wusste nur, dass er ein Stammgast von ihr war, der fast jeden Tag zu ihr kam und ihr oft Blumen mitbrachte. Aber von solchen Geschichten gab es viele im Bordell.

»Ich bin echt bescheuert, mich mit dreißig Jahren noch Hals über Kopf in einen Freier zu verlieben«, fuhr sie fort. Ich war etwas überrascht: Mit ihrer zierlichen Figur und den schwarzen Haaren, die sie nach hinten zu einem Zopf gebunden hatte, sah sie viel jünger aus.

»Wenn er dich glücklich macht«, antwortete ich.

»Ja und nein«, seufzte sie, während sie das Geschirr einräumte. »Ich hätte nie gedacht, dass mir so was noch mal passiert. Es ist wie wieder siebzehn sein. Ich träume nachts von ihm und wache dann neben Oliver auf – meinem Mann. Wir rufen uns zigmal am Tag wegen Kleinigkeiten an, ja, wir stellen uns sogar vor, wie unsere Kinder heißen würden. Aber auf der anderen Seite: Ich bin verheiratet, Oliver ist ein guter Ehemann und meine Mädchen lieben ihn abgöttisch. So gesehen denke ich, ich bin eine erwachsene Frau und habe kein Recht, wegen so einer Schwärmerei meine Familie zu zerstören.«

Ich konnte nicht aufhören, an Milan zu denken. Er war mit seiner Familie verreist und ich sehnte mich nach ihm. Der Jahrhundertsommer, der wie ein Traum angefangen hatte, wurde zu einer Strafe, weil ich mir immer wieder vorstellen musste, wie er mit seiner Frau Natalie in einem malerischen Hafenstädtchen auf einer Restaurantterrasse saß. Ladja hingegen kiffte die ganze Zeit oder spielte Ping-Pong mit Tomas und dessen neuer Freundin. Manchmal, wenn ich freihatte, schloss ich mich ihnen an, dann waren wir eine Gruppe sorgloser junger Leute, die den ganzen Tag in der Sonne lagen, laute Musik hörten und sich mit Fragen beschäftigten wie: »Wie vermehren sich die Schlümpfe eigentlich, wenn es nur eine Frau im ganzen Dorf gibt?«

Meine Klausuren am Ende des Sommersemesters bestand ich mit ziemlich guten Noten. Oft hatte ich mir in die »Oase« meine Bücher mitgebracht und dort gelernt. »Noch ein Jahr, dann hast du zumindest das Vordiplom, dann ist das Ziel schon näher«, sagte ich mir immer wieder. Manche Kommilitonen waren mit dem Grundstudium fast fertig und hatten während der Semesterferien schon Praktika gemacht. Für mich kam das vorerst nicht in Frage, denn als Praktikant bekam man oft kaum Geld. Das konnte ich mir einfach nicht leisten.

Das Schwierigste für mich aber war, dass ich zu den Kunden der »Oase« freundlich sein musste, selbst dann, wenn ein verschrumpelter Siebzigjähriger, ein ungepflegter Macho oder ein Typ mit Mundgeruch vor mir lag. Ich hatte mit der Zeit gelernt, so was innerlich zu verdrängen und nur an die Kohle zu denken, doch seit ich Milan kannte, ertrug ich die Gäste immer schwerer. Sie anzufassen ging ja noch. Schlimmer waren ihre verschwitzten und gierigen Hände auf meinem Körper, denn der gehörte, wie auch mein Herz, inzwischen nur noch Milan. »Es macht mich verrückt, zu wissen, dass du weiter mit Ladja schläfst«, hatte er einmal zu mir gesagt.

Natürlich wusste auch Milan nicht, wie ich mein Geld verdiente. Ich erzählte etwas von einem Café, wo ich kellnerte, doch er fragte ständig nach der Adresse, um mich von der Arbeit abholen zu können. Irgendwann murmelte ich dann etwas von einem Job in der Universitätsbibliothek, doch er schien zunehmend misstrauisch zu werden, zumal er wusste, dass Ladja nur gelegentlich beschäftigt war.

Auch in der »Oase« war das Thema Ehrlichkeit an der Tagesordnung: Mandy hatte zwei Monate lang ihren neuen Freund hinsichtlich ihres Berufs belogen und, nachdem sie ihm endlich die Wahrheit gestanden hatte, prompt eine schallende Ohrfeige kassiert. Isa wiederum erzählte: »Ich habe damals meinem ersten Freund erzählt, dass ich an der Tankstelle arbeite. Mein Gott, er war selber gerade achtzehn und kannte meine ganze Familie, er wäre gestorben, wenn er gewusst hätte, was ich wirklich mache. Zum Glück stand neben dem Puff tatsächlich eine Tankstelle, dort wartete ich dann jeden Abend auf meinen Süßen.«

Ich versuchte, sie mir in einem Blaumann von Aral vorzustellen, darunter Spitzenwäsche.

»Wollte er nie mal mit reinkommen?«, fragte Anja erstaunt.

»Er war schüchtern, verliebt und vertraute mir blind. Ich habe ihm immer gesagt, dass mein Chef unsympathisch sei, und er hatte wohl ein wenig Angst vor ihm.«

Ende August half Ladja bei einem Straßenfest im Kiez aus. Ich hatte keine Lust, hinzugehen, doch insgeheim hoffte ich, Milan dort zu treffen, dessen ewig langer Urlaub langsam zu Ende sein musste. Ich sah ihn tatsächlich an einem Biertisch mit einer Bekannten aus dem »California« stehen. Ich bestellte eine Cola und setzte mich so unauffällig wie möglich auf eine Bank in seiner Nähe.

»Sie macht mich bekloppt«, rief er. »Ich ackere mich kaputt für die Familie und ihr ist es nie genug. Soll sie einen anderen Idioten finden.« Sie haben sich gestritten, dachte ich und verspürte so etwas wie Schadenfreude, wofür ich mich sofort schämte. Dann erst sah er mich und wurde sofort still. Er nickte mit dem Kopf unauffällig nach rechts und ich stand auf und ging bis zum Ende der Straßensperre. Er kam fünf Minuten später nach. Ich warf mich an seinen Hals und spürte nichts außer himmlischer Freude.

»Nicht hier«, flüsterte er und küsste dabei mein linkes Ohr. »Ich will nicht, dass alle über uns tratschen.«

Wir liefen stumm nebeneinander in Richtung Tiergarten. Plötzlich zerrte er mich durch eine automatische Tür und wir standen in einem Raum neben einem Geldautomaten. Er drückte mich gegen die Wand und wir küssten uns lange und mit Genuss. Drei betrunkene Jugendliche mit bunten Haaren liefen draußen vorbei und klatschten. »Liebe ist was Wunderschönes!«, grölte einer von ihnen.

»Sag mal, gehst du anschaffen?«, fragte Milan mich unvermittelt, als wir etwas später auf einer Parkbank saßen, und schaute mich dabei so forschend an wie eine Mutter, die gerade ihre Tochter beim Rauchen erwischt hat.

»Wie – wie kommst du darauf?«, stotterte ich, um Zeit zu gewinnen – nicht gerade die richtige Antwort für eine unschuldige Studentin. Das ist das Ende, dachte ich. Deine Märchen hat er eh nie geglaubt, und wenn er die Wahrheit erfährt, wird er dich nie wiedersehen wollen. Wer will schon mit einer Frau zusammen sein, die mindestens mit zwanzig Männern pro Woche in die Kiste springt?

»Tomas hat etwas von einem Puff in Charlottenburg erzählt«, erwiderte er.

»Wieso kann der nie die Klappe halten«, seufzte ich.

»Zwingt dich jemand dazu?«, fragte er nach einer bedrückenden Pause besorgt.

»Nein, nein, im Gegenteil«, sagte ich eifrig. Ich erzählte ihm von der »Oase« und von den Mädchen, mit denen ich gut befreundet war. Manche Details beschrieb ich ein wenig anders oder ließ sie aus, und ich versicherte ihm auch, dass ich nur »extrem selten« richtigen Sex hatte und mir in dem Fall die Männer aussuchen durfte, was natürlich nicht so ganz stimmte. Ich laberte pausenlos und er starrte nachdenklich in den wolkenlosen Himmel.

»Bist du enttäuscht?«, fragte ich, als ich glaubte, alles gesagt zu haben. »Ich mache es wirklich nur, damit ich studieren kann. Wenn ich meinen Abschluss habe, werde ich nie wieder dorthin gehen.« Diesen Satz wiederholte ich mehrfach und streichelte dabei seine Hand.

»Nein, ich bin nicht enttäuscht«, sagte er nach einer Weile, aber er klang zumindest traurig. »Ich war ja selber ein Stricher und habe auf diese Weise Josh kennengelernt. Ich weiß also, wie das ist. Ich war jung und hatte kein Geld und von einem ordentlichen Job habe ich auch nichts gehalten. Es war nicht einfach – ich bin nicht schwul. Aber ich habe auch schöne Erinnerungen an die Zeit. Ich und die anderen Jungs, wir haben uns sehr frei gefühlt.«

Seine Erinnerungen klangen mir vertraut. Er war wie ich ein Mensch, der sich schon in jungen Jahren nach Abenteuern gesehnt und schon früh das Bedürfnis nach körperlicher Liebe verspürt hatte. Und irgendwann war er in die große, weite Welt aufgebrochen, voller Träume – genauso, wie ich es seinerzeit gemacht hatte, als ich von Italien nach Berlin kam.

Bis zum Einbruch der Dunkelheit lagen wir auf der Wiese unter einer Eiche. Ich war eigentlich keine gute Zuhörerin, doch von Milan wollte ich alles wissen: mit wem er das erste Mal Sex gehabt hatte, wie seine Eltern sich kennengelernt hatten, wie sein Vater, seine Mutter und sein Lieblingsonkel hießen und wie seine Polnischlehrerin ausgesehen hatte, in die er mit elf verliebt gewesen war.

»Du denkst, dass es egal ist, wenn du jetzt in einem Puff arbeitest«, sagte er irgendwann plötzlich. »Doch später wirst du Narben haben, auch noch in fünfzehn oder zwanzig Jahren.«

Ich wollte ihn fragen, ob er je verletzt worden war, doch da zog er schon mein T-Shirt aus und streichelte meinen Hals mit seinen Lippen. Ich dachte für einen Augenblick, wie anders es mit ihm war, so anders als die Quickies in der

»Oase«, wo eine Nummer für mich eigentlich nicht mehr bedeutete als eine belanglose Gymnastikübung.

Es wurde kühler, die Sonntagsspaziergänger verließen langsam den Park. Nur wenige Seelen streiften noch über die Wege: ein Obdachloser mit einer Stofftasche voller Pfandflaschen, eine Kifferclique mit zwei Schäferhunden, die über die Wiese tobten, und eine alte Frau, die am Teich stand und Enten fütterte.

»Nicht hier«, protestierte Milan, als ich mich daran machte, auch sein T-Shirt auszuziehen, doch ich spürte den Puls in seinen Fingerspitzen und Wellen reinen Glücks durchfluteten meinen Kopf.

Ladja bemerkte nichts von mir und Milan, oder zumindest tat er so, als sei alles in bester Ordnung. Am Ende des Sommers fand er einen Job in einer Kneipe, wo er dreimal die Woche putzte und aufräumte. Obwohl es nur vierhundert Euro im Monat brachte, musste er nun zumindest früh aufstehen und faulenzte nicht den ganzen Tag in der Wohnung. Ich zwang mich, nie in Anwesenheit meines Mannes an Milan zu denken. Es gelang mir auch meistens, nur manchmal bohrte er sich hartnäckig in meinen Kopf. Wenn die Sehnsucht nach ihm zu groß war, fragte ich Ladja ganz nebenbei, ob er nicht Lust hätte, ins »California« zu gehen. Meistens lautete die Antwort ja – für eine Kneipentour war er immer zu haben. Dann schminkte ich mich mindestens eine halbe Stunde lang, zog meine Cowboystiefel aus blauem Leder an (die ich nur zu besonderen Anlässen trug) und suchte im Schrank nach dem richtigen Outfit. Ladja dachte, dass ich mich für ihn hübsch machte, und hielt seine Komplimente nie zurück, was mir zusätzlich schmeichelte. Oft bekam ich Schuldgefühle ihm gegenüber. Trotz all seiner Macken: Er liebte mich – und ich betrog ihn schamlos.

Doch dann dachte ich mir, dass Männer schon seit Jahrhunderten Geliebte haben durften, ohne dass sich jemand groß darüber aufregte, und selbst wenn die Ehefrau davon erfuhr, ließ sie es oft geschehen nach dem Motto: »So sind sie halt, die Männer.« Und ich sollte mir diese Augenblicke reinen Glücks verkneifen? Dafür war das Leben zu kurz.

Hauseingänge und verlassene Baugelände wurden zu meinen und Milans Verbündeten. Wenn sein Freund Mario in der Werkstatt schlief, blieb uns nichts anderes übrig, als es draußen zu treiben, was unbequem und aufregend zugleich war. Einmal, es war schon Ende Oktober, trafen wir uns an einem leeren Parkplatz unter einer Autobahnbrücke. Ich bekam davon einen üblen Schnupfen. Als ich in der »Oase« erzählte, wie es zu der Erkältung gekommen war, lachten sich die Mädchen fast tot. Seit ich Vera einmal von meiner Affäre erzählt hatte, wusste ohnehin der ganze Club davon, die Geheimniskrämerei machte also keinen Sinn mehr.

»Zum Glück ist es noch nicht richtig kalt. Stell dir vor, es wäre Januar gewesen«, kommentierte Jana.

»Bis dahin ist es bestimmt vorbei. Der Kerl ist verheiratet, so etwas geht nie lange gut«, war Anjas Beitrag. Ich schaute sie fast beleidigt an.

»Sie hat recht«, meinte auch Isa. »Er sucht im Prinzip nur Sex, genauso wie die Typen, die hierherkommen. Nur dass er dafür nichts bezahlt – hat er auch gar nicht nötig, denn du machst es ihm umsonst, weil du dämlich und verliebt bist. Kenne ich alles, habe ich auch schon ein paar Mal durchgemacht.«

Nur Celina beteiligte sich nicht an der Unterhaltung. Sie saß stumm auf dem Sofa und strickte einen grünen Schal für eine ihrer Töchter. Nur als Isa ihre scharfen Bemerkungen fallenließ, hob sie kurz den Kopf. Ich wusste, dass sie und Harry immer noch zusammen waren – er kam fast jeden Tag und blieb manchmal mehrere Stunden in der »Oase«. Offiziell war er natürlich nur ein Kunde, doch viele der Frauen ahnten mehr oder weniger, was los war.

Als ich eines Abends um zehn die »Oase« verließ, merkte ich, dass mir jemand folgte. Normalerweise lief um diese Uhrzeit kaum jemand auf dem einsamen, nicht beleuchteten Weg, der über eine Wiese zur Straßenbahnhaltestelle führte. Ich beschleunigte meine Schritte, das Blut gefror in meinen Adern und mein Herz schlug wie verrückt.

»Stella, nicht erschrecken, bleib stehen!«, brüllte mir eine männliche Stimme hinterher. Ich drehte mich langsam um und erkannte im fahlen Mondlicht das Gesicht von Harry, Celinas Liebhaber: Halbglatze, wenige braune Haare und ein ovaler Kopf mit runder, grauer Brille, deren Gestell aus der Nachkriegszeit stammen musste.

»Was machst du denn hier?«, fragte ich erschrocken.

»Ich brauche dringend jemanden, mit dem ich reden kann. Ich weiß von Celina ... ich meine, von Katia ... dass du über unser Verhältnis Bescheid weißt«, brachte er stotternd heraus. Katia war Celinas echter Name.

Die ganze Situation war so komisch, dass ich unfreiwillig lachen musste. Harry stand da und schaute mich mit flehendem Blick an.

»Wie du meinst – ich wollte eigentlich nach Hause«, seufzte ich.

Während ich in seinem Auto saß, einem Audi A4 mit Holzarmaturen und Sitzheizung, schickte ich Ladja eine SMS, um ihn über meine Verspätung zu informieren. Wir landeten schließlich eher zufällig in einer miefigen Eckkneipe in Friedrichshain, einem dieser Lokale, wo man sich nie freiwillig länger als eine halbe Stunde aufhalten würde. An der gelbtapezierten Wand hingen Fahnen von Hertha

BSC und karierte, ausgewaschene Decken bedeckten die Tische. Im Hintergrund sang Andrea Berg und wir waren die einzigen Gäste.

Harry redete pausenlos und schwitzte dabei dermaßen, als hätte er gerade an einem Marathon teilgenommen.

»Ich kann es immer noch nicht fassen, dass mir so was passiert ist. Ich meine, du darfst auf keinen Fall denken, dass ich ein regelmäßiger Puffbesucher bin. Zumindest war ich es nicht, bis ich Katia getroffen habe. Ich habe auch nie an die große Liebe geglaubt. Meine Frau habe ich geheiratet, weil sie hochintelligent, gebildet und stark war. Ich habe mir immer gedacht, dass solche Eigenschaften wichtiger für ein gemeinsames Leben sind als Gefühle, die dann sowieso später verschwinden.«

Man merkte, dass er nicht daran gewöhnt war, über solche Themen zu reden. Am liebsten erklärte er Anlegern die möglichen Renditen eines Aktienpakets.

»Viele Leute finden Geld und Wirtschaft langweilig, doch ich habe mein Hobby zu meinem Beruf gemacht, deswegen hat es mir nie etwas ausgemacht, so viel zu arbeiten«, erklärte er mir. »Und dann so was: Ich verknalle mich in Katia, eine Nutte, die nicht mal studiert hat und deren Freundinnen als Kassiererinnen oder Putzfrauen tätig sind – und trotzdem fesselt sie mich so sehr, dass ich inzwischen schon meine Kunden vernachlässige und mehr Zeit im Bordell verbringe als bei der Arbeit.«

So laberte er ohne Unterlass weiter, während ich immer müder wurde. Auf der anderen Seite wollte ich nicht einfach aufstehen und gehen, denn er tat mir leid – weniger, weil er Liebeskummer hatte, so etwas passiert früher oder später jedem mal, sondern vor allem wegen der Tatsache, dass er sich über seine Probleme nicht mit einem Kumpel bei einem Bier unterhielt, sondern mit einer fremden Prostituierten in einer verqualmten Kneipe kurz vor Mitternacht. Der Kerl musste echt einsam sein.

»Was ist mit deiner Frau?«, fragte ich.

»Sie ist vor zwei Jahren berufsbedingt nach New York gezogen. Sie ist jetzt ein hohes Tier bei einer Versicherungsgesellschaft und hat dort einen neuen Partner gefunden. Als wir das letzte Mal telefoniert haben, ging es darum, die Scheidungsformalitäten zu besprechen.«

Ich schwieg, starrte auf mein leeres Weinglas und gähnte.

»Darf es noch was sein?«, fragte die Kaugummi kauende Bedienung.

»Ich muss nach Hause, morgen habe ich um acht eine Vorlesung«, sagte ich. Harry schaute mich traurig an. »Hör zu«, fuhr ich fort, »ich weiß wirklich nicht, was ich dir raten soll. Katia hat einen Mann und zwei Kinder, die Sache ist also nicht ganz einfach. Aber nur sie kann wissen, wie wichtig du ihr bist und wie weit sie für dich gehen will.« Er guckte mich an, als ob er nicht verstehen würde, und seine Maulwurfsaugen hinter den Linsen wurden noch kleiner.

»Eine Beziehung ist ein bisschen wie ein Aktienfonds«, erklärte ich ihm. »Du kannst zwar viel investieren, weißt aber nie, wie es enden wird.«

Hinterher schämte ich mich für diese billige Weisheit, die man eher in einem chinesischen Glückskeks als bei einer Studentin vermuten würde. Harry schien aber damit zufrieden, bezahlte die Rechnung und fuhr mich bis vor meine Haustür.

Was mich und Milan anging, hatte sich Isa ausnahmsweise geirrt. Die Bäume waren schon kahl und die frostigen Nächte keine Seltenheit mehr, und wir trafen uns immer noch. Ich hatte inzwischen akzeptiert, dass er seine Frau nicht verlassen würde – mir war es lieber, einen Teil von ihm zu haben als gar nichts. Und ich habe den besten

141

Teil, wiederholte ich mir immer. Natalie darf seine schmutzigen Socken waschen und sich anhören, wenn er Stress in der Arbeit hat. Wenn wir zusammen sind, ist er hingegen frisch rasiert, gut gelaunt und hat immer Lust auf Sex.

In der »Oase« brachte der Winter gewaltige Neuigkeiten. »Anja ist schwanger!«, brüllte Mandy, als ich eins Tages hereinkam, und sprang hektisch herum. Alle Mädchen quasselten darüber, nur Anja selber saß auf dem Sofa, aß Kartoffelpuffer mit Apfelmus und schwieg nachdenklich. »Ich kann mich noch gar nicht so recht freuen. Ich stehe geradezu noch unter Schock«, gestand sie nach einer Weile.

In den folgenden Wochen drehten sich unsere Plaudereien nur noch darum, wie man Babybrei kocht, richtig stillt und um das Pro und Kontra von Schnullern. Unser Stammgast Panda war einigermaßen überrascht, als er uns einmal dabei überraschte, wie wir im Aufenthaltsraum Strampelanzüge aussortierten, die Celinas Kinder gehört hatten.

»Ich dachte, ich bin hier im Bordell und nicht in der Krippe«, scherzte er. Dann setzte er sich auf die Couch und kramte Gummibärchen und Kekse aus einer Aldi-Tüte hervor.

Da Anja ab jetzt nicht mehr so oft im Laden sitzen wollte, musste eine Vertretung her. So kam Lena in die »Oase«. Unser erstes Zusammentreffen vollzog sich unter kuriosen Umständen. Ein betrunkener junger Mann hatte eine Doppelmassage mit mir und Vera gebucht und fing sofort an, Ärger zu machen. Er grölte herum, wollte sich gar nicht massieren lassen, sondern vor allem uns angrabschen, und fing an, uns zu beleidigen, als wir uns dagegen wehrten.

»Seid ihr Nutten oder nicht? Ich habe euch bezahlt! Was ist das denn für ein Kack-Service?«, brüllte er.

»Es reicht jetzt. Wir gehen raus, dann kannst du es dir

selber machen«, sagte ich kühl und verließ mit Vera das Zimmer.

Im Aufenthaltsraum stand Lena, die neue Barfrau aus Tschechien, und feilte sich gerade die schwarzlackierten Nägel. Sie war einen Kopf größer als ich und hatte lange, blonde Haare, die ihr bis zum Po reichten. Sie war mit schwarzem Lidschatten und schwarzem Lippenstift geschminkt und trug schwarze, lange Kniestiefel, eine schwarze Jeans und ein schwarzes, enges T-Shirt, das ihre schlanke Figur betonte. Obwohl wir zwei grundverschieden waren, mochten wir uns von Anfang an. Sie lachte sich halbtot, als wir ihr von dem Problem mit dem Kunden erzählten.

»Ich mach das schon, keine Bange«, sagte sie und verschwand Richtung Zimmer.

Gleich darauf hörten wir Lärm im Flur. »Mach, dass du verschwindest, Pissvogel, oder ich schneide dir die Eier ab!«, schrie Lena.

Der Typ, etwa einen Meter neunzig groß und mindestens hundert Kilo schwer, schlich langsam und mit hängendem Kopf zur Ausgangstür und schloss sie leise hinter sich.

»Die hat es drauf«, kommentierte Vera.

Wenig später saß Lena auf der Couch und sortierte Anjas CDs aus der Musiksammlung. »Was zieht ihr euch denn für einen Scheiß rein? Wir brauchen gescheite Musik in dieser Bude!«, rief sie angewidert. Von da an ertönten in der »Oase« immer Technolieder.

In der Uni fand gerade eine Streikmaßnahme statt: Die Studenten besetzten die Gebäude, um gegen die Sparpolitik des Berliner Senats zu protestieren. Einige meiner Kommilitonen verteilten eifrig Flugblätter in der Mensa und forderten mich dazu auf, bei einer Demo mitzumachen. Ich fand ihr Engagement richtig und wichtig, allerdings war ich mir nicht so sicher, ob ihre Aktion wirklich etwas bringen

würde. Selten genug hörten die Politiker auf ein paar auf-
müpfige Studenten, zumal der ganze Aufstand ja keinen
nennenswerten wirtschaftlichen Schaden verursachte.

Kurz vor Weihnachten feierte ich meinen einundzwanzigsten Geburtstag. Seit etwa einem Jahr arbeitete ich nun
schon im Rotlichtmilieu, doch darüber wollte ich nicht
nachdenken. Trotz des Streiksemesters schrieb ich noch vor
Weihnachten zwei wichtige Klausuren. Danach gönnte ich
mir an der Uni eine zweiwöchige Pause.

Den Abend vor meinem Geburtstag verbrachte ich mit
Milan in Marios Liebesnest. Eine bessere Gesellschaft hätte
ich mir nicht vorstellen können. Sein Lachen, sein Geruch
und seine Stimme waren alles, was ich zu meinem Glück
brauchte.

Am nächsten Morgen schmissen Ladja, Tomas und Jule
eine kleine Party für mich. Wir aßen Schokoladenkuchen
und tranken Sekt zum Frühstück, danach spazierten wir
zum Weihnachtsmarkt. Die Bäume auf der Straße Unter den
Linden leuchteten im Adventsglanz.

Abends fuhr ich mit Ladja ins »California«, wo wir Milan mit seiner Frau trafen. Ich hatte sie mehrmals aus der
Ferne gesehen, doch zum ersten Mal stand sie jetzt direkt
vor mir. Sie hatte kurze, blonde Haare, ein schmales Gesicht
und war etwas rundlich, aber nicht dick. Sie trug eine
braune Strickjacke, eine weite Sporthose und flache Schuhe.
Insgesamt sah sie hübsch aus. Ich trug ein kurzes, schwarzes Kleid mit Glitzern, eine Netzstrumpfhose und eine
Federboa um den Hals und kam mir plötzlich zu nackt und
etwas billig vor.

Mein erster Gedanke war, schnell abzuhauen. Das letzte,
was ich wollte, war, die Nacht zusammen mit der Gattin
meines Lovers zu verbringen. Doch ich hätte Ladja so ei-

nen hastigen Abmarsch kaum erklären können. So stellte ich mich bei Natalie höflich als Ladjas Frau vor und wir fingen tatsächlich an, miteinander zu quatschen. Natalie war gemütlich und freundlich und ich fühlte mich sogar ein bisschen schuldig, als sie von ihrer Familie erzählte. Ich redete von den USA, meinem Studium und einer Stelle an der Uni, die ich gar nicht hatte. Mittlerweile hatte ich hinsichtlich meiner Nebenjobs schon so oft gelogen, dass ich langsam anfing, selbst an meine eigenen Märchen zu glauben.

»Wir müssen unbedingt auf deinen Geburtstag anstoßen!«, sagte Natalie. Wir bestellten eine Flasche Sekt.

»Unbedingt in die Augen schauen, sonst bringt das Unglück«, mahnte ich Milan, als der Kellner vier Sektgläser füllte.

»Und sich etwas wünschen, aber nicht sagen«, ergänzte Ladja.

Als wir mit unseren Gläsern anstießen, schaute ich Milan an, schloss die Augen und sprach in Gedanken meinen Wunsch aus.

# 8

## UNTERWEGS – VON UNTEN NACH OBEN UND WIEDER GANZ RUNTER

In der »Oase« lief es im neuen Jahr beschissen. Die wenigen Gäste, die noch kamen, wollten meistens nur eine klassische Massage mit Handjob für zwanzig Minuten und verschwanden danach schnell wieder. Das Telefon klingelte kaum noch, selbst die »Jubi-Party«, die wie jedes Jahr Anfang Februar stattfand, um den Geburtstag des Ladens zu feiern, war ein Fiasko. Die Stammkunden ließen sich nicht blicken, mit Ausnahme von Wolfgang, der sogar im Anzug kam und einen riesigen Blumenstrauß für mich mitbrachte. Das teure Buffet blieb fast unberührt, wir Mädels waren alle sauer und frustriert, machten früher Schluss und gingen anschließend in die Disko.

Nach zwei Monaten Flaute hatten wir jeden möglichen Grund für den Niedergang unseres kleinen Unternehmens in Betracht gezogen, ohne wirklich einen zu finden, der das Ausbleiben der Männer erklärte. Arbeitslosigkeit; die Leute haben kein Geld mehr; die Männer haben keine Lust auf Sex mehr; wir geben uns nicht ausreichend Mühe; es gibt zu viele Bordelle mit Dumpingpreisen in der Nähe – alles Spekulation. Die wahre Ursache blieb uns verborgen. Wir waren so hoffnungslos, dass schon niemand mehr die Tür aufmachen wollte, wenn es läutete. An den wenigen verbliebenen Kunden ließ sich sowieso nicht genug verdienen.

»Ich hatte vorgestern einen Spinner, der wollte, dass ich ihm im Flur einen runterhole – für zehn Euro. Neuerdings kommen fast nur solche Leute«, seufzte Isa.

»Oder irgendwelche paranoiden Idioten, die nicht wissen, was sie wollen, und sowieso vorher abhauen«, sagte Mandy. So was gab es tatsächlich: Manche Männer ließen sich alle Frauen vorstellen und gingen dann mit einer Begründung wie »Es ist keine Dame für mich dabei«.

»Oder Alex, der nur kommt, um uns seine überteuerten Klamotten aus Polen anzudrehen«, meinte ich.

Die schwangere Anja, die unter Übelkeit und Hormonschwankungen litt, kam nur noch manchmal in die »Oase« und beschwerte sich dann über unseren Mangel an Ordnung.

»Kein Wunder, dass die Männer nicht mehr kommen«, keifte sie. »Hier sieht's aus wie im Schweinestall.«

Lena nickte nur abwesend. Seit Anja nicht mehr ständig hier war, war sie die Chefin. Sie war die Einzige, auf die alle Frauen hörten, weil sie coole Sprüche draufhatte und einen bissigen Humor. Doch auch sie konnte nichts an der Tatsache ändern, dass wir nur noch halb so viel verdienten wie früher, als jedes Mädchen mindestens hundertfünfzig Euro am Ende einer Schicht sicher hatte.

In meinem Portemonnaie befanden sich selten mehr als zehn Euro und wieder häuften sich die Mahnungen. Ladja und ich konnten uns nichts leisten, was über das Notwendigste hinausging, und stritten miteinander, wenn die Kohle fehlte, um am Samstagabend wegzugehen.

Die Uni besuchte ich kaum noch, weil ich inzwischen fast jeden Tag in der »Oase« war, um wenigstens die Miete zahlen zu können und den Kühlschrank vollzukriegen. Wenn ich gelegentlich zu den Vorlesungen auftauchte, kassierte ich schiefe Blicke von meinen fleißigen Kommilitonen, die stets anwesend waren. Sie hielten mich wahrscheinlich für eine besonders faule Studentin, die lieber Party machte, als sich ihren Büchern zu widmen. In den Zeitungen diskutierten sie in diesem Winter wieder über Studiengebühren und ich stellte mir vor, wie ich in den Berliner Puffs demnächst noch mehr interessante Gespräche mit angehenden Akademikerinnen würde führen können. Fürs Geschäft wäre ein höherer studentischer Anteil unter den Huren sogar gut. Ich hatte festgestellt, dass vor allem Journalisten oder Unidozenten es sehr schätzten, sich mit mir über alles Mögliche unterhalten zu können. Ich denke, sie fanden einfach die Vorstellung geil, dass die Frau, mit der sie das taten, was ihnen im wahren Leben nicht gelang, nicht drei Stufen unter ihnen stand, sondern eine von ihnen hätte sein können, jemand, den man mit etwas Glück auch auf der Weihnachtsfeier eines Krankenhauses oder einer Tageszeitung hätte abschleppen können.

Meine Hausaufgaben machte ich in der »Oase«, Zeit gab es ja genug. Ich tat, als ob alles in Ordnung sei, selbst Jule erzählte ich nichts von meinen finanziellen Problemen, da mir das Ganze äußerst peinlich war. Arbeitet als Nutte, kann aber nicht davon leben – das klang wirklich nicht gut. Irgendwo anders in Berlin zu arbeiten erschien mir fast wie Verrat. Ich mochte unsere Clique aus der »Oase« zu sehr, außerdem wusste ich aus Erzählungen, dass es in anderen Läden nicht besser lief. Allerdings hatte ich von mehreren Mädels gehört, die auswärts auf Termin gegangen waren und damit einen Haufen Kohle verdient hatten. »Auf Termin gehen« hieß, für eine oder zwei Wochen ganztägig in einem Puff in einer anderen Stadt zu arbeiten und dort währenddessen auch zu wohnen. Zwar wollte ich nicht weg aus meiner Stadt, aber angesichts der wachsenden Misere schien mir das mittlerweile die einzige Alternative zu sein. Besonders in Süddeutschland und in der Schweiz waren die Preise längst nicht so kaputt wie in Berlin.*

Eines Freitags saß ich in der »Oase« und blätterte gelangweilt die Zeitung durch, als mir die Idee kam, die Seite mit den Anzeigen aus dem Rotlichtmilieu mal wieder näher zu inspizieren. Dort entdeckte ich eine Annonce, die meine Neugierde weckte:

»Süddeutschland – flexible Frau für Club gesucht. 2000 Euro Wochenverdienst.«

Ich malte mir aus, was ich von dem Geld alles kaufen könnte. Einen Laptop und ein neues Handy mit Farbdisplay würde ich mir holen, mit Ladja in Urlaub fahren, weg von dem grauen deutschen Frühling, endlich wieder im Restaurant essen und nach der Disko mit dem Taxi nach Hause fahren, anstatt bibbernd auf die Bahn warten zu müssen …

»Stella, für dich!«, brüllte Mandy vom Ende des Flures.

Ich war den Tränen nah, als ich ins Zimmer ging. Dort erwartete mich wieder mal nur ein Wichser, der mich für dreißig Euro angrabschen und knutschen wollte. Allein das

---

* In Berlin ist das Preisniveau im Sexgewerbe das niedrigste in ganz Deutschland. Das hat sicherlich damit zu tun, dass Berlin an hoher Arbeitslosigkeit leidet und die Männer daher nicht so viel Geld in der Tasche haben wie in Hamburg oder in München. Außerdem ist die Konkurrenz sehr groß: Es gibt eine Vielzahl an Bordellen und Massagesalons und alle schrauben die Preise runter, um Kunden anzulocken. Die vielen ausländischen Frauen, die nach der Wende nach Berlin strömten, um der Armut in ihrer Heimat zu entfliehen, haben ebenfalls dazu beigetragen, dass Sex in der Hauptstadt schon ab 20 Euro zu haben ist. Natürlich gibt es auch exklusivere Orte, wo eine Stunde Sex zweihundert Euro kostet, insgesamt aber sind die Billigpuffs gegenüber den Luxusclubs in der Überzahl.

ständige Wegstoßen der schleimigen Hände war ekelhaft genug, aber richtig schlimm war, dass mir von den dreißig Euro nur zwanzig blieben. Ich fühlte mich einfach schäbig, weil ich mich für so wenig Geld verkaufte. Als die Massage vorbei war, hatte ich mich entschieden: Selbst wenn ich am Nordpol arbeiten müsste – Hauptsache raus aus diesem Elend.

Ich wählte die Telefonnummer aus der Anzeige. Eine junge, weibliche Stimme meldete sich mit »Hallo«. Sie schien gelangweilt, aber nachdem ich ihr erklärt hatte, wer ich war und was ich machte, wurde sie aufmerksamer und quatschte minutenlang über die Arbeitsbedingungen in ihrem Club und die Frauen, die dort arbeiteten. Mich interessierte all das herzlich wenig, erst als sie anfing, über Geld zu reden, spitzte ich die Ohren.

»Wenn du nicht hässlich oder dumm bist, kannst du locker drei-, vierhundert Euro am Tag verdienen«, hieß es. Das überzeugte mich.

Ladja war gar nicht begeistert von der Idee, mich zwei Wochen lang alleine wegfahren zu lassen. »Was machst du überhaupt dort, was du nicht auch hier tun kannst?«, fragte er misstrauisch. Trotzdem kaufte ich mir schon am nächsten Morgen eine Fahrkarte nach Freiburg. Meinem Mann erzählte ich, dass ich dort vorübergehend in einem Club als Bardame arbeiten würde. Ob er mir das glaubte, wusste ich freilich nicht.

Ladja brachte mich zum Bahnsteig. Ich versprach, ihn jeden Tag anzurufen, und er schwor, dass er die Wohnung sauber halten und auch sonst keinen Mist bauen würde. Noch ein Kuss in der Kälte, dann fuhr der Zug ab Richtung Westen, ins schöne Freiburg, von dem einige meiner Kommilitonen behauptet hatten, es sei das Paradies: eine Stadt voller Sonne und netter Menschen, die alle mit dem Fahrrad durch ihre heile Welt fuhren und nur Ökostrom benutzten.

Gegen acht Uhr abends kam ich in Freiburg an. Ich stieg aus dem Zug und atmete die frische Luft, die nach Schnee roch und so kalt war, dass meine Augen sich sofort mit Tränen füllten. Mein erster Gedanke war: Du bist hier nicht zu Hause. Am liebsten wäre ich wieder in den nächsten Zug Richtung Berlin gestiegen.

Da aber kam bereits eine große, schlanke Frau um die fünfzig auf mich zu und winkte. Ihre roten Haare waren nach hinten zu einem strengen Knoten gebunden und ihre Lippen zu einem Dauerschmollmund gespitzt. »Hallo Stella, hier, hier«, rief sie. Ich war froh, sie zu sehen.

Lorraine – so ihr Name – hatte dauerhaft schlechte Laune und auch dieser Tag war, wie ich später erfahren sollte, keine Ausnahme.

»Nur Stress mit den Weibern«, wiederholte sie immer wieder, während wir zum Taxistand liefen. Ich schaute amüsiert zu, wie sie auf ihren Pfennigabsätzen über den glatten Bürgersteig rutschte. Erst im Auto schüttelte sie mir die Hand und erkundigte sich nach meiner Reise.

»Sorry wegen der Hektik«, seufzte sie. »Aber du kennst das Gewerbe, du weißt, wie nervig es sein kann.«

Ich nickte und warf einen flüchtigen Blick in ihre Richtung. Während der Fahrt schaute ich nicht mal aus dem Fenster, sondern döste auf dem warmen Ledersitz fast ein. Nach ein paar Blocks bog der Fahrer in eine kleine Seitenstraße ein und wir waren da.

Das Bordell, das einfach »Bei Schmidt« hieß, sah auf den ersten Blick wie die »Oase« aus, nur dass die Zimmer größer waren. Ansonsten herrschte dasselbe Chaos. Es fing damit an, dass niemand wusste, wo ich mein Gepäck abstellen sollte, also ließ ich es einfach erst mal mitten im Flur. Die

151

meisten Frauen schauten mich nur kurz an, als ich mich in der Küche hinsetzte. Es hatte gerade Sturm geklingelt, gleich drei Männer warteten, so dass für Höflichkeiten keine Zeit blieb.

Tina, eine spindeldürre Rumänin mit roten Haaren, gab in dem Laden den Ton an, obwohl sie gerade mal zwanzig und gar nicht die Chefin war. Sie weilte nie länger als zwei Minuten an derselben Stelle, sondern lief hektisch mit irrem Blick herum und wies die Mädchen an, was sie zu tun hatten. Wir hassten uns vom ersten Augenblick an, doch da ich keine Lust auf Streit hatte, ignorierte ich sie einfach. Tina machte auf Zimmer alle Extras wie Französisch natur (also Vorspiel ohne Gummi), Blasen bis zum Schluss und anal und verdiente, zusammen mit Laura, auf diese Weise das meiste Geld. Ich hingegen lehnte es nach wie vor ab, Gästen ohne Gummi einen zu blasen – das war mir viel zu eklig und auch zu gefährlich.

Laura war das krasse Gegenteil von Tina: rund, gemütlich, bayerisch. Am liebsten las sie Klatschzeitschriften und kommentierte jeden Beitrag darin. Sie fand es wahnsinnig interessant, was Boris Becker oder Dieter Bohlen mit ihren Freundinnen trieben, und wollte auch immer die Meinung der anderen Mädchen wissen. Es überraschte sie sehr, dass ich dazu gar nichts zu sagen hatte, sondern die ganze Zeit Kreuzworträtsel löste oder das Skript einer Mathevorlesung durchblätterte.

Die Männer hier waren nicht netter und nicht ekelhafter als in Berlin, von dem schrecklichen badischen Dialekt mal abgesehen. Aber sie zahlten mehr und so fiel mir der Job wesentlich leichter. Außerdem unterhielten sie sich gerne mit mir über Berlin, auf diese Weise verging die Zeit schneller.

»Du bist aus der Hauptstadt? Was machst du hier im Süden?«, war eine der Standardfragen zwischen Blowjob und Quickie. »Du studierst Mathematik? Eine gute Wahl, das hat Zukunft«, war der zweite Spruch, den ich mir ständig anhören musste. Dabei konnte ich mir die Uni bei inzwischen zehn Kunden am Tag kaum noch vorstellen, nur die Fachbücher, die ich mitgebracht hatte, erinnerten mich daran, dass ich noch ein anderes Leben hatte. Nicht, dass ich viel Zeit zum Lernen gehabt hätte – das Geschäft in Deutschlands Ökohauptstadt lief einfach viel zu gut.

Am ersten Abend freute ich mich noch über die dreihundertfünfzig Euro, die nach der Abrechnung in meinem Umschlag waren. In Berlin verdiente ich dieses Geld mit Glück an drei Tagen. Am zweiten Tag merkte ich aber schon, dass »Bei Schmidt« eine Art Arbeitslager war. Jeden Morgen um zehn mussten alle Frauen umgezogen und geschminkt im Laden sein, das heißt, man musste alle Einkäufe davor erledigen. In dieser Provinzstadt (so kam sie mir im Vergleich zu Berlin jedenfalls vor) machten aber die Geschäfte erst um halb zehn auf. Da der nächste Supermarkt eine Viertelstunde entfernt lag, konnte man sich dort gerade noch das Nötigste für den Tag grabschen, bevor man Richtung Puff rannte. Als ich Lorraine einmal fragte, ob ich am Nachmittag ein paar Stunden frei haben könnte, spitzte sie ihren Schmollmund und fragte: »Bist du hier zum Arbeiten oder zum Shoppen?« Damit war das Thema für sie erledigt.

»Morgen ist Johanna hier, die Vertretung von Lorraine«, tröstete mich die bayerische Laura. »Sie ist viel lockerer, dann kannst du bestimmt für eine Weile abhauen.«

An dem Tag war Laura sehr gutgelaunt, weil ihre beste Freundin eintraf. Natascha, so hieß sie, kam aus Russland, arbeitete zwei Wochen im Monat in Freiburg und war die restliche Zeit in Berlin. Wie sich herausstellte, wohnte sie im Wedding, nur wenige U-Bahn-Stationen von meiner

Wohnung entfernt. »Und dann trifft man sich hier«, sagte sie lachend. Verblüffend war auch die Tatsache, dass Natascha sogar Wolfgang aus einem Bordell kannte und ihn genauso wie ich oft zu Hause besucht hatte. »Unsere Welt ist klein, da trifft man dieselben Leute immer wieder«, kommentierte sie und grinste.

Nataschas Geschichte war so ähnlich wie die der anderen russischen Mädchen, die ich bereits in den Berliner Bordellen kennengelernt hatte: mit achtzehn schwanger, geheiratet, nach einem Jahr wieder geschieden, irgendwann durch eine Scheinehe nach Deutschland gelangt, Kind bei der Oma in Russland zurückgelassen – und schließlich angefangen, im Puff zu arbeiten, um genug Geld in die Heimat schicken zu können. Als wir abends mal heimlich eine Runde Wodka-Lemon tranken, erzählte sie mir ihre Erfahrungen, und plötzlich erschien mir mein eigenes Leben in einem anderen, positiveren Licht.

In Berlin hatte ich an manchen Tagen zwölf Stunden am Stück in der »Oase« verbracht, aber nach Feierabend war ich immer nach Hause gefahren, zurück in mein wirkliches Leben. Hier in Freiburg gab es von frühmorgens bis tief in die Nacht nichts als Kunden, die ich bedienen musste, und spätestens ab der vierten Nummer pro Tag ekelte ich mich vor Sex. Nachts musste ich in einem Bett schlafen, auf dem den ganzen Tag gepoppt worden war, und in der trockenen, verqualmten Luft der Wohnung drohte ich zu ersticken. Mir graute es bei dem Gedanken, noch zwölf Tage so zu leben. Ich vermisste plötzlich die Uni, die Spaziergänge mit Jule im Mauerpark nach Vorlesungsschluss, die Sonntagnachmittage mit Ladja und Tomas mit Chips, Bier und »Mensch ärgere dich nicht«. Und ich sehnte mich nach Milan, nach seinen Küssen, unseren verrückten Nächten und den hastigen Abschieden morgens früh.

Natascha merkte, dass irgendwas mit mir nicht stimmte. Am vierten Tag war ich gerade dabei, mich im Bad zu schminken, als ich einen Heulkrampf bekam. Selbst der wasserfeste Kajalstift lief über meine Wangen.

Ich versuchte gerade, mein Gesicht abzuwaschen, als Natascha ohne zu klopfen eintrat. Zuerst nahm sie keine Notiz von mir, dann aber schaute sie mich an und merkte, dass ich leise schluchzte und meine Augen ganz rot waren. Komischerweise war mir die Situation gar nicht peinlich, obwohl ich diese Frau kaum kannte, denn sie hatte vom ersten Moment an eine Zärtlichkeit in ihrer Stimme, die man sonst nur von Großmüttern gewohnt war. Sie umarmte mich und ich ließ es geschehen, während meine Tränen über Nataschas schmale Arme liefen.

»Vsjo charascho – alles ist okay«, flüsterte sie mir ins Ohr. »Ich weiß, wie schwer es ist hier. Manche Weiber haben echt eine Meise, aber der einzige Weg, zu überleben, ist Lachen. Du kannst dir nicht alles ins Herz nehmen, sonst gehst du kaputt.«

Sie sagte wirklich »ins Herz nehmen«, darüber musste ich lächeln, und ich beruhigte mich. Tina, die bekloppte Rumänin, hämmerte schon an die Tür. Als ich aus dem Bad rauskam und unsere Blicke sich trafen, verzerrte sie das Gesicht, sagte aber nichts.

An dem Tag entdeckte ich noch etwas, das es mir ermöglichte, der Realität zu entfliehen: die Puff-Bibliothek. Eigentlich handelte es sich bloß um einen Schrank, in dem normalerweise Bettwäsche verstaut wurde, doch ich entdeckte dort eine Menge Bücher, die anscheinend niemandem gehörten.

»Die Frauen kaufen sie und vergessen, sie mitzunehmen, wenn sie wieder gehen«, erklärte mir Laura, die am längsten im Laden tätig war. Es gab viele Mädchenromane, aber auch Hermann Hesse, eine Biographie von John F. Kennedy und erstaunlicherweise Henry Miller – als ginge es hier nicht ohnehin die ganze Zeit nur um Sex. Gierig begann ich zu lesen und vergaß darüber für einige Zeit, dass ich in einem Bordell saß. Die Männer, an dem Tag nicht so zahlreich wie sonst, waren nur eine unangenehme Unterbrechung. Doch schon bald hatte ich alles gelesen, was mich interessierte, und der Alltag setzte sich fort. Und es war erst der fünfte Tag.

Johanna, die Vertretung von Lorraine, scherte sich einen Dreck um die Zustände im Puff. Am ersten Tag ihres Aufenthalts sah ich sie gar nicht, am zweiten Tag dann bemerkte ich eine riesige Gestalt, die in der Küche saß und mich finster anstarrte. Ich ging rein und stellte mich vor, doch sie schien mich gar nicht zu hören und fing nur an, langsam mit dem Stuhl zu wippen. Sie trug ein zu enges, blaues Kleid mit weißen Blumen, das gerade bis zum Knie reichte und sie wie eine perverse Putzfrau aussehen ließ. Aus dem Ausschnitt quoll ihr massiger Busen und die zu kurze Bekleidung konnte ihre geschwollenen Beine nicht verbergen. Sie wäre bestimmt attraktiver, wenn sie mehr auf ihr Gewicht achten würde, ging es mir durch den Kopf. Ihr Alter wollte sie nicht verraten, aber ich schätzte sie auf Anfang dreißig. Trotz oder gerade wegen ihrer Leibesfülle hatte sie jede Menge Gäste, die extra wegen ihr kamen und die anderen Frauen gar nicht erst sehen wollten.

Einmal, ich saß gerade mit Natascha in der Küche, hörten wir lautes Geächze und Schreie aus einem Raum am Ende des Flures.

»Ein Gast von Johanna«, kommentierte Natascha gelassen. Ich erwachte für eine Sekunde aus meiner Langeweile. »Sie liegt auf ihm und zerquetscht ihn, bis er keine Luft mehr bekommt. Oder sie springt auf ihm rum. Manche Männer finden so was geiler als Ficken. Frag mich nicht – es gibt viele irre Menschen auf dieser Welt.«

»Und viele davon kommen zu uns«, sagte ich. Nach über einem Jahr im Rotlichtmilieu wunderte ich mich über gar nichts mehr.

»Ich habe eine Überraschung für dich«, sagte mein Kunde mit triumphierendem Lächeln. Er lag nackt auf dem Bett und fasste sich gerade an den Schwanz. Er hatte für eine Stunde bezahlt und gehörte damit zu den Gästen, die normalerweise die angenehmsten waren. Man musste sich genauso anstrengen wie für einen Quickie, bekam aber das Dreifache des Geldes, und kein Mann war in der Lage, eine Stunde lang ununterbrochen zu poppen. Johnny, so hieß der gute Mann, schwitzte aber nun schon seit fünfzig Minuten auf mir rum und kam einfach nicht. Er selber nannte sich »den geilsten Schwanz von Freiburg«, was meiner Meinung nach unbegründet war. Besonders groß war eigentlich nur sein Ego, und dass, obwohl er wie ein hässlicher, haariger Zwerg aussah. Unzählige Stellungswechsel, Strümpfe anziehen und selbst Rollenspiele – wie zum Beispiel »Lehrer und Schülerin« – halfen bei ihm nicht weiter und ich schaute sehnsüchtig auf die Zeiger meiner Armbanduhr, denn ich hatte noch zehn qualvolle Minuten vor mir. Als er nun plötzlich die Sache mit dem Geschenk erwähnte, rätselte ich, was er wohl damit meinen könnte, bis er vor meiner Nase mit einem Tütchen weißem Pulver herumwedelte.

»Spezieller Preis – für dich nur dreißig Euro. Den mache ich für alle Mädels hier, deswegen mögen sie Onkel Johnny alle so gern«, stöhnte er, während er immer noch sein Geschlechtsteil in der Hand hielt.

»Ich mag so was nicht.« Ich setzte mich auf die Bettkante.

Er versuchte, mich davon zu überzeugen, dass das Zeug wirklich gut sei. Als ich weiter ablehnte, holte er sich einen runter, spritzte ab, zog sich an und ging. Der geilste Schwanz von Freiburg würde nicht mein Stammkunde werden, so viel war klar.

Später erklärte mir Laura, dass Johnny das gleiche Spiel mit allen Frauen versuchte, und die meisten sagten auch nicht nein zu seinem Angebot. Dass irgendwas im Laden nicht stimmte, hatte ich schon am ersten Abend gemerkt. Obwohl erst um zwei Uhr nachts offiziell Feierabend war, ging keine der Frauen ins Bett. Ich fand das seltsam, denn nach sechzehn Stunden Einsatz sehnte ich mich nach Schlaf. Meine Kolleginnen zogen stattdessen ihre Klamotten an und gingen runter auf einen Spaziergang. Durch die Begegnung mit Johnny wurde mir erst klar, was sie mitten in der Nacht da draußen machten, denn niemand hätte es gewagt, vor den Augen der Chefin Drogen zu nehmen. Kaum war Lorraine allerdings abgereist und die faule Johanna angekommen, wurde der Schnee offen auf den Tisch gelegt, die Weinflaschen unter den Betten hervorgezogen und die Party begann. Johanna saß ohnehin nur die ganze Zeit wippend auf ihrem Stuhl.

Komischerweise verschwand durch die Drogenorgie die feindselige Atmosphäre. Sogar Tina zeigte sich von ihrer Sonnenseite und verteilte Schokolade und Kekse. Eine Frau aus Kuba, ansonsten still und schüchtern, soff sich in dieser Nacht richtig zu, erzählte mir wirres Zeug von Dämonen und Hexen und dass sie glaube, vom Teufel besessen zu sein. Laura musste sie davon abhalten, immer wieder den Kopf gegen den Schrank zu schlagen, was ihr nur teilweise gelang, so dass die Kubanerin am Ende an der Stirn blutete und dort am nächsten Tag eine dicke Beule hatte.

Laura, Natascha und ich waren die Einzigen, die nicht koksten. Die beiden bevorzugten Hasch und auch ich zog ein paar Mal an ihrem Joint, obwohl ich das seit den Anfangszeiten mit Ladja nicht mehr getan hatte. Ich konnte mich nun richtig entspannen und zum ersten Mal seit meiner Ankunft in Freiburg die Tatsache vergessen, dass ich mich hier wie eine Fickmaschine fühlte und Berlin schrecklich vermisste.

Als wir um vier Uhr morgens immer noch bei Rotwein und Gras in der Küche saßen, fing Laura an zu heulen, wegen ihres Freundes, den sie schon seit zwei Wochen nicht mehr gesehen hatte. Wieder war es Natascha, die sie tröstete und mit Taschentüchern versorgte.

»Sie ist ein gutes Mädchen, sie hat was Besseres verdient als diesen Idiot«, meinte Natascha später, als Laura schon schlief. »Idiott«, sagte sie mit russischem Akzent, was die Bedeutung des Wortes noch mehr hervorhob. »Er ist doch nur hinter ihrem Geld her!« Sie wurde laut. »Aber sie checkt es nicht, sie denkt, er liebt sie. Sie finanziert ihm die Wohnung, seine Karateschule, die nicht gut läuft, das Auto, bezahlt seine Schulden und hat kein bisschen für sich selbst, dabei fickt sie schon ununterbrochen seit zwei Jahren hier. Und was macht er? Holt sie einmal in der Woche ab und geht mit ihr frühstücken, dann begleitet er sie zurück in den Puff. Das ist alles! Was ist das für ein Mann?«

In ihren blauen Augen, die so klein wie Punkte geworden waren, lag jetzt nur noch Verachtung. Ich konnte nicht viel dazu sagen, Ladja war selbst kein Beispiel für Fleiß und Ehrgeiz. Doch Natascha war nicht mehr zu stoppen.

»Dasselbe läuft mit Tina. Sie gibt auch alles an ihren Macker ab. Er macht Geschäfte, sagt sie, irgendwann werden die gut laufen und sie wird zu Hause bleiben, Kinder bekommen und er wird die Familie ernähren. Das glaub ich aber nicht – Tina ist auch schon seit zwei Jahren hier.«

Natascha goss sich Wodka ins Glas und trank nachdenklich. Im Radio lief Nirvana, »Smells Like Teen Spirit«.

»Vielleicht sollte man sich einfach trennen«, murmelte ich.

Sie lachte höhnisch. »Sie sind naiv, verstehst du? Die brauchen einfach einen Kerl, der daneben steht, sagt, dass er sie liebt, egal was für ein Arschloch er ist, egal ob er sie beklaut, schlägt, betrügt ... Hauptsache, nicht allein. Verstehen muss man das nicht.«

Am nächsten Tag fühlte ich mich mies. Ich hatte gerade mal zwei Stunden geschlafen und wegen des Wodkas und des Joints tierische Kopfschmerzen. Meine Kolleginnen schienen die Sauforgie besser wegzustecken, wahrscheinlich war das Gewohnheitssache. Im Laufe des Tages verschlechterte sich mein Zustand: Meine Stirn wurde heiß und mein Hals war geschwollen, mir war kalt und ich fühlte mich schwach.

»Geht es dir nicht gut? Du siehst sehr blass aus«, stellte ein Kunde besorgt fest, als ich nackt auf dem Bett liegen blieb, obwohl er längst fertig war. Ich zitterte am ganzen Körper.

»Ich glaube, ich kriege eine Erkältung«, flüsterte ich und versuchte aufzustehen.

Wie sich herausstellte, war er Arzt. »Zwar Urologe, aber Medizin habe ich trotzdem studiert«, sagte er, während er meinen Rachen begutachtete. »Ich denke, du hast eine Halsentzündung. Du musst Antibiotika nehmen und dich schonen, sonst wird es noch schlimmer.«

Ich bedankte mich für den Rat und verabschiedete mich von ihm. Danach ging ich in die Küche und saß dort bibbernd in eine Decke eingewickelt, bis Laura mich davon überzeugen konnte, schlafen zu gehen. Sie bezog mir ein Bett mit frischer, weißer Wäsche in einem Zimmer, das für den Kundenverkehr gesperrt wurde, so dass ich in Ruhe liegen konnte. Natascha kochte mir Hühnerbrühe und trieb alle möglichen Medikamente auf, darunter auch dubiose russische Pillen, die ich vorsichtshalber nicht schluckte. Obwohl ich zu kraftlos war, um mich groß zu bedanken, fand ich es rührend, was die beiden für mich taten. Immerhin kannten wir uns erst ein paar Tage.

»Ruf deinen Mann an und sag ihm, dass er dich mit dem Auto abholen soll«, sagte Natascha. »Du bist zu schwach, um alleine mit dem Zug zu fahren, und krank im Puff zu bleiben ist auch keine Lösung.«

»Ladja hat kein Auto«, flüsterte ich.

Mit vierzig Grad Fieber stieg ich am nächsten Morgen in den Zug und döste vor mich hin, bis ich in Berlin war. Der überfüllte Bahnhof Zoo erschien mir im Fieberwahn wie eine fantastische Vision. Mit letzter Kraft lief ich zu Ladja, der mit einem Blumenstrauß in der Hand auf mich wartete.

»Willkommen in Berlin«, rief er fröhlich. Ich war erleichtert und glücklich.


Als ich nach einer Woche Bettruhe in die »Oase« zurückkehrte, wurde ich wie eine Rückkehrerin von einer Weltreise empfangen. Die Mädchen hatten sogar Kuchen und Sekt gekauft, um unser Wiedersehen zu feiern. Überrascht und vor Freude überwältigt, verbrachte ich den ganzen Nachmittag damit, Details aus Freiburg zu erzählen, obwohl nichts Erwähnenswertes passiert war. »Ach, Männer sind überall gleich, ob hier oder in Süddeutschland«, sagte ich am Ende und holte die Skip-Bo-Karten raus. Im Hintergrund lief Modern Talking, Jana kochte Nudeln mit Shrimps und ich fühlte mich wieder zu Hause.

Anja bekam ihr Baby, einen Jungen, am elften Juli. Nach der Abendschicht besuchten alle Mädchen der »Oase« sie im Krankenhaus. Auf dem Weg dorthin alberten wir herum und erzählten uns mit der Freude frischgebackener Tanten

Witze. Nur Celina saß alleine in der Straßenbahn und starrte aus dem Fenster, als sei sie in Gedanken ganz woanders. Als wir vor der Klinik ausstiegen, zog sie mich zur Seite und wir blieben an der Haltestelle stehen, während die anderen Richtung Klinik liefen. Sie zündete sich eine Zigarette an und nahm drei tiefe Züge, bevor sie anfing zu reden.

»Harry hat Schluss gemacht«, sagte sie tonlos. »Er meint, er kann mein Doppelleben nicht weiter ertragen, er möchte nicht das fünfte Rad am Wagen sein. Er hatte vor, sich von seiner Frau scheiden zu lassen, und wollte, dass auch ich mich von Oliver trenne. Aber das kann ich einfach nicht. Er ist der Vater meiner Kinder und immer für mich da gewesen, in guten wie in schlechten Zeiten.«

Das Leben erschien mir in diesem Moment ziemlich kompliziert und ich beneidete den kleinen Tim, der gerade zwei Tage alt war und nichts im Kopf hatte, außer an Anjas Brust zu nuckeln, danach ein Bäuerchen zu lassen und dann wieder einzuschlummern.

Anja sah müde aus, hatte tiefe Augenringe und redete wenig.

»Und?«, fragte Jana. »Entbinden ist, als würde man versuchen, ein Sofa auszukacken, oder?«

Alle lachten wegen dieser drastischen Darstellung. »Eher einen Kleiderschrank«, seufzte Anja.

Als ich nach draußen ging, um eine Zigarette zu rauchen, folgte mir Celina. Mir war klar, dass sie über Harry reden wollte, und ich fand es komisch, wie manche Freundschaften so plötzlich entstehen, nicht, weil man viel gemeinsam hat, sondern weil man eine Erfahrung teilt.

»Er fehlt mir so«, sagte sie, als wir im Flur standen. »Ich habe immer gedacht, dass ich mit Olli glücklich bin, und jetzt ertappe ich mich dabei, wie ich auf der Couch neben ihm sitze, Fernsehen schaue und an Harry denke.«

»Das kenne ich.«

»Ich habe Dessous gekauft und mich für Harry geschminkt, und Oliver sagte mir, dass ich mich wie ein Teenager verhalten würde. Ich glaube, er dachte, dass ich alles für *ihn* machte. Er würde nie vermuten … Oh Gott, wenn er das wüsste. Ich mag Oliver doch, weißt du. Aber ich kann mich gar nicht daran erinnern, wann ich ihn das letzte Mal geküsst habe. Ich meine, richtig küssen, nicht nur so ein Schmatz auf die Wange.«

»Schon wieder Erfahrungsaustausch über Liebhaber?«, unterbrach uns Isa, die gerade aus Anjas Zimmer kam. Wir schauten uns an und lachten. »Der kleine Tim ist sooo süß«, fuhr sie begeistert fort. »Diese winzigen Füßchen, die Stupsnase und wie er den kleinen Mund verzieht – himmlisch. Ich sollte auch endlich mal ein Kind kriegen, anstatt ständig zu büffeln. Meine Mutter hatte in meinem Alter schon zwei.«

»Na, dann mal ran«, sagte Celina.

»Wisst ihr, ich hatte einen Freund, mit dem ich drei Jahre zusammen war. Er war sehr verliebt in mich und wollte unbedingt ein Kind von mir. Er wäre bestimmt ein guter Vater gewesen, er hatte diese Mischung aus Zuverlässigkeit und Zärtlichkeit, wie ein treuer Hund. Na ja, auf jeden Fall habe ich die Chance verpasst. Ich habe in der ›Oase‹ angefangen und ihn wegen eines anderen verlassen, der verheiratet war und schon zwei Kinder hatte.«

Sie setzte sich auf den Boden, mit dem Rücken gegen eine Säule. Die Mädchen der »Oase« waren alle hübsch, aber Isa hatte eine stolze Schönheit, die Frauen gefiel und Männer verrückt machte. Sie hatte lange, muskulöse Beine, leicht gebräunte Haut, blonde Haare, himmelblaue Augen und einen kecken, intelligenten Blick. Privat war sie, abgesehen von unbedeutenden Flirts, seit längerem nicht mehr mit einem Mann zusammengewesen.

»Meine Mama ist immer traurig, wenn eine ihrer Freundinnen Oma wird«, erzählte sie, als wir vor den Türen des Krankenhauses am Paffen waren. »Dann erwähnt sie ganz zufällig das Thema Babys und schaut mich so komisch an. Ich weiß, dass sie ein Enkelkind von mir erwartet, immerhin bin ich die Älteste. Aber wann soll ich den passenden Mann kennenlernen? Entweder muss ich für meine Ausbildung lernen oder aber ich sitze in der ›Oase‹.«

»Triffst du da nicht genug Männer?«, fragte Jana, die sich inzwischen auch der Rauchergruppe angeschlossen hatte, etwas spöttisch.

»Na klar, das fehlt mir noch: im Puff schwanger werden. Ein Gast, der dicke Paul, nervt mich immer damit. Kennt ihr den? Klein, rund, glatzköpfig, kommt seit Jahren zu mir, bucht eine Stunde und poppt nur fünf Minuten. Ein treuer, unkomplizierter Kunde. Nur ist er so schüchtern, dass er noch nie eine richtige Freundin gehabt hat. Er sagt, er kann es nur mit mir. Jetzt geht er auf die fünfzig zu und meint, dass er unbedingt noch Vater werden möchte, bevor es zu spät ist. Ohne Witz, er hat mir jede Menge Kohle dafür angeboten, er ist selbständig im Baugewerbe und verdient ja nicht schlecht.«

»Pfui«, entfuhr es Celina. »Ist ja oft schon eklig genug, diese alten Säcke anzufassen, aber sich auch noch von denen schwängern lassen? Nenn mich altmodisch, aber ich denke, ein Baby muss aus Liebe entstehen.«

»Nachher kriegst du noch ein fettes Kind ohne Haare, wenn du Pech hast«, scherzte Jana.

»Tja«, meinte Isa, »deswegen muss Mama noch ein wenig warten, bis sie Großmutter wird.«

Den Sommer über fuhr ich kein weiteres Mal auf Termin, um mich den bevorstehenden Klausuren widmen zu kön-

nen. Außerdem war ich fest entschlossen, nie wieder mein
Zuhause, meinen Mann und meine Freunde für so lange
Zeit zu verlassen. Ich wollte mich wenigstens wie eine normale Studentin *fühlen*, wenn ich schon keine war, und nicht
wie eine Nutte, die quer durch Deutschland von einem Puff
zum nächsten reiste.

In der »Oase« liefen nach der Winterflaute die Geschäfte
wieder etwas besser, obwohl Lena meinte, es sei immer noch
nicht wie in den goldenen Zeiten, als jede Frau am Tag umgerechnet drei- bis vierhundert Euro einsteckte. Für mich
kam gerade genug heraus, um die laufenden Kosten abzu-
decken und etwas auf die Seite legen zu können. Von dem
Ersparten flogen Ladja und ich nach den Klausuren nach
Bulgarien. Es war unser erster gemeinsamer Sommerurlaub.
In den vergangenen Monaten hatten wir uns selten gesehen:
Ich war in mein Studium vertieft und er war ständig im Kiez
unterwegs.

Schon im Flugzeug nach Varna hatte ich den Eindruck,
alle Probleme hinter mir gelassen zu haben. In Bulgarien
verbrachten wir den ganzen Tag zusammen am Meer, im
Bett oder spazierten durch die Wälder, und es gab Essen
und Partys am Strand. Nach einer Woche fuhr ich glücklich
nach Hause, die Kamera voller schöner Bilder.

In Deutschland ging es nahtlos weiter mit dem Alltags-
trott. Ich machte ein unbezahltes Praktikum in einem IT-
Büro und musste die ganze Woche über früh aufstehen. Am
Samstag saß ich in der »Oase« und sonntags war ich so
müde, dass ich den ganzen Tag pennte.

An einem Dienstag im Oktober dann ein Tiefpunkt: Ladja
kam nach der Arbeit nicht nach Hause, obwohl er wusste,
dass ich zwei Urlaubstage genommen hatte. Ich versuchte,
ihn zu erreichen, doch er ging nicht an sein Handy. Als ich in
der Kneipe anrief, wo er jeden Tag putzte, meldete sich eine

verpennte Stimme, die mir lediglich mitteilte, dass mein Mann schon vor einer Woche seine Stelle gekündigt habe.

Ich setzte mich in die Küche, weinte und hörte Musik von Rammstein und Knokator, was mich noch trauriger machte. Als ich vom Heulen ganz müde war, ging ich ins Bett. Kaum war ich eingeschlafen, wachte ich vom Geräusch des Haustürschlüssels auf, der sich im Schloss drehte. Ich sprang sofort auf und lief in Unterwäsche zur Tür. Ein Aschenbecher aus Metall verpasste Ladjas Kopf um ein Haar und landete vor Tomas' Füßen, der mich schockiert anstarrte. Obwohl ich mich schon oft richtig laut mit Ladja gestritten hatte, war während unserer fast dreijährigen Beziehung nie einer von uns handgreiflich geworden. Doch in dieser Nacht überschritt ich die letzte Hemmschwelle. Ich war enttäuscht und verletzt und weigerte mich, mir irgendwelche Erklärungen anzuhören. »Verschwinde einfach aus meinem Leben, du Penner!«, brüllte ich, drängelte beide hinaus und knallte die Tür hinter ihnen zu.

Am nächsten Morgen merkte ich erst, was ich getan hatte. Ich griff nach dem Fotoalbum, blätterte es in Ruhe durch und rief mir anhand der Bilder in Erinnerung, was Ladja und ich alles zusammen erlebt hatten: die Zeiten, als wir absolut kein Geld hatten; den Stress mit den Behörden vor der Hochzeit; seine Mutter am Küchentisch in Polen; den Urlaub bei meinen Eltern in Italien, als Ladja zum ersten Mal das Meer gesehen hatte, und unsere Wohnung, die wir gemeinsam eingerichtet hatten. Unseren Couchtisch zum Beispiel hatte Ladja auf der Straße gefunden, auf die Schultern geladen und nach Hause geschleppt.

Nun war Ladja erst mal weg. Ich hatte sicher viel mehr für ihn getan als er für mich, doch die Idee, mich endgültig von ihm zu trennen, kam mir so unmöglich vor wie die Vorstellung, alleine durch die Wüste zu wandern.

In der »Oase« waren meine Eheprobleme eine willkommene Abwechslung zu den üblichen, ewig wiederkehrenden Geschichten von Freiern, Geldsorgen und Mandys neuen Fingernägeln. Alle waren natürlich der Meinung, dass Ladja viel zu weit gegangen war, dass er mich ohnehin nicht verdient habe und eine hübsche und kluge Frau wie ich in null Komma nichts einen neuen Partner finden würde. Vera quatschte die ganze Zeit von dem hübschen Cousin ihres Freundes, der angeblich einen Mercedes fuhr und studierte, Isa wollte mich mit ihrem besten Kumpel verkuppeln und Jana mit ihrem Bruder. Ich wiederum dachte die ganze Zeit an Milan und konnte kaum abwarten, bis meine Schicht vorbei war, um zu ihm zu fahren. Zum Glück hatte ich nur zwei Kunden an diesem Tag: einen alten Mann, der mich vollquatschte und keinen hochbekam, und einen Inder, der nach Curry roch und meine Ohren vollsabberte.

Als ich Milan an jenem Abend schließlich im »California« sah, in ein Gespräch vertieft und mit Zigarette im Mundwinkel, merkte ich erst, wie viel er mir bedeutete. Zum ersten Mal, seit wir uns kannten, setzte er sich neben mich und bestellte mir Getränke, als sei er mein richtiger Freund. Die Bacardi-Colas und seine Anwesenheit machten mich etwas fröhlicher. Über Ladja redete ich nicht mit ihm – warum sollte ich damit unsere kostbare Zeit verschwenden? Von seiner Seite kam auch nichts über Natalie, auf meine Höflichkeitsfrage nach seiner Familie antwortete er knapp mit: »Alles okay, der übliche Stress, es geht weiter.«

Bald fingen wir tatsächlich an, unser gemeinsames Leben zu planen. Dass wir heiraten und Kinder bekommen würden, war selbstverständlich. Am Viktoria-Luise-Platz wollten wir wohnen, in einer Maisonettewohnung mit Blick auf die Stadt, im Winter gemütlich vor dem Kamin kuscheln, dabei Rock-Musik hören und Rotwein trinken. Im Sommer würden wir mit Freunden auf dem Balkon grillen oder in einem Café in der Sonne sitzen. Spießer, die die ganze Zeit ackern, um sich das neueste Handy oder einen Sportwagen leisten zu können, wollten wir auf keinen Fall werden, überhaupt war Angeben das Schlimmste, was man machen konnte. Aber ein bisschen Luxus sollte schon drin sein und reisen wollten wir natürlich auch.

»Nach dem Studium finde ich bestimmt einen guten Job, dann ist das alles kein Problem. Ich werde beruflich viel herumkommen und du bist meine Begleitung«, verkündete ich stolz. Milan nahm meine Hand und hielt sie schweigend. In einem Winkel meines Gehirns wusste ich, dass wir uns mit den ganzen Träumereien gegenseitig etwas vormachten, aber in diesem Moment schien irgendwie alles möglich. So sehr ich Alkohol auch manchmal hasste, so gut war es, dass er mitunter alle Hemmungen löste und uns Dinge sagen ließ, die wir nüchtern nie gewagt hätten, uns auch nur vorzustellen.

»Ich liebe dich«, hauchte mir Milan ins Ohr, während wir beschwipst die Straße entlangschwankten. Es war das erste Mal, dass er das sagte, und es traf mich unerwartet. Ich dich auch, hätte ich sagen wollen, ich freue mich auf dich, wenn wir verabredet sind, und bin traurig, wenn du nicht da bist, ich denke an dich, wenn ich aufstehe und bevor ich einschlafe und jedes Mal, wenn ich einen Kunden habe. Stattdessen winkte ich ein Taxi herbei und wir fuhren gemeinsam zu meiner Wohnung.

Als ich am nächsten Morgen aufwachte, lag ich nackt im Bett und hatte tierische Kopfschmerzen. Meine Klamotten lagen verstreut auf dem Boden, eine leere Rotkäppchenflasche mit zwei Gläsern stand auf meinem Schreibtisch – die einzige Spur von Milans Anwesenheit in der vergangenen

Nacht. Der Wecker auf meiner Kommode tickte laut, es war zwei Uhr nachmittags. Ansonsten war es in der Wohnung so leer und still, dass ich es kaum aushielt. Ich stellte das Radio an. In den Nachrichten war von einem Raubüberfall im Wedding die Rede und irgendwo hatte es gebrannt. Wenn Milan hier wäre, würden wir uns anziehen und spazieren gehen, dachte ich. Wir würden über Witze lachen, die nur wir verstehen, und ich könnte seine Haare streicheln.

Ich dachte an die Worte von Natascha in Freiburg: »Sie brauchen einfach einen Kerl, der da ist und sagt, wie sehr er sie liebt, egal was für ein Arschloch er ist.« Ich wusste, dass sie recht hatte, ich wusste auch, dass ich hübsch und begabt war. Aber ich wollte nicht alleine sein.

Ich rief Ladja auf dem Handy an: »Vergessen wir alles, komm einfach nach Hause«, sagte ich knapp und legte auf. Ladja war gerade bei Tomas, als ich anrief. Für die Strecke von Neukölln nach Moabit brauchte er mit dem Fahrrad diesmal gerade mal zwanzig Minuten.

In der »Oase« waren alle Mädchen unglaublich mutig geworden, was das Reisen anging. Als ich erzählte, wie viel ich in Freiburg verdient hatte, war das Terminfieber ausgebrochen. Meine Kolleginnen verabschiedeten sich eine nach der anderen für einige Zeit, um in den verschiedensten Ecken Deutschlands lukrative Kurzzeitengagements in Bordellen wahrzunehmen. Als Letzte kehrte Ende Oktober Mimi, Mandys beste Freundin, sogar aus der Schweiz zurück und strahlte regelrecht vor Freude. Sie war zwei Wochen in Zürich gewesen und hatte dort in einem Club gearbeitet.

»Alter, so viel Kohle habe ich in meinem Leben noch nie auf einem Haufen gesehen«, wiederholte Mimi immer wieder. Die exakte Summe wollte sie uns nicht verraten, doch an ihrem Arm hing eine Rolex, sie bestellte dauernd Klamotten aus Katalogen und hatte sich neue Schränke für ihre Wohnung gekauft, und das, obwohl sie vermutlich das meiste Geld durch die Nase gezogen hatte. Sie zahlte sogar Mandy einen Teil der Summe zurück, die sie ihr schuldete. Ich schätzte ihre Erträge in der Schweiz auf sechstausend Euro, was für zwei Wochen unglaublich viel war, selbst für Mimi mit ihren zwanzig Jahren, ihren riesigen Brüsten und ihrem braungebrannten Körper.

»Irgendwann könntest du auch mal wieder wohin fahren«, dachte ich mir. Seinerzeit war ich mir sicher gewesen, diese Erfahrung nie wieder machen zu wollen, doch seitdem waren fast acht Monate vergangen und ich hatte unterdessen meine Meinung geändert. Sicher, ich hatte mein Zuhause vermisst und die Tage bis zur Rückkehr gezählt, aber ich war auch unvorbereitet gewesen und hatte nicht gewusst, was genau mich dort erwartete. Jetzt ist es anders, dachte ich mir, und wenn Mimi es packt, dann schaffst du das mit links. Abgesehen davon, brauchte ich dringend Geld für ein paar Anschaffungen und von dem Verdienst der »Oase« waren nun mal keine Sonderausgaben zu finanzieren. Das Geld reichte gerade mal für mich und Ladja, der nach wie vor nur sporadisch jobbte und nie wirklich etwas Dauerhaftes fand – oder finden wollte.

Ehe ich mich's versah, saß ich im ICE auf dem Weg nach Zürich. Diesmal war auch alles viel einfacher. Ich musste meinen Freunden und Ladja nicht allzu viel erklären. Sie glaubten mir, dass ich in der Schweiz als Messehostess arbeiten würde – zumindest taten sie so. Nur Jule wusste Bescheid darüber, was ich dort wirklich machte. Selbst Milan sagte zu meinem Auslandstrip nichts, obwohl ihm schnell klar war, dass ich dort anschaffen ging.

Das »Golden Gate« war der beste Club, den ich je gesehen hatte, zumindest was die Ausstattung betraf. Der Aufenthaltsraum war zunächst nicht weiter ungewöhnlich: ein langer Holztresen, sanfte Beleuchtung, ein paar Pflanzen. Als die Chefin, eine vierzigjährige Schweizerin, mir aber die Zimmer zeigte, war ich beeindruckt. Jeder Raum war mindestens dreißig Quadratmeter groß, hatte eine Dusche mit Kabine und ein Himmelbett. Auf dem Holzboden lagen weiße, kuschelige Teppiche, auf den Kommoden brannten Duftkerzen. Man fühlte sich wie in der Suite eines Designhotels.

Das Team bestand aus allen möglichen Nationalitäten. Angesichts von dreißig Kolleginnen verzichtete ich von Anfang an darauf, mir die Namen zu merken. Viele der Gäste waren Italiener, weil die italienische Grenze nicht weit weg war, jedenfalls nicht weit genug für die Bewohner eines Landes wie Italien, in dem es keine Bordelle gab.

Ich freute mich, weil ich in Berlin nicht oft Gelegenheit hatte, Italienisch zu sprechen, und immer Trinkgeld bekam, wenn ich hier zum Beispiel für eine italienische Reisegruppe übersetzte. Unangenehm wurde es nur, wenn die Fragen zu persönlich wurden. Da ich eine Landsfrau war, fühlten sich die Italiener nämlich total frei, mit mir über alles zu reden, was sie interessierte, und so hörten sie gar nicht mehr auf, sich nach meinem Privatleben zu erkundigen: Aus welcher Ecke Italiens ich käme, ob ich verheiratet wäre, warum ich diesen Scheißjob überhaupt machen würde, es zwänge mich ja niemand, was ich studieren würde und so weiter. Einer fragte sogar, ob ich von den Liparischen Inseln käme. Als ich ihn schockiert ansah, gab er zu erkennen, dass er Professor für Sprachwissenschaften in Rom sei und die Dialekte meiner Heimat studiert habe. Im Bett versuchte mich Herr Professor dann davon zu überzeugen, ohne Gummi zu poppen, weil man ja sozusagen unter sich sei. Dieses »Argument« hatte ich schon öfter gehört und meine Standardantwort lautete: »Hey, Schatz, ohne Kondom ficke ich nur mit meinem Mann, damit das klar ist. Also entweder so, wie ich sage, oder du holst dir selber einen runter.«

Nette Kunden hatte ich auch, etwa einen Rechtsanwalt aus Genf, der mir satte hundert Franken Trinkgeld daließ, und einen jungen DJ aus Basel, mit dem ich mich sehr gut verstand und nett reden konnte und der mit mir im Laufe eines einzigen Abends gleich mehrere Male auf Zimmer ging. Nach drei Tagen quoll mein Portemonnaie über vor Scheinen, alles Fünfzig- und Hundert-Franken-Noten. Allein am vierten Tag verdiente ich umgerechnet fünfhundert Euro – mein persönlicher Rekord bis dahin. Ich war so ausgiebig beschäftigt, dass ich, anders als in Freiburg, keine Zeit hatte, die Kolleginnen kennenzulernen und mich mit ihren Geschichten auseinanderzusetzen. Obwohl ich jede Nacht erst um drei Uhr ziemlich groggy ins Bett fiel und täglich eine Schachtel Zigaretten rauchte, fühlte ich mich angesichts der Kohle, die ich machte, ziemlich gut.

Eine Woche verging schnell und ein Tag war fast wie der andere: Freier, Sex, Geld, oberflächliche Gespräche über das Wetter und mein Studium. Eines Tages, es war der dritte Dezember, schaute ich auf den Kalender. Plötzlich störte ein unangenehmer Gedanke meine Routine: Wann hatte ich eigentlich das letzte Mal meine Tage bekommen? Ich merkte mir sonst immer alle möglichen Daten, auch die weniger wichtigen. Nur die Ruhe – das liegt bestimmt sicher an dem ganzen Stress mit Ladja, sagte ich mir, während ich an der Bar saß und beobachtete, wie zwei Mädchen sich um einen alten Sack stritten. Trotzdem stand ich am nächsten Tag früh auf, lief zur nächsten Apotheke und kaufte einen Schwangerschaftstest. Es war nicht der erste in meinem Leben, schon ein paar Mal hatte ich befürchtet, schwanger zu sein. Ich hatte mir nie vorstellen können, ein Kind zu bekommen. Klar wollte ich irgendwann Mutter werden, doch erst in einer fernen Zukunft, ich war schließlich erst zweiundzwanzig.

Es war einer der Tage, an dem sich die Kunden die Klinke in die Hand gaben. Erst am Abend, nachdem der letzte Gast gegangen war, kam ich dazu, den Test zu machen. Ich rannte auf die Toilette und pinkelte auf den Stab. Gleich wirst du sehen, dass es wieder mal nur Hirngespinste waren, danach geht alles wie gewohnt weiter, sagte ich mir. Aber als ich das Ergebnis in der Hand hielt, zitterte ich: Ich war schwanger.

Das kann nicht sein, war mein erster Gedanke. Obwohl sich die Situation zwischen mir und Ladja entspannt hatte, hatten wir in den letzten zwei Monaten nicht miteinander geschlafen. In der »Oase« konnte es auch nicht passiert sein, nie war mir ein Kondom gerissen und ohne machte ich es nicht. Dann fiel mir der Abend ein, an dem ich mich mit Milan betrunken hatte und wir anschließend die Nacht in meiner Wohnung im Alkoholrausch verbracht hatten. Hier musste es geschehen sein – und ich konnte mich nicht mal genau an den Moment erinnern. Mir schossen die Tränen in die Augen.

Ich hockte eine Weile auf der Toilette. Wie aus großer Entfernung nahm ich das Kommen und Gehen der Frauen im Vorraum wahr. Frauen, die sich schminkten, quatschten, lachten und keine Ahnung davon hatten, was sich direkt neben ihnen gerade abspielte. Am liebsten wäre ich sofort nach Berlin zurückgefahren, in mein Bett gekrochen und eingeschlafen. Ladja würde mir heißen Tee mit Zitrone ans Bett bringen, wie er es immer machte, wenn ich krank war. Doch diesmal ging es nicht um eine einfache Grippe, die man mit Medikamenten und viel Schlaf wegbekommen konnte, auch nicht um eine verpatzte Prüfung, die sich wiederholen ließ. Diese Schwangerschaft war das Schlimmste, was mir bis jetzt in meinem Leben passiert war.

Irgendwann kam ich wieder zu mir. Ich wusste nicht, wie viel Zeit ich auf dem Klo verbracht hatte, doch es schien auch niemanden zu interessieren. Es gab hier so viele Frauen, selbst die Bardame konnte sich nicht alle Gesichter merken. Ich nahm meine Jacke und ging nach draußen. Wie ein Roboter lief ich durch die Gegend, meine Gefühle waren wie ausgeschaltet. Ich stellte mir die Reaktion meiner Familie vor, wenn ich ihnen von meiner Schwangerschaft erzählen würde. Sie hatten nur mit Mühe die Tatsache akzeptiert, dass ich mit gerade mal zwanzig Jahren Ladja geheiratet hatte, aber ich hatte ihnen versprechen müssen, keine Kinder zu bekommen, bis meine Ausbildung beendet wäre. Jetzt würden sie mich verstoßen oder in die Klapsmühle einweisen lassen. Ich dachte an Ladja, an sein Gesicht, wenn er erfahren würde, dass ich von einem anderen Mann ein Baby erwartete – gerade jetzt, wo er sich alle Mühe gab, unsere Beziehung zu retten. Und Milan? So wie ich ihn kannte, würde er die Vaterschaft abstreiten. Selbst wenn ich ihn auf Alimente verklagte, würde er nie zu mir stehen. Am liebsten hätte ich Jule angerufen und mich bei ihr ausgeweint, aber ich fürchtete mich vor ihrer Reaktion. Sie hatte mich immer davor gewarnt, mich zu sehr mit Milan einzulassen. Dann dachte ich an Vera, meine Freundin aus der »Oase«, die im Puff arbeitete, um Weihnachtsgeschenke für ihr Kind kaufen zu können. So wollte ich auf keinen Fall enden. Anstatt Freude über das neue Leben, das in mir wuchs, spürte ich nur nackte Angst.

»Was machst du denn hier? Bist du bekloppt?« Eine tiefe Stimme holte mich aus dem Teufelskreis meiner Gedanken.

Ich saß inzwischen auf einem Stein neben dem Parkplatz des Bordells und es hatte zu regnen begonnen. Vor mir stand eine schwarze Frau, mit der ich mich im Club einmal kurz unterhalten hatte. Sie war groß, stämmig und ihre Haare waren zu kleinen Zöpfen geflochten, die von bunten Perlen zusammengehalten wurden. Sie trug einen blauen Anorak mit Kapuze und dazu Gummistiefel, und in der Hand hielt sie eine Plastiktüte, die nach chinesischem Essen roch.

»Ich wollte in Ruhe nachdenken«, flüsterte ich.

»Bei der Kälte? Du holst dir noch eine Lungenentzündung.« Sie zeigte mit dem Finger in den schwarzen Himmel.

»Das wäre das geringste Problem«, seufzte ich. »Ich bin schwanger von meinem Liebhaber und mein Mann weiß nichts davon.«

Sie blieb stehen und schüttelte den Kopf. »Jesus Maria«, brachte sie als einzigen Kommentar heraus. »Willst du das Kind behalten?«

»Nein.«

Ich saß still auf dem kalten Stein, Regen tropfte auf meinen Kopf. Sie schaute mich nachdenklich an. Nach einiger Pause sagte sie ruhig: »Ich habe die Adresse von einer guten Klinik. In der Schweiz geht es viel unproblematischer als in Deutschland. Und ich denke, je schneller, desto besser. Ich weiß, wovon ich rede.«

Ich schaute sie an und blieb stumm.

»Aber jetzt kommst du rein, und zwar schnell. Es wäre eine Katastrophe, wenn du auch noch krank würdest«, sagte sie und packte mich am Arm. Meine Hände waren schon so taub, dass ich fast nichts mehr spürte.

Am nächsten Morgen, noch bevor der Betrieb im »Golden Gate« losging, telefonierte Shila (so hieß die schwarze Kollegin) mit einer Freundin und notierte sich Adresse und

Telefonnummer auf einem Zettel. Diesen reichte sie mir kommentarlos und sah mich mit einem mitleidigen Blick an.

»Hast du es bereut?«, fragte ich sie. Sie lachte höhnisch.

»Mir ist während der Arbeit ein Gummi gerissen. Ich bin schon alleinerziehende Mutter einer siebenjährigen Tochter. Noch ein Kind, und dann noch von einem Kunden? Nein, ich habe es nicht bereut.«

Ich fühlte mich halbwegs erleichtert. Shila umarmte mich herzlich, bevor sie in ihr Zimmer ging, um zu packen. Es war ihr letzter Tag in der Schweiz. Ich sah sie nie wieder.

Die Klinik lag in einem Vorort von Zürich, ich musste ewig mit der Straßenbahn fahren und mehrmals umsteigen. Als ich am Ziel war, bemerkte ich als Erstes die adretten Reihenhäuser in der Umgebung, mit schrägen Dächern und weißen Zäunen davor. Am Ende der Straße stand ein rundes, modernes Glasgebäude, das wie ein Bürokomplex aussah. Neben der Eingangstür waren mehrere kleine Schilder angebracht: eine Anwaltskanzlei, eine Physiotherapie-Praxis, ein Call Center – und noch ein gelbes Schild, das mir zeigte, dass ich am richtigen Ort war. Langsam lief ich durch den Hof, klingelte, öffnete die Tür, stieg in den Fahrstuhl und fuhr bis in den vierten Stock. Es kam mir alles ganz irreal vor, wie ein schlechter Traum, der hoffentlich bald zu Ende sein würde. Doch keiner weckte mich.

Die Minuten vergingen langsam, zäh wie Kaugummi. Ich schaltete den MP3-Player an, hörte »Asche zu Asche« von Rammstein und dachte mal wieder, dass es nichts Besseres gibt als diese Art von Musik, wenn man sowieso schon am Ende ist …

Der Arzt drückte mir kräftig die Hand. Er war ein großer, schlanker Mann mit graumeliertem Haar und himmelblauen Augen, die mich unentwegt fixierten. Ich saß wie ein Häufchen Elend vor ihm, mein Blick war auf den Boden gerichtet. Nach einem kurzen Gespräch musste ich mich frei machen, auf einer Liege Platz nehmen und die Beine spreizen. Als er das Ultraschallgerät anschaltete, schloss ich die Augen. Ich wollte den Embryo nicht sehen, auf keinen Fall wollte ich mir erlauben, dass sich Gefühle einschlichen.

»Neunte Schwangerschaftswoche«, stellte er fest. Ich fühlte, wie das Blut in meinen Schläfen pulsierte. Ich dachte an Milan, der wahrscheinlich gerade seine Tochter in den Kindergarten brachte oder mit Natalie frühstückte. *Er* musste nicht die Konsequenzen einer leichtsinnigen Nacht tragen.

Es folgte der unangenehme Teil des Gesprächs, von dem ich nur Fetzen mitbekam. »Ich bin gesetzlich verpflichtet, Sie über Folgendes in Kenntnis zu setzen«, fing er an. Obwohl er sich bemühte, hochdeutsch zu sprechen, hatte er einen starken schweizerischen Akzent. Er skandierte jedes einzelne Wort, wie ein Staatsanwalt, der eine schwerwiegende Anklage vorliest. »Sie müssen sich Ihrer Entscheidung sicher sein und dürfen sich darin von niemandem beeinflussen lassen, denn es ist eine Entscheidung, die nicht mehr rückgängig gemacht werden kann«, fuhr er fort und ließ noch Weiteres folgen, worüber er mich nach Recht und Gesetz unterrichten musste.

Irgendwann hörte ich nicht mehr zu. Es folgten Blut- und Urintests, ich ließ alles über mich ergehen. Am Ende bekam ich einen Termin für die Woche darauf. Zum Abschied wies mich der Arzt noch einmal darauf hin, ich solle gründlich über meine Entscheidung nachdenken. Er betonte das Wort »gründlich«.

In den nächsten Tagen arbeitete ich wie gewohnt weiter, nur dass ich dabei total abwesend war. Ich ließ mich ficken und lecken und fühlte nichts, ich ließ mir Finger in den Arsch stecken, was ich sonst nie machte – es war mir alles scheißegal. Ich aß, um nicht umzukippen, rauchte wie eine Besessene, doch nichts schmeckte mir. Jeden Morgen telefonierte ich mit Ladja und hörte die Neuigkeiten aus Berlin. Er erzählte mir, dass er mich schrecklich vermisse, und beendete jeden Anruf mit einer Liebeserklärung, die mich total kaltließ.

Nach sieben unendlichen Tagen fuhr ich wieder in die Klinik, diesmal im Taxi. Das Geld für den Eingriff bezahlte ich sofort und bar: tausendfünfhundert Franken. Dass es sich dabei um eine beträchtliche Summe handelte – umgerechnet rund tausend Euro –, war mir völlig gleich. Ich hatte in den vergangenen Tagen das Fünffache verdient und wollte das alles hier nur möglichst schnell hinter mich bringen. Schwanger nach Hause zu fahren ging auf keinen Fall. Denn ich konnte mir gut vorstellen, wie das liefe: Letztlich würde Ladja mich davon überzeugen, das Kind zu behalten. Gutgläubig, wie er war, würde er wohl nicht mal mitkriegen, dass es von einem anderen Mann war.

Die Empfangsdame mit den mandelförmigen Augen zählte penibel die Geldscheine und ließ mich mehrere Formulare unterschreiben. Irgendwann lag ich dann wieder auf der Liege im Behandlungszimmer und zitterte am ganzen Körper. Wieder Ultraschall, wieder Gespräche, die mir nichts nutzten.

»Ist es wirklich Ihr Wille?«, fragte mich der Arzt ein letztes Mal. Ich nickte. Ich bekam eine Nadel in den Arm und versuchte, mich zu entspannen. Gott soll mir verzeihen – falls er überhaupt existiert, dachte ich. Dann nahm ich ein leises Summen wahr, es klang wie ein Geräusch, das ich von den Samstagnachmittagen meiner Kindheit kannte, wie ein Rasenmäher in der Ferne …

Drei Stunden später durfte ich wieder gehen. Die Krankenschwester, die gerade den Raum betreten hatte, schaute überrascht zu, wie ich mich hastig anzog. »Vielleicht sollten Sie sich lieber entspannen«, empfahl sie mir, doch ich wollte diesen Ort des Todes möglichst schnell hinter mir lassen und nach Berlin fahren. Mir war schwindelig und ich blutete stark, doch ich konnte ohne Probleme laufen, wenn auch langsamer als sonst.

Ich bekam zum Abschied einen Zettel mit einigen Telefonnummern von Beratungsstellen, die ich nie im Leben anrufen würde. »Sie können sich selbstverständlich auch an uns wenden, wenn sie Hilfe brauchen«, sagte die Assistentin mit besorgter Stimme.

Der Züricher Hauptbahnhof war geschmückt mit silbernen Kugeln und Lametta, es war die dritte Adventswoche. An kleinen Ständen wurden Glühwein, kandierte Äpfel und handgemachte Holzfiguren verkauft. Ich fühlte mich müde, leer und einsam und wünschte mir nichts sehnlicher als jemanden, mit dem ich reden könnte. Ich trug über zweitausend Euro bei mir, doch es war dreckiges Geld. Ich hatte das Gefühl, dass an den Scheinen unschuldiges Blut klebte, und musste mich fast übergeben. Ich rief Ladja an, doch er war mit einem seiner sporadischen Jobs beschäftigt.

Als ich endlich im warmen Zug nach Berlin saß, kam alles wieder hoch. Ich schmiss meine Tasche auf den Boden und weinte hemmungslos, so laut, dass die anderen Passagiere sich umdrehten.

»Kann ich Ihnen helfen? Ist Ihnen was zugestoßen?«, fragte mich besorgt ein alter Herr. Er hatte einen weißen Bart, rote Wangen und sah aus wie ein gutmütiger alter Weihnachtsmann. Ich schüttelte den Kopf. Ich will Milan, dachte ich, ich will, dass er mich umarmt und die ganze Nacht bei mir bleibt.

Ich hatte mein Kind getötet. Ich würde es nie in den Armen halten können, nie würde ich seinen Geburtstag feiern, die ersten Schritte und den ersten Tag im Kindergarten erleben. Vielleicht würde ich auch nie wieder schwanger werden, stattdessen einsam alt werden und eines Tages allein in meiner Wohnung sterben.

Als die Grenzoffiziere meinen Pass kontrollierten, hatte ich mich beruhigt, zumindest schluchzte ich nicht mehr so laut. Ich schlief ein, als wir die Schweiz verließen, und wachte erst kurz vor Berlin wieder auf.

Zu Hause angekommen, kroch ich ins Bett und blieb dort liegen. Ladja, den ich kaum begrüßt hatte, machte sich Sorgen und wollte mich zum Arzt schleppen.

»Ist nur eine Grippe«, stöhnte ich. »Lass mich bitte in Ruhe.«

Ich zog die Vorhänge meines Schlafzimmers zu und schlief tagelang. Es war kein guter, erholsamer Schlaf, wie man ihn sich nach einem langen Arbeitstag gönnt. Ich lag einfach im Bett, dämmerte vor mich hin und dachte an nichts.

»Ich denke, dass sie irgendwelche Probleme hat, doch sie redet nicht mit mir«, hörte ich Ladja zu Tomas sagen, als die beiden im Wohnzimmer saßen. Nach einer Woche gab er tatsächlich auf, er fragte nicht mehr, warum ich nicht aufstand oder ob ich nicht Lust hätte, mit ihm den Weihnachtsmarkt zu besuchen. Er ging morgens aus dem Haus und kam erst nach Mitternacht zurück. Zum ersten Mal, seit wir uns kannten, waren mir seine nächtlichen Touren egal.

Die Winterferien verbrachte ich in einer Art Trance, vegetierte auf der Couch vor mich hin, kiffte mich duselig, schaltete mein Gehirn aus und sagte kaum ein Wort. Zum Glück waren alle meine Freunde verreist und die »Oase«

geschlossen, so dass ich niemandem was erklären musste. Das neue Jahr kam mit Feuerwerk und Straßenpartys, aber ich kriegte kaum etwas davon mit. Ich kam mir vor wie in einem Tunnel. Ich lief und lief, aber der Ausgang war nicht zu sehen. Und es gab niemanden, der mich retten würde.

# 9

## FREIBURG/MÜNCHEN –
## ZWEI »DIENSTREISEN«

Eines Tages, es war Mitte Januar, zog ich die Vorhänge meines Schlafzimmers zur Seite und ließ die Sonnenstrahlen wieder herein. Ladja, der seit meiner Rückkehr aus der Schweiz auf der Couch schlief, schaute mir verdutzt dabei zu, wie ich Kaffee kochte. Noch überraschter schien er zu sein, als ich das Bett zur Seite schob und anfing, den Staub vom Boden zu wischen. Er sah mich an, als sei ich eine fremde Person und nicht die Frau, mit der er seit nunmehr über drei Jahren zusammenlebte.

»Es ist alles so schmutzig hier«, sagte ich einfach und verbrachte tatsächlich den ganzen Tag mit Aufräumen. Ich schickte Ladja zum Blumenhändler um die Ecke und ließ ihn einen Topf, Erde und Saatgut kaufen. Wir hatten immer davon gesprochen, Pflanzen auf dem Fensterbrett zu ziehen, doch in letzter Zeit war mir unsere Wohnung, wie alles andere auch, scheißegal gewesen. An diesem Abend schlief ich zum ersten Mal nach über vier Monaten mit Ladja. Ich wusste selber nicht, warum ich plötzlich so viel Energie hatte, doch ich beschloss, dem gar nicht auf den Grund zu gehen, um das gute Gefühl nicht zu verscheuchen.

In den nächsten Wochen kehrte ich in mein altes Leben zurück. Ich besuchte Vorlesungen an der Uni, ging wieder in die »Oase«, traf mich freitags abends mit Jule und zog mit ihr und anderen Kommilitonen durch die Clubs am Prenzlauer Berg. Niemand fragte mich, was in den letzten Wochen los gewesen war, und ich erzählte auch nichts.

Ich konnte wieder lesen und mich dabei auf den Text konzentrieren, ich konnte mit Ladja über die »Simpsons« lachen, ich konnte wieder auf dem Rückweg von der Disko auf der Straße singen, ich konnte nach einem guten Tag in der »Oase« wieder shoppen gehen und mich dabei hübsch und sexy fühlen. Nur Babys konnte ich gar nicht ansehen – ich wechselte sogar die Straßenseite, wenn ich eine junge Mutter sah, die einen Kinderwagen vor sich herschob, und war genervt, wenn mich in der U-Bahn kleine Kinder an-plapperten. Solche Momente erinnerten mich daran, dass ich mein Kind aus Angst und Feigheit aufgegeben hatte. Milan mied ich aus demselben Grund: Ich wollte ihn nicht ansehen und mir dabei vorstellen, wie unser Kind ausgese-hen hätte. Ich wollte nicht daran denken, dass er der Vater meines Babys gewesen wäre. Ich ging nur ins »California«, wenn ich sicher war, dass Milan nicht da war. Ein paar Mal traf ich ihn zufällig, doch ich drehte den Kopf weg, nahm keine Notiz von ihm und schlang meine Arme um Ladja.

Eines Tages lief ich gerade aus der Kneipe, als jemand mich von hinten am Arm packte. Ich wusste, wer es war, noch bevor ich mich umdrehte. Ich spürte seine Hände und begann zu zittern.

»Was ist los?«, fragte Milan mit prüfendem Blick.

»Gar nichts«, murmelte ich und spielte mit einer Haar-strähne. »Ich schreibe gerade jede Menge Klausuren, ich habe nicht so viel Zeit«, versuchte ich mich herauszureden.

»Du redest nicht mit mir, du grüßt mich kaum – bist du irgendwie sauer auf mich?«, fragte er. Einen verrückten Au-genblick dachte ich, dass ich ihm die Wahrheit erzählen sollte, alles, was ich in den letzten Monaten durchgemacht hatte, um mich an seiner Schulter ausweinen zu können. Doch dieser Gedanke währte nur zwei Sekunden. Das Leben ist keine romantische Komödie, sagte ich mir, und er ist auch nicht dein Mann. Was könnte er schon sagen? Wahrscheinlich wäre er nur froh, dass er nicht für ein weiteres Kind zahlen musste.

»Du hast dich lange nicht gemeldet«, log ich. »Ich dachte, du willst mich nicht mehr.«

Das Eis war gebrochen. Er lächelte erleichtert und nahm meine Hand. »Nein, so ist es nicht. Ich habe oft von dir geträumt. Nur Stress, weißt du, zwischen Familie und Arbeit«, sagte er und es lag Zärtlichkeit in seiner Stimme.

»Gehen wir zu Mario?«, fragte ich. Ich sehnte mich nach unserem Liebesnest. Er nickte.

Auf dem Weg kauften wir noch eine Flasche Sekt. Erst jetzt, da ich Seite an Seite mit ihm die Straße entlanglief, merkte ich, wie sehr er mir gefehlt hatte – seine besondere Art, beim Lachen den Kopf nach hinten zu werfen, sein Gestikulieren mit der Zigarette, die Tatsache, dass wir uns wortlos verstanden.

Milan fragte mich nach meinen Prüfungen und wie lange es noch bis zum Diplom sei.

»Vielleicht zwei Jahre«, antwortete ich. Ich wusste es selber nicht genau.

»Und dann bist du eine Doktorin?«, fragte er beeindruckt.

»Das bin ich erst, wenn ich promovieren sollte«, erklärte ich ihm. Im Moment bin ich nur eine Nutte, die im Puff arbeitet, um ihr Studium zu bezahlen, ergänzte ich in Gedanken. Er küsste meine Stirn.

Wir verbrachten die ganze Nacht auf der schmalen Schlafcouch von Mario. Ich liebte es, Milans Körper zu küssen und zu streicheln, zu sehen, wie er die Augen schloss und sich gehenließ. Am Ende waren wir so müde, dass wir einfach nebeneinander einschliefen, zum ersten Mal, seit wir uns kannten. Neben jemandem einzuschlafen, den man liebt, war schon was Besonderes. Obwohl ich in meinem Leben mit so vielen Männern im Bett gewesen war, ekelte mich der Gedanke zu Tode, mich neben einem x-beliebigen Kerl schlafen zu legen. An Ladja war ich gewöhnt: an seinen nächtlichen Husten, an seinen Atem auf meinem Gesicht, an seine zersausten Haare, wenn er morgens aufwachte. Aber ich hätte mir niemals vorstellen können, mit einem Fremden diese Intimität zu teilen. Milans Anwesenheit störte mich aber nicht im Geringsten, im Gegenteil, ich beobachtete gern, wie er dalag, und schlief ruhig in seiner Umarmung ein.

Der Frühling brachte gewaltige Veränderungen in der »Oase«. Als Erstes verließ Celina, die unglücklich verliebte Ehefrau, ohne Vorwarnung den Laden. Sie kam einfach eines Tages nicht mehr und ging auch nicht ans Telefon. Wir spekulierten natürlich darüber, ob Harry was damit zu tun hatte, denn seitdem Celina weg war, ließ auch er sich nicht mehr bei uns blicken. Mandy erzählte uns eines Tages, Celina habe ihren Mann verlassen, die Kinder mitgenommen und sei mit Harry nach Rügen gezogen. Angeblich stammten die Angaben aus zuverlässigen Quellen, doch niemand wollte es so recht glauben.

»Er wird ihr Geld geben, damit sie den Job nicht mehr machen muss, und sie wird weiter verheiratet bleiben und sich heimlich mit ihm treffen«, vermutete Jana. Es blieb aber bei den Spekulationen, da keine von uns je wieder etwas von Celina hörte.

Eines Freitags, ich war für die Spätschicht eingetragen, erkannte ich den Laden nicht wieder. Die abgewetzte Sitzgarnitur im Aufenthaltszimmer war weg, ersetzt durch eine weiße Ledercouch. Statt des alten, abgelatschten Läufers gab es einen flauschigen, roten Velours-Teppich, Bilder von tropischen Oasen und Berglandschaften hingen im Flur. Drei Handwerker arbeiteten gerade in unserem ehemaligen Umkleideraum und verlegten dort Laminat. Lena, Anjas Vertretung, stand an der Tür und quatschte mit ihnen.

»Hat jemand im Lotto gewonnen?«, fragte ich sie.

»Anja und ihr Freund sind weg. Der Chef hat sie rausgeschmissen«, sagte sie kurz und knapp und ging zurück in den Aufenthaltsraum. Der neue Wirtschafter hieß Torsten und erweckte den Eindruck eines gutmütigen Jungen. Obwohl er fast zwei Meter groß war und über hundert Kilo wog, lächelte er mich an wie ein Baby.

»Alles klar, Alte?«, fragte er und klopfte mir dabei so energisch auf die Schulter, dass ich fast umfiel.

»Ich bin nicht deine ›Alte‹, ich heiße Stella«, protestierte ich.

Zum Glück klingelte es in diesem Moment an der Tür: Es war ein Stammgast von mir, den ich lange nicht mehr gesehen hatte. Im Flur traf ich auf Isa, sie kam gerade aus dem Zimmer, hinter ihr ein kleiner Vietnamese mit strahlendem Gesicht. Die asiatischen Männer liebten Isa, weil sie groß und blond war und diesen strengen Blick hatte. Als sie mich sah, rollte sie mit den Augen, als ob gerade was Schreckliches passiert wäre.

»War der Typ so scheiße?«, fragte ich sie später, als wir uns gemeinsam im Bad vor dem Spiegel schminkten.

»Nein, es ging nicht um den kleinen Ching-Chong, der ist total nett. Ich meinte was anderes. Hast du den blonden Affen gesehen, der im Aufenthaltsraum sitzt und einen auf Macker macht? Er kann nicht mal vernünftig Geld zählen! Ich habe ihm vorhin fünfzig Euro zum Wechseln gegeben und er hat fünf Minuten dafür gebraucht.«

Der vereinzelte Unmut über die neue Leitung hielt allerdings nur ein paar Tage an, dann hatten sich alle an Torsten gewöhnt. So übel war er ja auch nicht. Er brachte kiloweise Kuchen und Süßigkeiten für uns mit und war immer nett und freundlich. Was den Laden betraf, so übernahm nun Lena die Führung, obwohl sie offiziell immer noch bloß die Barfrau war. Nur bei manchen Sachen hatte Torsten einen Dickschädel, dann konnte nicht mal Lena ihn umstimmen. So wurden zum Beispiel die Preise um zehn Euro gesenkt, trotz des Widerstands der ganzen Truppe.

Obwohl sich Torsten sehr für die »Oase« engagierte, stieg die Zahl der Gäste kaum. Dabei lief es im Sommer eigentlich immer besser als sonst, da war Hochsaison in der Baubranche und viele Handwerker kamen unter der Woche nach Berlin, um zu arbeiten, und fuhren am Wochenende wieder nach Hause. In unmittelbarer Nähe der »Oase« gab es jede Menge Wohnungen, die an solche Pendler vermietet wurden, in Plattenbauten, in denen sonst keiner wohnen wollte. Den Männern war es natürlich abends in ihrer Bude langweilig, Freunde in der Stadt hatten sie nicht, ihre Frauen waren auch nicht da, und so kamen sie oft und gerne in die »Oase«, da es sich herumgesprochen hatte, dass es bei uns gemütlich und preiswert war. Obwohl die Bauarbeiter nicht gerade die Crème de la Crème waren, freuten wir uns über sie, da wir an ihnen gut verdienten. Und oft waren sie freundlicher als manche Kunden, die im Anzug und mit Aktentasche reinkamen, für dreißig Euro alles Mögliche machen wollten und die Frau auch noch abfällig behandelten, so als ob sie was Besseres wären.

Mit den griechischen Bauarbeitern, die eine Etage über uns wohnten und den ganzen Sommer in Berlin blieben, entwickelte sich mit der Zeit sogar eine Art Freundschaft. Am Anfang verzogen wir das Gesicht, wenn sie im Aufenthaltsraum saßen, weil sie meistens nur zwanzig Minuten

Massage oder einen Quickie wollten und danach noch stundenlang rumhockten, so dass wir Frauen uns nicht unbefangen unterhalten konnten. Im Laufe der Wochen kamen die Männer vom Bau aber auf den Geschmack, teilweise gingen sie mehrere Male hintereinander auf Zimmer und brachten auch noch Essen, Sekt und kleine Geschenke mit, meistens bunten Plastikschmuck, der anschließend in der Mülltonne landete. Woher sie das Geld dafür nahmen, wusste niemand so richtig.

Wählerisch waren die Griechen nicht. Zwar hatte jeder von ihnen seine Lieblingsfrau, aber wenn sie gerade nicht anwesend war, hatten sie auch kein Problem, sich mit einer Kollegin zu vergnügen. So poppte ich nach und nach mit Vassilis, Costas und all den anderen. Einer von ihnen, Angelos, verknallte sich sogar in mich. Er war gerade Anfang zwanzig und so dünn, dass man sich fragen musste, wie er Zementsäcke schleppen oder ähnliche Baustellenarbeiten bewerkstelligen konnte. Er trug immer zu große Trainingsjacken mit Kapuze, eine Baseballmütze und eine Rapper-Hose, die ihm ständig über den Hintern rutschte. Er sagte mir, dass ich ihn an seine Ex-Freundin erinnern würde, die er schrecklich vermisste. Je besser sein Deutsch wurde, desto mehr quatschten wir, und ich gab ihm jede Menge Tipps, wie ein Mann mit einer Frau im Bett und im Leben umgehen sollte, denn davon hatte er keine Ahnung. Ich brachte ihm bei, seinen Schwanz zu rasieren und dass man vor dem eigentlichen Akt ein bisschen Vorspiel macht, damit nicht alles in fünf Minuten vorbei ist. Nach einer Weile verehrte er mich so sehr, dass er jedes Mal knallrot wurde, wenn er mich sah, und mir immer Blumen oder eine Tafel Schokolade vom Supermarkt mitbrachte.

Eines Tages kam Wolfgang, mein Stammgast, unangekündigt an einem Freitagnachmittag bei uns vorbei anstatt wie üblich am Samstag um vierzehn Uhr. Er sah, wie Angelos und ich gemütlich auf der Couch im Aufenthaltsraum saßen und plauderten.

»Wer ist dieser Piepel überhaupt?«, rief Wolfgang laut und schaute mich wütend an. »Kann der überhaupt schon ficken?«

Die anwesenden Frauen verstummten abrupt und starrten mich an.

»Das ist ein guter Gast von mir«, sagte ich ruhig und höflich. »Und jetzt denke ich, dass du gehen und erst zurückkommen solltest, wenn du akzeptiert hast, dass ich hier auf Arbeit bin und nicht nur dir gehöre.«

Wolfgang trollte sich tatsächlich wie ein getretener Hund und noch am selben Abend rief er mich an und entschuldigte sich. Er bettelte regelrecht darum, mich am folgenden Samstag in seiner Wohnung sehen zu dürfen. Ich sagte zu, weil er nicht schlecht zahlte: hundert Euro, die ich mit niemandem teilen musste, und dies alles für ein bisschen an meiner Muschi fummeln und sich von ihm den Po fotografieren lassen. Die meiste Zeit quatschten wir eh nur.

Als Wolfgang mich aus der Straßenbahn aussteigen sah, platzte er fast vor Freude. Er trug ein graues Sakko und eine rote Krawatte und seine Haare hatte er mit Gel nach hinten gekämmt.

»Ich habe gedacht, dass ich dich nie wiedersehe! Ich bin so ein Idiot!«, sagte er zerknirscht. Als wir in seine Wohnung traten, merkte ich, dass alles picobello sauber war, als sei gerade eine Putzkolonne durch die Räume gegangen. Lavendelduft lag in der Luft und in der Vase auf dem Tisch standen weiße Tulpen.

»Meine Frau hat saubergemacht. Sie wusste, dass du kommst«, sagte er und zwinkerte mit dem linken Auge. Sabine, seine Ehefrau, war für Wolfgang schon seit längerem nur noch eine gute Freundin und wusste Bescheid über seine Puffbesuche. Später, bei rotem Cabernet Sauvignon und Opernliedern von Puccini, erzählte er mir zum tausendsten Mal, wie er damals Tanja, seine weißrussische Liebe, aus Eifersucht verloren hatte. Tanja arbeitete in einer billigen Begleitagentur in Berlin, wo eine ganze Stunde nur neunzig Euro kostete, wovon die Frauen wiederum nur vierzig bekamen. Er hatte sie immer wieder zu sich nach Hause bestellt und sich irgendwann in sie verliebt – in eine Frau, die vierzig Jahre jünger war als er und in Minsk einen Mann und drei Kinder hatte. Tanja hatte natürlich keinerlei Gefühle für ihn, aber mit der Zeit schätzte sie seine Gesellschaft, weil er immer so nett zu ihr war und sie nicht wie eine billige Nutte behandelte. Wolfgang besuchte Tanja sogar in ihrer Heimat und lernte ihre ganze Familie kennen, und wenn sie in Berlin war, ging sie mit ihm und seiner Frau ins Theater. So eine Konstellation war natürlich eher die Ausnahme – die meisten Ehefrauen wussten, zumindest offiziell, nichts von den Bordellbesuchen ihrer Männer.

So entwickelte sich dieses multikulturelle Verhältnis immer weiter, bis Wolfgang auf Tanjas andere Kunden eifersüchtig wurde und nachts deswegen nicht mehr schlafen konnte. Eines Tages fuhr er im Alkoholrausch zu ihrer Agentur und machte dort so ein Theater, dass die Nachbarn die Bullen riefen. »Ihr Scheiß-Zuhälter, ich lasse euch alle von der Volkspolizei verhaften und nach Hohenschönhausen schicken!«, brüllte er und schmiss alles um, was sich in seinem Weg befand. Tanja, die zu dem Zeitpunkt gar nicht anwesend war, bekam von der Aktion erst mal nichts mit, ihre Kolleginnen erzählten ihr jedoch später alle Details und fragten sie, wie sie so dumm sein konnte, sich derart eng mit einem Freier einzulassen, dazu noch mit einem alten Bekloppten.

Wie es dann mit ihr weiterging, erfuhr er aus einem Brief, den sie ihm aus Minsk schickte. Der Besitzer der Begleitagentur, ein Araber mit dubioser Vergangenheit, hatte wegen des Polizeibesuches tierischen Stress mit dem Gesetz bekommen und musste mit den ganzen Mädchen umziehen. Auf Tanja war er natürlich höllisch sauer und schmiss sie raus, so dass sie nach Hause fahren und ihrem Mann erklären musste, warum sie ihren gutbezahlten Job in der Reinigungsfirma in Berlin verloren hatte …

»Dachte er wirklich, dass sie hier putzt?«, fragte ich erstaunt.

Wolfgang schüttelte den Kopf. »Weißt du, ich denke, Berlin müsste dank der ganzen russischen Mädchen, die hier angeblich alle sauber machen, schon längst glänzen wie ein Spiegel.«

Ich lachte.

Wolfgang hätte natürlich versuchen können, seine Tanja zurückzugewinnen, indem er ihr eine Menge Geld bot. Es hätte ihn vermutlich nur die Hälfte seines bescheidenen Vermögens gekostet, das er in vierzig Jahren Arbeitsleben mühsam zusammengespart hatte. Aber Tanjas Ehemann hatte ihr irgendwann verboten, in Deutschland zu arbeiten – die Kinder würden sie zu sehr vermissen. Seither suchte Wolfgang Trost in den diversen Berliner Bordellen.

»Davon gibt es ja zum Glück mehr als genug«, sagte er. »Das ist das Gute an der Wiedervereinigung – dass man sich Sex jetzt offen kaufen kann. In der DDR ging so was ja nur ganz heimlich. Als ich 1989 meine hundert Mark Begrüßungsgeld bekommen habe, habe ich die Kohle sofort in einem Puff in der Turmstraße verfickt«, erzählte er stolz.

Am Ende des Sommersemesters hielt ich endlich mein Vordiplom in der Hand. Meine Noten waren ziemlich gut, sogar in den schwierigsten Fächern wie Differentialgeometrie und Kontrolltheorie hatte ich eine Zwei bekommen. Meine Familie gratulierte mir zuerst, Mama rief an und erzählte mir, wie stolz sie alle auf mich seien. Auch Ladja zeigte ausnahmsweise Interesse an meiner studentischen Karriere. Am Wochenende lud er Freunde zum Essen ein und kochte ein aufwendiges Menü mit mehreren Gängen, darunter Schweinebraten mit Knödeln, eins meiner Lieblingsessen. Die Frauen und viele meiner Stammgäste in der »Oase« gratulierten mir ebenfalls, sogar Torsten, der neue Chef, schüttelte mir die Hand.

»Es ist nicht so üblich, dass aus einem Mädchen etwas wird in unserem Milieu. Alle labern ununterbrochen von ihren großen Plänen und betonen, dass sie den Job nicht mehr lange machen werden. Doch dann triffst du sie nach zehn Jahren wieder und sie gehen immer noch anschaffen. Nur eine von tausend schafft den Absprung. Wer weiß, vielleicht bist du das«, meinte er trocken.

Trotz aller Komplimente hielt sich meine Freude in Grenzen. Ich war nach wie vor eine mittellose Studentin und musste mit fremden Männern poppen, um über die Runden zu kommen. Doch noch mehr störte mich eine ganz andere Sache: Immerhin hatte ich mein Kind auch deswegen wegmachen lassen, um unbehelligt weiterstudieren zu können. War es das wirklich wert gewesen?

Zum Glück gab es die »Oase«. Obwohl mein Verdienst sich in Grenzen hielt, waren wir dort mit der Zeit wirklich zu einer Art Familie zusammengewachsen. Jeden Tag freute ich mich, dorthin zu gehen, die Mädels zu sehen, mit ihnen Karten zu spielen und gemeinsam zu essen. Obwohl manche Kunden nach wie vor eklig waren, hatte ich inzwischen auch einige angenehme Stammgäste. Und bevor es langweilig wurde, hatte Lena immer eine schräge Geschichte parat.

Meistens ging es darum, wie ihre Clique das Berliner Nachtleben aufmischte, im Stil von »Der alte Vogel hat meinen Arsch angegrabscht, dann habe ich eben mit seinem Gesicht den Boden gewischt, er hat es nicht anders verdient«.

Am besten verstand ich mich aber immer noch mit der estnischen Vera. Obwohl sie nie eine höhere Schule besucht hatte, war sie schlau und neugierig. Wenn ich meinen Uni-Ordner dabeihatte, schaute sie gerne rein und fragte mich, was dieses und jenes bedeutete, auch wenn sie fast nichts davon verstand. Sie hatte für jeden von uns ein offenes Ohr, egal wie schlecht es ihr selber ging.

Eines Abends im Sommer saß ich mit ihr alleine im Laden. Der Tag war mies gewesen, die anderen hatten früher Feierabend gemacht und waren zu einer Strandbar an der Spree gefahren. Um uns die Zeit zu vertreiben, fingen wir an, Kirschbowle zu trinken, und hörten dazu Robbie Williams und danach 2raumwohnung. Irgendwann tanzten wir durch den Raum. Und saßen schließlich erschöpft und atemlos auf der Couch.

Plötzlich fing Vera an zu weinen. »Sorry – wenn ich saufe, kommt so vieles wieder hoch«, entschuldigte sie sich.

»Manchmal muss es einfach raus«, sagte ich und reichte ihr ein Taschentuch. »Was ist denn?«

»Ich habe abgetrieben, vor drei Monaten. Ich war von meinem Freund Hassan schwanger, aber ich konnte das Kind nicht bekommen. Wir sind ja nicht verheiratet.« Sie hatte aufgehört zu heulen und schaute aus dem Fenster. Es war eine wunderschöne, warme Sommernacht.

»Wieso heiratest du ihn nicht?«, fragte ich.

Vera lachte nur. »Ich denke, eher würde seine Sippe mich umbringen, als so etwas zuzulassen. Ich bin keine Muslima und arbeite als Hure. Du kennst die Araber nicht, die leben in ihrer Welt und haben ganz strenge Regeln.«

Von unten klopften die Nachbarn an die Decke – die Musik war ihnen zu laut. Ich stellte sie leiser.

»Hassan hat eine Verlobte im Libanon, die er früher oder später heiraten muss«, erzählte Vera weiter. »Er sagt, dass das nichts mit uns beiden zu tun habe – die Familie hat sie ausgesucht und er wird ihr Mann werden, um seine Ruhe zu haben, doch ficken wird er sie auf keinen Fall. Manchmal denke ich aber, er lügt. Er wird sie doch poppen, damit er ein eheliches Kind bekommt.«

Um Mitternacht waren wir nach einigen Whisky-Cola so blau, dass wir kaum noch stehen konnten. Ich hoffte nur, dass kein Kunde mehr auftauchte.

»Weißt du, was richtig schlimm ist? Die Schlampe weiß von mir!«, brüllte Vera. »Sie weiß es und toleriert das alles, weil Männer in ihren Augen eben ein Recht auf eine Geliebte haben. Hauptsache, er heiratet sie, schwängert sie und sorgt dann für die Familie.«

Irgendwann hing ich mit dem Kopf über der Toilette und dachte, ich ginge zugrunde. Vera war immer noch auf ihrem Hass-Trip. »Ich habe ein Bild von ihr gesehen. Sie ist fett, hat eine Hakennase und Akne!«, schrie sie. »Haben solche Weiber kein bisschen Stolz? Ich könnte nicht mit einem Mann leben, wenn ich wüsste, dass er eine andere hat.«

Als ich wieder aufstehen konnte, ging ich zu Vera und umarmte sie. Ihr Eyeliner war verschmiert, ihr schönes Gesicht sah aus wie das einer Schornsteinfegerin.

»Weißt du«, sagte ich, »ich glaube, dass wir es nie verstehen werden. Wir gehören zum Glück nicht zu dieser Art Frauen.«

Keine von uns fuhr an dem Abend nach Hause. Wir fielen erschöpft auf das runde Bett im asiatischen Zimmer und schliefen ein.

»Ich mache es«, gestand mir Tomas eines Abends, als wir mit Ladja an der Bar im »SO36« saßen.

»Was denn?« Das schweißdurchtränkte T-Shirt klebte an meinem Rücken und mein Hals kratzte von vielen hastig gerauchten Zigaretten.

»Ich fahre für immer nach Hause«, erklärte er mir und holte zur Bekräftigung einen Busfahrschein aus seiner Hosentasche. Trotz Alkohol war sein Blick ruhig und entspannt.

»Was ist mit deiner Freundin?«, fragte ich. Ich hatte die beiden schon lange nicht mehr zusammen gesehen.

»Ach, sie weiß nicht, was sie will«, seufzte Tomas. »Vor zwei Monaten hat sie mich nach einem Streit rausgeschmissen, dann wollte sie, dass ich wieder bei ihr einziehe. Heiraten will sie zwar schon, aber jetzt ist es ihr zu früh. Ich wohne mittlerweile bei einem Typen aus dem Kiez, einem jungen Franzosen. Er ist echt locker – ich habe ihm diesen Monat keine Miete bezahlt und er hat nichts gesagt. Aber ich fühle mich irgendwie scheiße. Ich will nicht mehr von Almosen leben.«

»Und was willst du dann in deinem Dorf? Dort gibt es gar nichts!«, erwiderte ich. In Wirklichkeit wollte ich Tomas auf keinen Fall weggehen lassen. Über die Jahre war er für mich wie ein Bruder geworden. Er war der einzige Mensch, zu dem ich gehen konnte, wenn ich mit Ladja Stress hatte, weil er ihn am besten kannte. Er bezog nie für jemanden Partei, sondern versuchte immer zu schlichten.

Wie oft hatte er nach einer durchzechten Nacht bei uns gepennt oder wir bei ihm. Am Tag danach hatten wir unseren Kater oft mit Knoblauchsuppe und Orangensaft bekämpft. Ich spürte, dass ich ihn wahnsinnig vermissen würde.

Ladja kam lachend von der Tanzfläche zurück. Als er

von Tomas' Abreise erfuhr, war seine Freude mit einem Schlag weggepustet. Er versuchte, sich nichts anmerken zu lassen, doch die Partystimmung war dahin.

»Er hat es schon tausendmal angekündigt und nie durchgezogen«, sagte er, als wir vor dem Einschlafen im Bett lagen.

»Er hat schon ein Ticket gekauft«, erwiderte ich und knipste das Licht aus.

Tomas meinte es diesmal tatsächlich ernst. An einem Morgen im August begleiteten wir ihn schließlich zum Busbahnhof.

Die Nacht davor hatten wir noch mal lange im »California« gesessen und waren dann in einem Keller im Prenzlauer Berg gelandet, einem Club, der so neu war, dass er noch gar keinen Namen hatte.

Als wir um sechs Uhr morgens total kaputt in einer Döner-Bude saßen, dachte immer noch niemand daran, schlafen zu gehen. Sarah, Tomas' Freundin, die im Laufe der Nacht dazugekommen war, trank langsam ihren türkischen Tee und weinte still in sich hinein, große Tränen kullerten ihre Wangen hinunter und fielen auf ihren Teller. Im Hintergrund beschallte uns ein fröhlicher Mallorca-Hit von DJ Ötzi, der so gar nicht zu unserer trüben Stimmung passte.

Auf dem Weg zum Busbahnhof brachte niemand ein Wort heraus, dafür waren wir alle zu müde und zu traurig.

»Ich habe mit meiner Mutter telefoniert. Heute Abend gibt es Bigos und Pirrogis und mein Vater hat mir eine Tour mit seinem Motorrad versprochen«, erzählte Tomas, als wir an der Abfahrtstelle standen. Er lächelte glücklich. Nach sechs Jahren würde er endlich seine Eltern in Schlesien wiedersehen.

Vor dem Reisebus sammelten sich die Fahrgäste mit ihren schweren Taschen und drängten zur Tür. Manche rauchten hastig eine letzte Zigarette oder versuchten, mit dem Fahrer um Extragepäck zu verhandeln. Tomas hatte nur einen kleinen, schwarzen Rucksack, seine Sachen hatte er an Bekannte verkauft oder verschenkt. Uns vermachte er seine Kaffeemaschine, seine Lautsprecher und die Bettwäsche, die der reichen Hotelerbin gehört hatte.

»Zum Glück wiegen Erinnerungen nichts, sonst müsstest du einen LKW mieten«, scherzte ich.

Kleine Kinder weinten müde auf den Armen ihrer Mütter, ein junges Mädchen küsste ihren Freund zum Abschied. »Krakowa« stand auf einem Zettel auf der schmutzigen Windschutzscheibe. Man fühlte sich schon ein bisschen wie im Ausland, aus allen Richtungen kamen polnische Gesprächsfetzen, die fremde Sprache traf mich in ihrer ganzen Härte und Schönheit.

Ladja war nun jeden Tag allein. Als das Wintersemester anfing, nahm ich an einem zeitaufwendigen Uni-Projekt teil und musste mich jeden zweiten Tag mit Kommilitonen treffen oder zu Hause am Computer sitzen. Zeit für meinen Ehemann hatte ich in dieser Zeit kaum, zumal ich die Nachmittage weiterhin in der »Oase« verbrachte.

Ladja aber blieb zu Hause, schlief bis Mittag und dröhnte sich mit Hasch zu. Seinen letzten Job als Helfer auf einer Baustelle hatte er wieder geschmissen. »Ich mache doch keine Drecksarbeit für drei Euro die Stunde, dafür sollen die sich einen anderen Idioten suchen«, war seine wütende Begründung. Rudy, der Engländer, war gerade in einer Entgiftungsklinik, und so hatte Ladja wirklich niemanden, mit dem er quatschen konnte, und langweilte sich. Er fing wieder an, regelmäßig im »California« abzuhängen, und kam mit immer neuen Plänen nach Hause.

»Nils und ich haben beschlossen, zu dealen. Er kennt

jede Menge Leute und ich habe zuverlässige Quellen, von denen ich das Zeug billig kaufen kann. Wir haben ausgerechnet, dass wir pro Tag mindestens hundert Euro machen können«, verkündete er stolz.

»Ich weiß nicht, ob das eine gute Idee ist. Ich will keinen Stress mit den Bullen«, erwiderte ich.

»Ach, es besteht gar keine Gefahr. Wir verticken bloß Gras und tragen nur kleine Mengen bei uns. Wenn sie uns erwischen, gilt das als Eigenbedarf«, erklärte er mir.

Die Geschäftsidee währte nur eine Woche, in der Ladja jeden Tag mindestens zwanzig Euro im Portemonnaie hatte, die er für ferngesteuerte Autos (für sich) und billigen Schmuck (für mich) ausgab. Auch wenn die Ohrringe meistens zu kitschig und bunt waren, um sie zu tragen, freute ich mich über seine Geschenke.

Eines Abends kehrte er wütend und zitternd heim, sein Gesicht war rot wie eine Tomate und die Adern an seinen Schläfen waren angeschwollen. »Ich bringe das Arschloch um, ich schwöre es!«, brüllte er und schmiss einen Aschenbecher an die Wand. Als er sich etwas beruhigt hatte, erzählte er mir, was ihm widerfahren war. Ein kleiner Albaner hatte ihn und seinen Kumpel gefragt, ob sie hammergeiles Gras für einen speziellen Preis kaufen wollten, und hatte von ihnen hundert Euro kassiert. »Ich bin gleich wieder da«, waren seine letzten Worte. Dann war er verschwunden. Nun steckten die beiden Dealer tief in der Scheiße. Denn eine Freundin von Nils hatte schon für die Ware bezahlt, und ihr Mann, ein aggressiver Schlägertyp mit Glatze, war dafür bekannt, dass er keinen Spaß verstand.

»Ich schwöre, ich schnappe mir diesen Pisskanaken, dem haue ich ein paar auf die Fresse und dann soll er sich so lange in der Arsch ficken lassen, bis er unsere Kohle zusammenhat«, schrie Ladja.

Natürlich passierte nichts. Der Junge ließ sich nie wieder blicken und Ladja und Nils blieben auf ihren Schulden sitzen. Der Traum vom schnellen Reichtum war dahin und von einer Dealerkarriere wurde nie wieder gesprochen.

Am Ende des Sommers besuchten mich meine Mutter, mein Onkel und meine jüngere Cousine Maria. Ich hatte sie seit einem Jahr nicht mehr gesehen und nahm mir zwei Wochen frei, um mit ihnen genug Zeit verbringen, ihnen die Berliner Sehenswürdigkeiten zeigen und mit Maria ungestört abends um die Häuser ziehen zu können. Ladja stank es gewaltig, dass ich freihatte und er arbeiten musste, denn seit einigen Tagen hatte er einen Job in einer Papierfabrik. Nach Feierabend rannte er zu uns und begleitete Maria und mich in die Disko, wo wir nie vor fünf Uhr morgens rausgingen. Am Anfang schaffte er es trotz Schlafmangel und Kopfweh noch zur Arbeit. Doch als ich eines Morgens um zehn Uhr aus der Disko nach Hause kam, fand ich ihn immer noch im Bett vor.

»Solltest du nicht in der Fabrik sein?«, fragte ich nervös.

»Es geht mir nicht gut«, knurrte er und zog sich die Bettdecke über den Kopf.

»Vielleicht solltest du weniger saufen«, sagte ich schroff, zog ihm das Kissen und die Decke weg und schmiss seine Arbeitskleidung aufs Bett. »Entweder ziehst du dich jetzt an oder ich mache mit dir Schluss!«

»Was willst du denn von mir? Weißt du überhaupt, wie anstrengend es ist, richtig zu ackern? Du hast so etwas noch nie in deinem Leben gemacht. In einem Massagesalon sitzen und mit Kerlen tummeln ist keine Arbeit!«, blaffte er zurück.

»Ach! Aber die Kohle, die ich dort verdiene, findest du ganz okay, oder?«, schrie ich.

Bevor er antworten konnte, verpasste ich ihm eine Ohrfeige. Für einen Augenblick dachte ich, er würde zurückschlagen, doch er wurde nur rot und schaute mich wütend an, ohne ein Wort herauszubringen. Die eisige Stille jagte mir Angst ein. Ich verkroch mich in die Küche und zündete mir eine Zigarette an. Er lief in Jeans und Badelatschen aus der Wohnung und knallte die Tür hinter sich zu.

Am Nachmittag saß ich mit Jule und meiner Familie in einem Straßencafé und stocherte lustlos in einem Thunfischsalat. Ich trug eine Sonnenbrille, um meine vom Heulen verquollenen Augen zu verbergen. Auf keinen Fall sollten meine Verwandten etwas von dem Streit mitbekommen. Mit Müh und Not hatten sie mir zuliebe Ladja akzeptiert, doch richtig warm waren sie mit ihm nie geworden, er war ihnen schlicht zu prollig und ungebildet.

»In die Neue Nationalgalerie und ins Guggenheim müssen wir auf jeden Fall noch gehen«, plapperte meine Cousine und blätterte ungeduldig ihren Reiseführer durch. Sie schwärmte für Kunst und Fotografie und hatte eine Liste der Museen erstellt, die sie unbedingt besuchen wollte.

»Vielleicht kannst du mit Jule dahin fahren? Ich habe ziemliche Kopfschmerzen«, entschuldigte ich mich und verschwand auf die Toilette.

Nach dem Essen bestand mein Onkel darauf, sich gemeinsam den Gendarmenmarkt anzuschauen. Ich folgte der Gruppe gelangweilt und sagte keinen Ton. Meine Mutter bemerkte meine üble Laune und fragte mich mehrmals nach dem Grund, bis ich nur noch genervt war. »Ich habe mich mit Ladja gezankt, okay? Und jetzt lass mich in Ruhe!«, rief ich. Die japanischen Touristen mit ihren riesigen Kameras, die aufgeregt den Französischen Dom knipsten, als handle es sich um das achte Weltwunder, drehten sich um und schauten mich an, als sei ich ein Monster.

Als meine Mutter die Gründe für unseren Streit erfuhr, war sie über Ladjas Benehmen entsetzt. »Nimm dir endlich eine Wohnung für dich allein und verlass diesen Taugenichts! Du kannst nicht für ihn deine Zukunft vermasseln«, lautete ihr Rat.

Ich schwieg. Was wissen sie schon über mein Leben, dachte ich. Sie besuchen mich einmal im Jahr und erkundigen sich nur nach meinem Studium und meinen Berufsplänen. Was wissen sie schon von den ekelhaften Männern, die ich jeden Tag anfassen muss, um über die Runden zu kommen? Ladja mag ein fauler Sack sein, aber zumindest hat er selbst genug Scheiße durchgemacht, um zu verstehen, dass ich manchmal denke, die ganze Welt sei gegen mich.

Kurz nach den Herbstferien gab es Ärger in der »Oase«. Torsten, unser neuer Chef, zahlte Lena nicht den vereinbarten Stundenlohn für ihre Tätigkeit als Empfangsdame, weil er sich das angeblich nicht mehr leisten konnte. »Bei dem schlechten Geschäft ... Zur Zeit bist du mir echt zu teuer«, sagte er ihr einfach.

Lena wurde wütend und drohte ihm mit einem Besuch ihres Ex-Mannes, eines Heißsporns, der nicht gerade für diplomatisches Krisenmanagement berühmt war. Torsten stotterte daraufhin nur noch wie ein Dreijähriger und versprach, ihr noch vor Weihnachten das ausstehende Geld zu zahlen.

»Ich brauche doch die Kohle«, seufzte Lena die ganze Zeit. Den anderen ging es genauso. Seit der Sommer vorüber war und die Bauarbeiter weg waren, kam fast niemand mehr in die »Oase«. Wer nach einer Schicht mit sechzig Euro rausging, konnte sich glücklich schätzen.

Eines Tages saß ich mit Lena alleine im Aufenthaltsraum. »Könntest du mir die Adresse von diesem Laden in Süddeutschland geben, wo du letztes Jahr gearbeitet hast?«, fragte sie mit gesenktem Blick. »Ich muss so viel abbezahlen: das neue Auto, die neue Wohnung, und die Kinder brauchen Kleidung und Spielzeug.«

»Ich bin zurzeit auch total pleite. Vielleicht könnten wir zusammen fahren«, schlug ich vor. Ich war seit einem Jahr nicht mehr auf Termin gewesen, aber angesichts der finanziellen Misere fiel mir nichts Besseres ein. Von Ladja war nach wie vor nichts zu erwarten und ich dachte an den ungeduldigen Blick meines Vermieters, der mich neulich zum x-ten Mal gefragt hatte, wann wir endlich unsere Mietschulden begleichen würden.

Noch am selben Abend telefonierte ich mit Lorraine, die nicht in Freiburg, sondern im Urlaub auf Gran Canaria war. »Na klar, die langhaarige Studentin.« Sie erinnerte sich und freute sich, von mir zu hören. In ihrem Laden herrschte akuter Frauenmangel, umso besser also, wenn ich noch eine Freundin mitbringen würde.

An einem Samstag Anfang November trafen Lena und ich uns am Ostbahnhof. Unser »Chauffeur« stand schon da. Ich hatte seine Anzeige auf der Internetseite einer Mitfahrzentrale gelesen und nur kurz mit ihm telefoniert, wusste also nicht genau, was uns erwarten würde. Aber dreißig Euro bis Stuttgart war billig genug, um nicht zu viele Fragen zu stellen.

Lena hingegen bekam vor Schreck den Mund nicht zu. Zugegeben, der VW-Bus war nicht gerade eine Limousine und Henning, der fünfunddreißigjährige Student, der uns fahren sollte, war ziemlich dick und machte einen tollpatschigen Eindruck, aber wir hatten kaum Alternativen, da wir noch am selben Abend in Freiburg erwartet wurden.

Nachdenklich schaute ich aus dem Fenster, als wir die Stadt hinter uns ließen. Ich hatte Lorraine seit meiner ersten

Zeit in Freiburg nicht mehr gesehen und es schien mir wie ein Wunder, dass sie mich noch mal in dem Laden haben wollte, aus dem ich damals Hals über Kopf mit Fieber abgehauen war. Ich zündete mir eine Zigarette an, nahm einen Zug und fragte unseren verträumten Fahrer erst dann, ob das überhaupt gestattet sei.

»Hmm, eigentlich rauche ich nicht, aber, na ja, ich schätze, wenn ihr beide möchtet ...«, stotterte er.

»Ich halte es nicht aus, ohne zu qualmen«, verkündete Lena und kramte eine Schachtel aus ihrer Reisetasche. Unser netter Öko-Student traute sich wahrscheinlich nicht, etwas dagegen einzuwenden, weil Lena in jederlei Hinsicht einen schlagfertigen Eindruck machte. Auch deswegen liebte ich es, mit Lena unterwegs zu sein: Die Leute hatten einfach Respekt vor ihr. Selbst die schrägsten Typen hauten ab, wenn Lena ihnen einen bösen Blick zuwarf. Bei mir war es anders: Ich hatte einfach diese ruhige und gutmütige Ausstrahlung und musste aufpassen, nicht zu nett zu sein. Meine Ironie verstanden sowieso die wenigsten Leute.

In Freiburg war alles so, wie ich es in Erinnerung hatte: die Gassen mit Kopfsteinpflaster, die mittelalterlichen Kirchen, die Bäckerei, die so tolle Butterbrezeln verkaufte und natürlich schon um sechzehn Uhr dichtmachte. Lorraine grüßte uns kaum, als wir mit unseren Koffern hereinkamen. Sie war schlecht gelaunt, weil die Handwerker ein Zimmer nicht pünktlich renoviert hatten und angeblich zu teuer waren. Wie immer war sie der Meinung, dass die ganze Welt gegen sie war und alle nur an ihr hart verdientes Geld wollten.

Laura, die Frau, die sich damals um mich gekümmert hatte, als ich krank war, wohnte immer noch hier, seit mittlerweile zweieinhalb Jahren. Als sie mich wiedererkannte, gab es Küsschen und Umarmungen. Alle anderen Frauen hingegen waren von Lorraine persönlich rausgeschmissen worden.

»Ich dulde hier niemanden mehr, der Drogen nimmt, die Gäste versaut und mich hinter meinem Rücken bescheißt«, erklärte uns Lorraine und stimmte ein allgemeines Lamento an über schlechte Mitarbeiterinnen und die Schwierigkeit, überhaupt vernünftige Mädels zu finden. Gleich anschließend fragte sie mich überfreundlich: »Wie steht es mit deinem Studium, Schatz?« Ich lächelte nur zuversichtlich.

»Ich denke, die Frauen hat sie nicht rausgeschmissen, sondern die haben sich verpisst«, sagte Lena, als wir uns um drei Uhr nachts die Zähne putzten.

Ich zuckte mit den Achseln. »Lorraine ist immer so. Sie lächelt dich an und eine Sekunde später jagt sie dich zum Teufel.«

Wir mussten uns erst daran gewöhnen, früh am Tag aufzustehen – wenn wir in der Nacht zuvor spät ins Bett gekommen waren, war es verdammt hart, wenn der Wecker um acht Uhr morgens klingelte. Dass die arbeitende Bevölkerung zu dieser Zeit schon längst auf den Beinen war, war uns unvorstellbar.

Ich fühlte mich wie in einer Parallelwelt. An mein Studium konnte ich mich kaum erinnern, ich hatte diesmal auch keine Bücher dabei.

Einmal telefonierte ich mit einem Kommilitonen, um ihn zu fragen, wann die nächste Hausaufgabe für die Differentialgleichungsvorlesung abzugeben war.

»Ich arbeite schon seit einer Woche daran. Nächste Woche ist Abgabetermin«, lautete die Antwort.

»Ich halt mich ran, versprechen kann ich aber nichts. Mein Mann hat sich dummerweise ein Bein gebrochen und liegt im Krankenhaus, damit bin ich leider gerade einigermaßen beschäftigt«, log ich.

Nach dem Anruf bekam ich ein schlechtes Gewissen, weil ich mir so eine dreiste Geschichte ausgedacht hatte. Die Aufgaben an der Uni wurden normalerweise in Gruppen bearbeitet, und schon ein paar Mal war es vorgekommen, dass ich eine gute Note bekommen hatte, obwohl ich fast nichts dafür getan hatte, weil ich meine Zeit im Puff verbrachte oder von der Arbeit erschöpft war.

»Hier ist es stinklangweilig«, hörte ich Lenas Stimme. Dies brachte mich zurück in die Realität des Freiburger Bordells.

Um die Monotonie des Arbeitsalltags etwas aufzulockern, verpassten wir jedem im Laden, Gästen wie Frauen, Spitznamen, so dass wir in Ruhe tratschen konnten. Jacqui aus Polen war Ziel Nummer eins unserer Angriffe. Wir nannten sie »Engel«, weil sie blonde Locken, blaue Augen und einen beschissen naiven Gesichtsausdruck hatte. Sie war auf jeden Fall unsere Bestverdienerin, und das, obwohl sie kein Wort Deutsch sprach. Sie schminkte sich auch kaum und ging sogar so weit, sich in Snoopy-Unterwäsche und -Socken bei den Kunden vorzustellen. Vielleicht machte gerade dieser mädchenhafte Charme die Kleinstadtmänner verrückt. Lena und ich hatten allerdings eine andere Vermutung: »Wer weiß, was sie auf dem Zimmer macht«, sagte ich. »Die lässt sich bestimmt für einen Fünfi extra in den Arsch ficken und in den Mund spritzen«, präzisierte Laura. Auch sie war auf Jacqui höllisch sauer, weil sie durch den Engel viele Stammgäste verloren hatte.

Manchmal fand ich solches Gelaber witzig, manchmal dachte ich aber auch nur »Fotzenneid« und schüttelte den Kopf. Jacqui selber kriegte von unseren Gemeinheiten nichts mit. Wenn sie gerade nicht mit Kundschaft beschäftigt war, was nie länger als zwanzig Minuten dauerte, redete sie am Telefon mit ihrem Freund in Polen oder saß mit einem Wörterbuch am Küchentisch und versuchte, Deutsch zu lernen.

Manchmal fragte sie uns nach der richtigen Aussprache, und wenn wir nicht gerade fies drauf waren und ihr absichtlich was Falsches erzählten, halfen wir ihr auch.

Eines Tages saß Jacqui auf dem Bett, die blonde Mähne fiel sanft über die schmalen Schultern und die Kulleraugen waren ganz weit aufgerissen. »Stella«, fragte sie auf Englisch, »wieso sprechen hier alle im Radio andauernd über Sex? Ich höre immer nur ›Verkehr, Verkehr, Verkehr‹ – auf jedem Sender.«

Lena und ich bekamen fast Bauchschmerzen vor Lachen. Prustend versuchte ich ihr zu erklären, dass das Wort »Verkehr« im Deutschen auch mit Autos und Straßen zu tun hat. »Traffic, Jacqui. They are talking about the traffic on the highway.«

Die arme Jacqui konnte unseren hysterischen Lachausbruch nicht verstehen. Deutschland war für sie ein fremdes Land und sie konnte gerade mal ein paar Brocken Deutsch, meistens Arbeitsjargon wie »blasen«, »ficken« und »französisch total«.

Irgendwann im Laufe der Woche, das Zeitgefühl hatte ich längst verloren, kamen zwei Frauen aus Brasilien ins »Schmidt« – Neueinsteigerinnen. Die eine war groß, kaffeefarben und geschmeidig, wie man sich eben ein Mädchen von der Copacabana vorstellte. Nur wenn man ihr ins Gesicht schaute, sah man, dass sie schon um die vierzig war. Die andere war jünger, aber auch pummeliger und hatte schiefe Zähne.

Innerhalb einer halben Stunde wussten wir dank Laura alles über die beiden. Lorraine war gerade einkaufen, deshalb hatte Laura in Vertretung die Arbeitspapiere der Neuen kontrolliert. »Sie kommen aus Stuttgart und haben schon mal in Baden-Baden gearbeitet«, erzählte sie. »Ich verstehe nicht, was die hier wollen. Dort läuft es doch viel besser.«

Aber alles in allem war sie entspannter als bei anderen Neuankömmlingen, weil sie mit einem Blick sah, dass die beiden keine wirkliche Konkurrenz für sie darstellten. Laura war ja blond und hatte eine helle Haut.

»Und die soll Anfang dreißig sein?«, bemerkte Lorraine später über die ältere Brasilianerin, nachdem sie ein paar tiefe Züge von ihrer Zigarette genommen hatte. Somit waren die neuen Frauen mehr oder weniger abgestempelt und es war klar, dass sie innerhalb von zwei Tagen weg sein würden, entweder freiwillig oder von der Chefin vor die Tür gesetzt.

Gäste kamen an diesem Tag kaum, und wenn, dann meistens nur für fünfzig Euro. Ich hatte immerhin das Glück, dass ein Sturzbetrunkener zu mir kam, für anderthalb Stunden bezahlte und nur angezogen auf dem Bett lag, weil es ihm elendig ging und er sowieso nicht peilte, wo er war.

»Komm mal her, Süße«, röchelte er und ließ den Arm in meine Richtung fallen.

Ich setzte mich auf die Bettkante und harrte dort aus, ohne mich auszuziehen. Ich hielt die ganze Zeit bloß seine Hand, in seiner Hose tat sich nichts. Der Mann, schätzungsweise um die dreißig, trug einen Overall und dreckige No-Name Turnschuhe. Er kam wahrscheinlich von der Arbeit und hatte ein paar Bierchen zu viel gekippt. Ständig versuchte er, an meine Brustwarzen ranzukommen, doch ich saß weit genug von ihm entfernt und bewegte mich keinen Zentimeter, und zum Protestieren war er zu schwach.

»Wollen wir verlängern?«, fragte ich nach einer Weile, obwohl gerade vierzig Minuten um waren. Ich traute mich, weil ich wusste, dass Lorraine mit ihrer Ratte beim Tierarzt war. Normalerweise achtete sie nämlich, immer um den Ruf ihres Ladens bemüht, peinlich genau darauf, dass wir die Gäste nicht abzockten.

Der Mann holte mit letzter Kraft hundertfünfzig Euro aus seiner Tasche, für eine »zweite« Stunde. Zwanzig Minuten später war ich ihn schon los, ohne irgendetwas gemacht zu haben. Ich musste ihm lediglich helfen, die Schuhe anzuziehen, weil er in seinem Zustand nicht mal die Schnürsenkel greifen konnte.

Lena und ich freuten uns auf den letzten Tag bei »Schmidt«, der immer näherrückte. »Nur noch drei Tage in diesem Scheißknast«, sagte sie laut, als wir um neun Uhr morgens verschlafen in einem kleinen Café frühstückten. Der Kellner, ein Araber mit süddeutschem Akzent, schaute uns merkwürdig an. Er wunderte sich wahrscheinlich, warum wir kurz vor Weihnachten so genervt waren. »Ich halte dieses Kaff nicht mehr aus!«, rief Lena zum tausendsten Mal verzweifelt. Mit Blick auf Berlin war ihr Frust durchaus nachvollziehbar.

»Mir geht hier auch vieles auf den Keks«, stimmte ich zu. »Und das Geschäft läuft nicht wirklich gut. Außerdem habe ich es satt, sechzehn Stunden am Tag rumzusitzen. Was meinst du: Wollen wir nicht einfach abhauen? Ich habe ein paar Puffs angerufen, die in der Zeitung inseriert haben. In München sind noch zwei Plätze frei diese Woche. Ein Laufhaus, hundert Euro Miete am Tag, der Rest ist unser.«

In einem Laufhaus hatte ich noch nie gearbeitet. Es handelte sich dabei um ein Gebäude, bei dem unten die Tür offen stand und in jeder Wohnung mehrere Frauen saßen. Die Männer konnten einfach durchs Haus laufen und sich die Huren angucken, bevor sie eventuell eine auswählten. Dort zu stehen wie ein Stück Fleisch fand ich nicht gerade prickelnd, doch auf der anderen Seite schien es mir einträglicher als das, was sich hier in Freiburg tat.

Wir beschlossen, in der folgenden Nacht zu türmen, während alle schliefen, um keinen Ärger mit Lorraine zu bekommen. Sie hätte sicherlich Theater gemacht, wenn sie gewusst hätte, dass wir ohne Vorwarnung den Laden verlassen wollten. Immerhin hatten wir fest vereinbart, dass wir zwei Wochen bei ihr arbeiten würden.

Wir warteten also, bis alle Frauen im Bett waren, und wünschten allseits eine gute Nacht. Dann schmissen wir unsere Gegenstände in die Reisetaschen und schlichen auf Zehenspitzen in die frostige Novembernacht. Die Straßen waren menschenleer, wie in der Anfangsszene eines Horrorfilms, nicht mal Taxis gab es, und so mussten wir unser Gepäck zu Fuß zum Bahnhof schleppen.

Trotz meiner Müdigkeit fand ich die Situation faszinierend. Nachts irgendwo ausbrechen, das Echo unserer Schritte auf dem Kopfsteinpflaster, die Mondsichel über uns – das alles gab mir, zum ersten Mal seit langem, ein Gefühl von Leichtigkeit und Abenteuer. Für einen Augenblick vergaß ich, dass ich nur eine einfache Nutte war, die gerade von einem Bordell ins nächste floh.

Am Bahnhof tranken wir einen Kaffee. Außer uns war niemand im Wartebereich außer einem dicken Bahnangestellten, der sich auf die Bank neben uns setzte, die ganze Zeit gähnte und versuchte, uns in ein Gespräch zu verwickeln. Als frühmorgens der erste Zug Richtung München kam, stiegen wir ein, erschöpft und froh, Lorraine und ihr Irrenhaus hinter uns gelassen zu haben.

»Auf Nimmerwiedersehen, Freiburg«, flüsterte Lena bereits im Halbschlaf, als die Wagen anfingen, langsam über die Gleise zu rollen. Auch ich schlief sofort ein.

In München waren wir im Burger King am Hauptbahnhof mit Lars verabredet, dem Mann, mit dem ich telefoniert hatte und der uns abholen wollte. Er lief mehrmals an uns vorbei, ohne dass wir ihn erkannten. In der Menge gutgekleideter, nach Aftershave riechender Münchner Geschäftsleute sah er aus wie ein Rentner aus Texas, der sich verlaufen hatte. Er war dick, mit kleinen Augen, die in den speckigen Falten seines Gesichts verschwanden, und trug einen dunkelblauen Trainingsanzug und Sneakers, die einmal weiß gewesen waren.

Nach einer hastigen Begrüßung führte Lars uns zu seinem Wagen – überraschenderweise handelte es sich um einen gelben Pontiac mit Ledersitzen, und Lars gab während der Fahrt auch ordentlich Gas. Nebenbei erklärte er uns die Geschäftsbedingungen. »Hundertfünfzig Euro Miete am Tag für das Zimmer, der Rest ist euer Geld. Die Werbung müsst ihr auch alleine bezahlen, ich kann euch aber die Nummer von einem Kumpel geben, der setzt euch für fünfzig Euro die Woche in ein Internetportal«, erklärte er.

»Klingt gut«, flüsterte ich Lena zu. »Wenn wir jeden Tag sechs-, siebenhundert Euro einnehmen, also etwa wie in Freiburg, kannst du dir ausrechnen, wie viel wir hier in einer Woche verdienen können. Auf jeden Fall besser als bei der Hexe Lorraine.«

Wir quatschten mit Lars über den Puff in Freiburg und er staunte über die Arbeitsbedingungen. »Was? Ihr durftet nicht raus während der Arbeitszeit? Das ist ja Zuhälterei. In Bayern hätte ich sofort eine Anzeige am Hals. Apropos, ihr müsst euch hier als Prostituierte registrieren lassen, das ist die Voraussetzung, um in München arbeiten zu dürfen. Im Polizeirevier am Hauptbahnhof gibt es dafür eine spezielle Abteilung. Das macht ihr bitte gleich morgen, ich will keinen Stress. Bei uns läuft alles sauber«, sagte er, mit Betonung auf »bei uns«. Typisch Bordellbesitzer, dachte ich, jeder denkt, sein Laden ist der feinste, die anderen sind immer nur Dreck.

Das City-Apartmenthaus »Sunshine« war ein hässlicher Betonblock mit roter Fassade und kleinen, viereckigen Fenstern mit roten Jalousien. Er lag in der Nähe des U-Bahnhofs Westend, außerhalb des Münchner Sperrbezirks, und erinnerte mich an eine Fabrik oder eine Kaserne; in der Umgebung gab es nur Lagerhallen und Schuppen. Im Erdgeschoss war eine dicke Tür aus Stahl, die offen stand, und eine einfache Treppe aus verrostetem Metall führte mehrere Stockwerke nach oben. In jeder Etage waren drei Wohnungen und an jeder Tür klebten große Fotos der Frauen, die dort arbeiteten. Jede hatte eine separate Klingel mit einer eigenen Melodie.

Wie ich den Bildern entnehmen konnte, waren fast die Hälfte der hiesigen Arbeitskräfte Transsexuelle mit langen Beinen, übertriebenem Make-up und Namen wie »Trixi« oder »Roxana«. Lena bekam den Mund gar nicht mehr zu. Lars lachte nur. »Die sind richtig gefragt«, bemühte er sich zu erklären. »Ich versuche, nicht zu viele gleichzeitig hier zu haben, sonst herrscht Zickenkrieg. Transen sind da viel schlimmer als Frauen.«

Im fünften Stock angekommen, öffnete Lars die Tür. Von einem breiten Flur gingen fünf Türen ab, zwei davon standen offen. »Eure Arbeitsräume«, sagte er. »Ihr habt Glück, dass zwei Mädels gestern frühzeitig abgereist sind, sonst wäre ich schon ausgebucht gewesen. Es ist Messezeit, da kann man richtig Kohle machen.« *

---

\* In den Messestädten wie Hannover und Frankfurt werben die Bordelle schon einen Monat vor den großen Messen mit Anzeigen wie »Verdienst garantiert«. In der Tat gibt es nichts Besseres für Huren als einsame, reiche Geschäftsmänner, die sich nach einem anstrengenden Tag entspannen wollen und nicht aufs Geld schauen müssen. Wobei man, wie immer im Rotlichtmilieu, nie vorhersagen kann, ob ein großes Ereignis in der Stadt auch wirklich mehr Gäste bringt. Bei der Fußball-WM 2006 in Deutschland etwa war das Geschrei in den Medien groß, als tausend Huren

Beide Zimmer sahen gleich aus. Neben einem Futon stand eine kleine Kommode mit einer Tischlampe aus Plastik, außerdem waren ein schwarzer Schrank mit Schiebetüren und zwei weiße Ikea-Regale vorhanden.

Nachdem Lars sich verabschiedet hatte, blieben wir in Lenas Zimmer und machten uns fertig für die Arbeit. Von unseren Kolleginnen bekamen wir an diesem Morgen vorerst nicht viel mit, erst nach drei Stunden kroch eine Frau verschlafen und ungeschminkt aus ihrem Nest und verschwand grußlos im Bad.

»Recht komische Arbeitszeiten«, bemerkte Lena, während sie zum tausendsten Mal die Fotos auf ihrem Handy anschaute.

»Ich finde es merkwürdig, dass wir hier schon so lange sitzen und es noch kein einziges Mal geklingelt hat, weder für uns noch für die anderen. Wo bleibt das sichere Geld?«, fragte ich laut.

Die anderen Frauen, die ebenfalls auf der Etage arbeiteten, zwei Ungarinnen, bekamen wir kaum zu sehen. Im Gegensatz zu uns waren sie komischerweise immer beschäftigt.

Insgesamt klingelten an dem Tag dann doch noch etwa zehn Männer bei uns, aber mit keinem wurden wir uns handelseinig. Darunter waren auch einige Ausländer, die versuchten, die Preise zu drücken – für dreißig, vierzig Euro

---

extra deswegen aus ganz Europa nach Berlin kamen. Sie glaubten, dass bei einem solchen Event ein großer Vedienst geradezu garantiert sein würde, da die Männer nach den Spielen meistens angetrunken und geil sein würden. Wie sich herausstellte, waren die Fußballtouristen allerdings keineswegs besonders darauf aus, ins Bordell zu gehen, und das Geschäft blieb während der ganzen Wochen nur durchschnittlich. Vielleicht hatten viele Fans auch schlicht und einfach ihre Frauen mitgebracht oder konnten jemanden auf den zahlreichen Partys abschleppen, die überall stattfanden.

wollten sie poppen, küssen und am liebsten auch Analsex. Noch während der Verhandlungen betatschten sie einen und wurden frech, wenn man sie letztendlich bat, zu gehen.

»Ich verstehe nicht, wieso die uns alle runterhandeln«, sagte ich zu Lena. Lars hatte uns versichert, dass das Minimum für eine Nummer fünfzig Euro sei. Und die Ungarinnen waren nach wie vor ständig auf Zimmer. »Ich denke, wir machen was falsch.«

Um Mitternacht waren wir frustriert und am Ende. Ich hatte bis dahin lediglich einen besoffenen Russen gehabt, der für zweihundert Euro eine Stunde lang mit dem Handy meinen Arsch fotografierte.

Als Lars kurz nach eins kam, um die Miete zu kassieren, zeigte er sich einsichtig ob der Tatsache, dass wir kein Geld für ihn hatten. Ich verschwieg, dass ich ein Zimmer gehabt hatte, denn ich wollte das bisschen, was ich verdient hatte, nicht abgeben.

Eine halbe Stunde, nachdem Lars wieder gegangen war, klingelte es mehrmals an der Tür. Als wir aufmachten, stand dort kein Mann, sondern eine ältere Frau und ein Junge mit vier Reisetaschen. Zuerst dachte ich, dass die Frau bei uns arbeiten würde, doch sie war viel zu alt, dick und insgesamt ungepflegt, außerdem roch sie nach ranzigem Fett und Zigaretten. Der Junge stotterte ein paar Worte in gebrochenem Deutsch, danach fing er an, in einer Fremdsprache, die ich nicht identifizieren konnte, mit seiner Mutter zu reden. Er war klein, zierlich und hatte starke Akne im Gesicht; ich schätzte ihn auf nicht älter als sechzehn.

Wie sich allerdings herausstellte, war er gerade achtzehn geworden, er hatte an diesem Tag Geburtstag. Als Beweis wedelte er mit einem rumänischen Pass vor meiner Nase herum und wollte unbedingt, dass Lena und ich die Angaben überprüften.

»Lars gesprochen, ich hier arbeiten. Ich bin achtzehn«, wiederholte er die ganze Zeit. Dabei redete seine Mutter die ganze Zeit auf ihn ein. »Dies ist ein Bordell. Hier wohnen nur Mädchen«, versuchte Lena mehrmals, ihn aufzuklären.

Nachdem wir zehn Minuten aneinander vorbeigeredet hatten, verschwand der Junge einfach mit einer kleinen Reisetasche im Bad. Wir gingen ebenfalls zurück in unsere Zimmer. Nach einer Stunde, wir waren gerade in der Küche, sahen wir ihn zu unserer großen Überraschung wieder. Er hatte jetzt einen Rock und hohe Schuhe an, war stark geschminkt und trug eine rote Perücke. »Transe«, flüsterte eine der Ungarinnen in mein Ohr und rollte mit den Augen.

Der neue Kollege war ziemlich schüchtern, saß einfach da und schaute fern, ohne ein Wort zu sagen. Jemand erzählte, dass er ein Rumäne sei, der seit seinem fünfzehnten Lebensjahr anschaffen ging. Er nenne sich Tracy und müsse das verdiente Geld seiner Mutter aushändigen. Die Schwester habe ebenfalls schon bei Lars gearbeitet. »Holla, die Waldfee«, war Lenas einziger Kommentar, dann drückte sie ihre Zigarette aus und wir legten uns zusammen in ihr großes Bett.

Ich war gerade mitten in einem angenehmen Traum, als mich laute Stimmen aus dem Schlaf rissen. Für eine Sekunde dachte ich, ich sei in Berlin und Ladja liege neben mir, doch dann erkannte ich Lenas blonde Haare und die Umrisse ihres Gesichts. Ich hörte eine Frau brüllen und stumpfe Geräusche von Gegenständen, die auf den Boden fielen, danach drei laute Knalle, die sich anhörten, als ob im Zimmer nebenan jemand erschossen würde. Lena atmete gleichmäßig neben mir. Ich fing an zu zittern und wusste nicht, was ich machen sollte. Die Tür unseres Zimmers war nicht abgeschlossen und der Lärm kam vom Flur. In Panik stand ich auf und wollte durch das Guckloch die Situation beobachten, doch erneute Schreie mehrerer Menschen hielten mich davon ab.

Ich überlegte einen Augenblick, die Polizei anzurufen, doch mein Handy lag in meiner Jacke, die ich dummerweise im Flur gelassen hatte. Dann wurde es leiser. Schließlich wurde eine Tür heftig zugeschlagen und es war still. Ich wartete noch eine Weile ab, aber irgendwann schlief ich wieder ein.

Am nächsten Morgen stand die Sonne schon hoch am Himmel, als ich aufwachte. Es war eine blasse Wintersonne, die keine Wärme spendete, aber ich war froh, überhaupt Licht zu sehen. In den Gemeinschaftsräumen fanden wir unsere Sachen so vor, wie wir sie am Abend davor zurückgelassen hatten, so dass ich kurz dachte, alles, was ich gehört hätte, sei nur ein Alptraum gewesen. Lena hatte von dem ganzen Theater nichts mitbekommen und schaute mich verwundert an, als ich sie darauf ansprach.

Auf dem Weg ins Bad traf ich eine Ungarin, die verstört und ängstlich wirkte. Ich fragte sie nach dem Tumult von gestern Nacht, doch sie wollte gar nicht über das Geschehene reden. »Vergiss es«, war ihr einziger, unfreundlicher Kommentar, bei dem sie mir nicht mal in die Augen blickte.

Als ich mir später in der Küche ein Brot schmierte, kam Tracy, der rumänische Transsexuelle, und setzte sich neben mich. Er beobachtete mich eine Weile, ohne etwas zu sagen, dann stand er auf, ging ans Fenster und redete ungefragt über die Ereignisse der Nacht. Sein Deutsch erwies sich als viel besser als noch am Abend zuvor.

Wie sich herausstellte, hatten zwei besoffene Araber gegen zwei Uhr geklingelt und sich zwei Mädels herausgesucht, jeweils für eine halbe Stunde. Einer war allerdings so betrunken, dass er keinen hochbekam. Als das Mädchen ihn darauf aufmerksam machte, dass die Zeit um war, rastete er aus: Alles sei ihre Schuld, der Service wäre schlecht gewesen, und er verlange noch mal eine halbe Stunde kostenlos. Sie weigerte sich natürlich, und als sie aus dem Zimmer gehen wollte, schmiss er sie gegen die Wand und würgte sie. Sie konnte sich in letzter Sekunde befreien und flüchtete schreiend in den Flur, wo der Besoffene anfing, alles umzuschmeißen und zu zerstören, was sich in seinem Weg befand. Sein Kumpel versuchte vergebens, ihn zu beruhigen, und die Mädchen rannten nur noch hysterisch herum und schrien wie am Spieß. Der Typ zog schließlich seine Knarre raus und schoss in die Luft, was für zusätzliche Panik sorgte. Bald versammelte sich das ganze Laufhaus vor der Tür, auch Lars kam und kriegte beim Versuch, den Streit zu schlichten, seinerseits eins auf die Nase. Schließlich kam jemand auf die Idee, die Bullen anzurufen, woraufhin die beiden sich rasch vom Acker machten und eine verwüstete Wohnung hinterließen.

»Ich habe mich sowieso gewundert, dass es hier keine Security gibt. Und unten die Tür ist die ganze Zeit offen, so dass jeder reinkommen kann«, meinte Lena. Sie hatte jahrelang im Rotlichtmilieu gearbeitet, meistens als Barfrau in Clubs, und versicherte mir, in Berlin würde niemand ein Nachtgeschäft aufmachen, ohne die nötige Sicherheit zu gewährleisten.

»Was machen wir hier eigentlich?«, fragte ich, während Lena und ich allein in der Küche ein Brathähnchen mit Pommes zum Frühstück verspeisten.

»Ich will nur noch nach Hause«, sagte Lena.

Wir warteten, bis die Ungarinnen beschäftigt waren, dann nahmen wir unsere Taschen und liefen unauffällig die Treppe hinab. Als wir weit genug vom Laufhaus entfernt waren, konnte ich endlich aufatmen. Obwohl es ein kalter Novembertag war, lief mir Schweiß den Rücken hinunter.

Lena, bei der ganzen Aktion cool wie immer, zündete sich eine Kippe an und lachte. »An diesen Trip werde ich mich noch lange erinnern«, sagte sie.

In der Mitfahrzentrale gab es erst am Abend zwei gemeinsame Plätze nach Berlin. Das Auto, das schon in einer Stunde abfahren sollte, hatte nur einen Platz frei.

»Fahr du, du hast Kinder, die auf dich warten«, bot ich Lena an.

»Sicher?«

»Ich wollte sowieso noch durch München bummeln«, sagte ich.

Tatsächlich stieg ich in einen der Touristenbusse am Hauptbahnhof und schaute mir die Sehenswürdigkeiten an: den Marienplatz, die Maximilianstraße, den Viktualienmarkt, die Frauenkirche. In einem bayerischen Restaurant aß ich krustigen Schweinebraten mit Semmelknödeln. Nachdem ich bezahlt hatte, telefonierte ich mit Ladja und teilte ihm mit, dass ich erst nach Mitternacht zu Hause sein würde.

»Schade«, sagte er, seine Stimme klang traurig. »Ich wollte mit dir zu einer Geburtstagsparty im Kiez gehen.«

»Ein anderes Mal«, murmelte ich.

»Noch was«, sagte Ladja leise.

»Was denn?«

»Hast du deine Regel bekommen?«

»Nein.«

Kurz vor meiner Abreise hatte ich mich morgens zweimal übergeben und ihm davon erzählt. Seitdem hatte ich keinen Gedanken an meine Monatsblutung verschwendet, zu viel war in den letzten Tagen passiert. Doch nun fiel es mir wieder ein: Ich war seit zwölf Tagen überfällig.

»Kauf dir einen Schwangerschaftstest«, bat er mich am Ende des Gesprächs.

Ich hatte vor der Abfahrt noch eine Stunde Zeit, schlenderte gemütlich zur nächsten Apotheke und ließ mir einen Test geben. Ich zwang mich, nicht daran zu denken, wie er ausgehen könnte – zu stark waren die schrecklichen Erinnerungen an die Erlebnisse in der Schweiz ein Jahr zuvor.

Als wir während der Fahrt nach Berlin eine Zigarettenpause an einer Raststätte machten, ging ich aufs Klo. Der Schwangerschaftstest bestand, wie immer, aus einem weißen Stab nebst zwanzig Seiten Bedienungsanleitung in jeder Sprache der Welt. Draufpinkeln, zwei Minuten warten – ein blauer Strich auf dem Stab hieß negativ, Entwarnung, auch diesmal hast du Schwein gehabt; zwei Striche hießen positiv, bingo, du hast es geschafft, dein Leben wird nie mehr so sein wie früher.

Während ich das Ergebnis abwartete, starrte ich in die Luft und zog hastig an einer Zigarette. Zum Glück war ich allein auf der Toilette. Es erschien mir wie eine Ewigkeit, doch dann waren die zwei Minuten endlich um. Zwei Striche! Ich war wieder schwanger …

# 10

## OH WUNDER

Als ich in Berlin vor meiner Haustür stand, war ich euphorisch und müde zugleich. Am liebsten hätte ich Ladja sofort erzählt, dass er Vater werden würde, aber als ich ankam, lag er schlafend vor dem Fernseher. So erfuhr er erst am nächsten Morgen davon. »Ich muss zum Arzt«, sagte ich ihm, und nach einer Pause: »Ich denke, ich bin schwanger.«

Er machte einen auf cool und zeigte keine Regung, doch ich merkte, dass seine Hand ein wenig zitterte, als er den Kaffee in die Tasse goss. »Dann geh mal schnell«, war alles, was er sagte. So gut, wie ich ihn mittlerweile kannte, spürte ich die Angst und die Freude, die sich hinter der lapidaren Reaktion versteckten.

Der Frauenarzt hatte seine Praxis keine zweihundert Meter von unserer Wohnung entfernt, doch auf dem Weg dorthin nahm ich kaum irgendetwas um mich herum wahr. Ich merkte nicht mal, dass es angefangen hatte zu schneien, nur, dass mein Pullover nass und weiß war, als ich in der Praxis ankam.

»Ich habe gestern einen Schwangerschaftstest gemacht und er war positiv«, platzte ich schon am Empfang heraus.

»Dann setzen Sie sich einfach in den Warteraum«, sagte die Assistentin ungerührt. Sie schien meine Aufregung nicht zu verstehen, aber es war ja auch nicht ihr Bauch, in dem möglicherweise gerade ein neues Leben begann. »Es dauert sicher ein bis zwei Stunden, bis Sie dran sind«, fuhr sie fort. Mir war das ziemlich egal.

Im Wartezimmer saß noch eine Schwangere. Sie war Mitte dreißig und flüsterte ihrem Partner dauernd etwas ins Ohr, während er zärtlich ihren Bauch streichelte. Nebenan kicherten zwei Mädchen um die achtzehn, beide mit Pullis, die nicht mal zum Bauchnabel reichten, rotem Lippenstift und grausamen, rosa Plüschstiefeln.

Ich betrachtete die Infobroschüren: *Pille: ja oder nein?*, *Fit durch die Wechseljahre*, *Blasenschwäche: Was tun?* und so weiter. Das Ganze war etwas deprimierend. Ich hatte Krankenhäuser und Arztpraxen nie gemocht, sie erinnerten einen daran, wie schwach und verwundbar unser Körper war, und seit dem Erlebnis in der Schweiz verabscheute ich diese Orte noch mehr.

»Mal sehen«, sagte der Arzt in ruhigem Ton, als ich endlich dran war. Es war nicht das erste Mal, dass ich bei ihm war, und ich mochte seine Art. Er war groß, hatte kräftige Hände und rote Pausbacken und erinnerte mich mehr an einen Bäcker als an einen Gynäkologen.

»Ah, da haben wir es«, fuhr er fort und zeigte auf das Display des Ultraschallgeräts.

Ich bemühte mich, irgendwas zu erkennen, doch ich sah nur jede Menge weißer und grauer Punkte, die kein Bild ergaben.

»Dort«, zeigte er mit dem Finger, »der kleine, weiße Fleck, sehen Sie? Ein Millimeter Länge – sechste Schwangerschaftswoche.«

Ich war sprachlos und konnte meinen Blick nicht vom Monitor nehmen. Zugegeben, die erste Begegnung mit dem eigenen Kind stellt man sich ein wenig anders vor, in dem Punktehaufen war noch keine menschliche Form zu erkennen. Und doch war es für mich mein Baby.

Wieder tauchten die Erinnerungen an die Klinik in Zürich auf, doch diesmal, zum ersten Mal, waren es nur noch Geister der Vergangenheit. Das Schicksal hatte mir eine neue Chance gegeben und ich fühlte mich einfach glücklich. Ich würde mein Kind bekommen, es lieben und groß werden sehen, so viel stand fest, und alles andere war mir im Moment egal. Dass ich mein Studium noch nicht beendet und kein Geld hatte, störte mich diesmal kein bisschen. Ich habe es bisher immer irgendwie geschafft, sagte ich mir. Das Ganze war gegen jede Vernunft und jede Lebensplanung, die ich vorher gehabt hatte, auch gegen alles, was mir meine Eltern versucht hatten einzuimpfen. Vorbilder hatte ich auch nicht: Nur wenige Frauen studierten Mathematik und keine von denen, die ich kannte, hatte Kinder. Ich kam mir in diesem Moment plötzlich viel älter und reifer vor. Das Schicksal hatte angeklopft und ich fühlte mich stark genug, es anzunehmen. So wurde man erwachsen, oder?

Auf dem Weg nach Hause fielen mir ein paar Schulkinder auf, die sich mit Schneebällen bewarfen. Ich stellte mir vor, an einem schönen Wintertag mit meinem kleinen Jungen rodeln zu gehen, ihm die Welt in einfachen Worten zu erklären und auf dem Weg nach Hause für uns beide heiße Schokolade zu kaufen. Allein diese Gedanken waren ergreifend und völlig anders als alles, wovon ich bislang geträumt hatte.

Ladja saß auf der Couch und schaute die Nachrichten im Fernsehen: Wintereinbruch in Deutschland, Verkehrsunfälle, eine Geiselnahme im Irak.

»Ich bin schwanger – definitiv«, rief ich, noch bevor ich die Jacke ausgezogen hatte.

Er sagte eine Weile nichts. »Ich glaube, ich muss darüber schlafen«, murmelte er schließlich und verzog sich ins Schlafzimmer. Ich nahm es ihm nicht übel, da ich ohnehin lieber allein sein wollte.

Arbeiten zu gehen kam für mich heute nicht in Frage und so rief ich in der »Oase« an und meldete mich krank. »Eine schlimme Grippe«, röchelte ich. »Ich glaube, ich werde die ganze Woche im Bett liegen.«

Der Gedanke, mit fremden Männern ins Bett zu gehen, schien mir plötzlich richtig ekelhaft. Bis zu dem Zeitpunkt hatte ich das Rammeln der Freier über mich ergehen lassen und meinen Körper dabei als Lust- und Geldquelle betrachtet. Doch jetzt war er mit einem Mal das Haus eines kleinen, ungeschützten Wesens und ich hatte Angst, dass ihm etwas passieren könnte.

In den folgenden Tagen nahm eine tiefe Antriebslosigkeit von mir Besitz. Ich ging nicht in die Uni, aß den ganzen Tag Cornflakes mit Milch, schaute alte Filme wie »Der Pate« und »Dirty Dancing« an und versank immer wieder in Gedanken. Werden Ladja und ich zusammenbleiben? Werden wir gute Eltern sein? Werde ich mein Studium, meine Jobs als Hure, meinen späteren Beruf und das Kind unter einen Hut kriegen? Was sollte mit mir und Milan werden?

Nach einer Woche beschloss ich, vorerst nicht mehr in die »Oase« zu gehen. Trotz Torstens Vorhersagen war die Vorweihnachtszeit, normalerweise die beste Zeit des Jahres, total mies gelaufen. Man war schon froh, wenn man hundert Euro am Tag zusammenbekam.

Ich rief an, aber es hob niemand ab, obwohl es vierzehn Uhr war. Nach mehreren Versuchen gab ich auf und überlegte, dass vielleicht eine Grippewelle den Laden lahmgelegt hatte. Am späten Abend bekam ich jedoch eine SMS von Jana: »Die ›Oase‹ ist für immer zu«, stand da.

»Machst du Witze?«, fragte ich sie am Telefon.

»Nein. Torsten hat mir gestern deswegen eine Nachricht geschickt. Er meinte einfach, dass es sich nicht mehr lohnen würde, die Kosten seien zu hoch und die Umsätze zu niedrig. Im letzten halben Jahr habe er eine Menge Kohle verloren.«

Die Schließung der »Oase« beschäftigte mich den ganzen Tag. Der Laden war für uns alle nicht nur ein Arbeitsplatz gewesen, sondern ein Ort, an dem man irgendwie auch gerne war, weil immer jemand da war, mit dem man quatschen konnte. Immerhin machte mir diese Entwicklung die Entscheidung, vorerst mit dem Anschaffen aufzuhören, noch leichter.

In der Uni gratulierten mir meine Kommilitonen zu meiner Schwangerschaft. Für die meisten von ihnen war es undenkbar, zu so einem frühen Zeitpunkt im Leben Kinder zu bekommen. Bei ihnen hatten das Studium, Praktika oder Reisen während der Semesterferien erst mal Priorität.

»Mensch, ein Kind zu haben ist sicher was Schönes, aber wie willst du das machen mit dem Studium? Einfach ist das sicher nicht«, meinte Paul, ein junger Mann, mit dem ich mich öfters zum gemeinsamen Lernen getroffen hatte. Er hatte an der Uni einen Job als Tutor und schrieb gerade seine Diplomarbeit in Kooperation mit einer niederländischen Universität.

»Irgendwie werde ich es schon schaffen. Mein Mann wird mir mit dem Baby helfen«, antwortete ich nachdenklich.

Noch am selben Tag meldete ich mich beim Prüfungsamt für zwei schwere Prüfungen an. »Jetzt, wo du Mutter wirst, ist es noch wichtiger, dass du dein Studium so schnell wie möglich fertig machst«, sagte ich mir.

Es gab jedoch ein paar praktische Probleme, die unbedingt gelöst werden mussten. Es fing schon mit unserer Bude an: kaputte Steckdosen, undichte Fenster, Schimmel im Bad und in der Küche, die alten Tapeten fielen fast von den Wänden. Außerdem wohnten wir in Moabit, einem der heruntergekommensten Viertel Berlins. Kaum hatte man das Haus verlassen, wurde man von Jugendlichen, Besoffenen oder Dealern angepöbelt. Telefonzellen und Wartehäuschen an den Bushaltestellen wurden regelmäßig demoliert, überall roch es nach Pisse und Hundehaufen und nicht selten gab es Randale zwischen Jugendgangs.

Bisher war mir meine Wohnlage egal gewesen, da ich ohnehin kaum zu Hause war, doch für mein Kind wollte ich etwas Besseres. Ladja war derselben Meinung und nach vielen Anrufen und Besichtigungsterminen wurden wir tatsächlich fündig: eine Drei-Zimmer-Wohnung im nördlichen Prenzlauer Berg, die Anfang des kommenden Monats frei werden sollte, bei bezahlbarer Miete. In der Nähe gab es einen großen Park, alte Eichen säumten die Wege. Ladja entdeckte sogar einen kleinen Igel unter einem Gebüsch.

Es gab nur ein Problem: Uns fehlten tausend Euro für die Mietkaution. In der alten Wohnung hatten wir nämlich gar keine Kaution hinterlegen müssen.

»Wir müssen zum Arbeitsamt gehen«, schlug Ladja vor. »Ich habe jetzt eine schwangere Frau zu ernähren, sie müssen uns diesmal helfen.«

»Die Kaution werden sie aber nicht übernehmen«, antwortete ich halbherzig und dachte nach. Selbst wenn ich noch ein paar Wochen in irgendeinem Laden in Berlin anschaffen würde, diese Summe könnte ich nie verdienen. Ziemlich ratlos fuhr ich nach Hause.

Kurze Zeit später klingelte mein Handy: Es war Mimi aus der »Oase«, die sich mit mir über die Neuigkeiten unterhalten wollte. Nachdem sie mir zu meiner Schwangerschaft gratuliert hatte, fragte sie mich, ob ich nicht Lust hätte, nach Bayern zu fahren. Ein Laden, in dem sie gearbeitet hatte, suchte eine Wirtschafterin, die für vierzehn Tage einspringen sollte. »Du kümmerst dich um das Telefon und um die Abrechnungen und kriegst dafür hundert Euro am Tag. Ich hätte es gern gemacht, aber ich bin zur Zeit in einer ABM vom Job-Center. Auf Zimmer kannst du auch gehen, wenn du willst – dein Bauch ist ja noch nicht so dick, dass man etwas merken würde.«

Ich hatte wirklich keine Lust, noch einmal wegzufahren, besonders jetzt, wo ich ein Kind erwartete. Auf der anderen Seite rechnete ich doch nach, wie viel ich in diesen zwei Wochen als Wirtschafterin verdienen konnte.

»Tausendvierhundert Euro. Damit können wir die Kaution zahlen und es bleibt sogar was übrig für die Erstausstattung«, erklärte ich Ladja beim Abendessen. Er war natürlich dagegen, dass ich in meinem Zustand nach Bayern fuhr. »Wir sollten einfach zum Sozi gehen, dein blöder Stolz nutzt uns diesmal nicht«, meckerte er.

Seinen Segen gab mir Ladja erst ein paar Tage später, als wir einen Anruf von der Hausverwaltung bekamen: Wir könnten die Wohnung haben. Als ich diese Worte hörte, sprang ich hoch und umarmte Ladja. Er kaufte eine Flasche Sekt und wir stießen auf unser neues Domizil an. Ich trank nur symbolisch einen Schluck – seit ich wusste, dass ich schwanger war, hatte ich dem Alkohol abgeschworen. Nun gab es allerdings keine Zweifel mehr, dass ich nach Bayern fahren musste, denn wir brauchten die Kohle dringend und auf das Amt war kein Verlass, zumindest musste man bekanntlich mindestens einen Monat warten, bis man von dort etwas überwiesen bekam.

Bislang hatte Ladja die meiste Zeit so getan, als würde er nichts davon mitbekommen, dass ich unser Geld vor allem damit verdiente, indem ich mit anderen Männern schlief. Im Grunde genommen wusste er aber Bescheid und verdrängte die Tatsache, dass seine Ehefrau anschaffen ging.

Nun aber, da ich schwanger war, wollte er ausdrücklich wissen, ob ich dies auch in Rosenheim tun würde.

Ich versicherte Ladja, dass ich dort auf keinen Fall ficken würde. Diesmal stimmte es wirklich – ich sollte in dem Puff ja nur als Wirtschafterin arbeiten.

Am selben Tag noch telefonierte ich mit der Chefin des Ladens, einer hysterischen Ziege, die mich an Lorraine aus Freiburg erinnerte. Sie beschwerte sich schon am Telefon die ganze Zeit nur über die unmöglichen Frauen, die die Gäste vergraulten und nichts auf die Reihe bekamen, und lästerte über alle möglichen Leute, obwohl wir uns noch gar nicht kannten. Anscheinend haben viele Bordellbesitzerinnen einen Schuss weg, dachte ich. Ich musste ihr versprechen, so schnell wie möglich nach Rosenheim zu kommen.

Der Abschied von Berlin war mittlerweile Routine. Zwei Tage später saß ich entspannt in einem Zug Richtung Süden, trank Milchkaffee und hörte Musik auf meinem MP3-Player. Ich genoss es diesmal richtig, durch das Fenster die Städte im Eiltempo vorbeirauschen zu sehen, und stellte mir vor, wie es wäre, da oder dort zu leben. In Erfurt stieg ein junger Mann ein, ein Arzt, der gerade an einem Kongress teilgenommen hatte, und wir plauderten miteinander, bis der Zug in München eintraf, wo ich Richtung Rosenheim umsteigen musste.

Rosenheim war nicht groß und sah aus wie jede andere deutsche Kleinstadt. Ich lief die Bahnhofstraße entlang und fand das, was ich erwartet hatte: rechts die Post, links eine Apotheke, ein paar Meter weiter die unvermeidlichen Drogerie- und Supermarktfilialen. Irgendwann kam ich zu einem Platz, der von Altbauten im Rokoko-Stil umgeben war, in der Mitte plätscherte ein Brunnen.

Außer mir war weit und breit niemand zu sehen. Nach

fünf Minuten gelangte ich zu der Hausnummer, wo sich der Puff befinden sollte, doch ich sah nur ein Gebäude mit weißer Fassade, auf der ein großes hölzernes Kreuz prangte. Ich schaute auf den Stadtplan, den ich mir in Berlin ausgedruckt hatte, doch ich stand tatsächlich am richtigen Ort. Ein bisschen verwirrt lief ich ein paar Meter weiter und betrat eine kleine Weinstube, in der noch Licht brannte. Hinter der Theke stand ein junger Mann, der mich überrascht anschaute, als ich mit meinem Koffer hereinkam.

»Ich suche einen Laden, der ›Mond‹ heißt, eine Art Nachtclub«, flüsterte ich ihm zu und versuchte, dabei nicht zu erröten. Auf seinem Gesicht deutete sich ein Lächeln an.

»Ah, du meinst den Puff«, sagte er mit starkem bayerischem Akzent. »Hier nebenan, kann man nicht verfehlen.« Er zeigte durchs Fenster auf das Haus, vor dem ich eben gestanden hatte. Ich schaute ihn perplex an.

»Lass dich nicht vom Kreuz stören, dort haben früher Nonnen gewohnt«, erklärte er, als sei dies das Normalste der Welt, und wischte dabei einen kleinen Tisch am Eingang.

Ich bedankte mich, lief zurück zu besagtem Kloster und musste ein wenig lächeln: Du wirst mal Nonne, hatte meine Großmutter immer gesagt, weil ich mit siebzehn noch keinen Freund gehabt hatte …

Ein Mann mit zerzausten grauen Haaren öffnete auf mein Klingeln die Tür. Er trug Nachthemd und Badelatschen und ließ mich ein.

»Kennst du Evelyn?«, fragte er mit einem undefinierbaren osteuropäischen Akzent, während ich meine Jacke auszog und meinen Koffer in die Küche trug.

»Nur vom Telefon«, erklärte ich.

»Hoffentlich triffst du sie nie in deinem Leben wirklich – verrückt ist gar kein Ausdruck für diese Frau. Die ist echt reif für die Nervenklinik.«

Ich hakte nicht nach und ließ mich auf einen Stuhl in der Küche fallen, da ich von der Fahrt ziemlich erschöpft war.

Im Laufe des Abends lernte ich die ganze Besatzung kennen. Die meisten Frauen hier waren Russinnen, Polinnen oder Tschechinnen, insgesamt zehn an der Zahl. Die einzige Deutsche hieß Julia, doch alle nannten sie »Rosenrot«, weil sie ihre Lippen immer auffällig rot schminkte, dabei unglaublich blass war und pechschwarze Haare hatte.

Schon in den ersten Minuten kriegte ich mit, wie viel Mühe es kostete, Ordnung in diesem Laden zu halten. Es gab immer einen Grund für Auseinandersetzungen, meistens ging es um Kleinigkeiten: Mal setzte sich eine Frau auf einen Stuhl, wo eine andere schon gesessen hatte, mal wechselte jemand die CD in der Stereoanlage und alle anderen fanden die Musik scheiße. Besonders gerne keilten sich die Polinnen mit den Russinnen oder mit den Tschechinnen und umgekehrt, und jede hielt natürlich zu ihren Landsleuten. Meistens flogen nur Worte, zuweilen aber auch Schuhe oder Bücher, wenn alle zu viel getrunken hatten.

Kolja – so hieß der Geschäftsführer – lehnte sich in diesen Fällen meist gegen den Türrahmen und beobachtete das Geschehen, als handele es sich um ein Formel-1-Rennen. Mehr als auf das Thema der jeweiligen Streitereien achtete er dabei auf die Brüste, die in den Push-up-BHs oder in Corsagen eingequetscht waren und besonders stark schaukelten, wenn die Mädchen aufgeregt durch den Raum rannten. »Ach, Mädels, keine Aufregung, das Leben ist schön«, sagte er dann nur und lächelte. Niemand beachtete ihn sonderlich.

Schon am ersten Abend bekam ich Kopfschmerzen von dem ganzen Geschrei und versuchte ständig, zu schlichten. »Sind wir hier im Kindergarten oder wie? Können wir es nicht schaffen, ohne Zickereien vernünftig miteinander umzugehen?«, rief ich irgendwann genervt. Ich staunte nicht wenig über meinen Mut, denn früher war ich in einer neuen Umgebung immer erst mal ziemlich schüchtern gewesen. Doch durch die inzwischen jahrelange Tätigkeit im Puff hatte ich anscheinend Übung im Umgang mit Fremden bekommen.

Ausgerechnet von Rosenrot bekam ich Rückendeckung. Als einzige Deutsche hier hatte sie bisher niemanden gehabt, der für sie Partei ergriff, vermutlich suchte sie in mir eine Verbündete. Die anderen Frauen schwiegen betroffen und schauten auf den Boden. Dann meldete sich eine nach der anderen zu Wort und die Idee eines dauerhaften Friedens wurde allgemein für gut befunden. So schrieben wir kurz nach Mitternacht ein paar Regeln für das Zusammenleben auf einen Zettel, jede in ihrer Muttersprache und dann auf Deutsch. Das Blatt fixierten wir mit einem Magneten am Kühlschrank, so dass auch jede neue Kollegin es gleich lesen konnte. Es ging dabei um elementare Dinge wie »Frag erst mal, bevor du irgendwas isst, was nicht dir gehört« oder »Wasch ab, wenn du gekocht hast«. Das letzte Mal hatte ich so etwas in der Grundschule gemacht, erinnerte ich mich und musste lachen. Vielleicht war das eine gute Vorbereitung für mein Leben als Mutter.

Am nächsten Tag reiste Kolja ab, er fuhr nach Passau zu seiner ältesten Tochter. Er hatte sechs Kinder aus vier verschiedenen Beziehungen, wie er mir erzählte, das jüngste war gerade fünf Jahre alt. »Frauen sind so kompliziert, doch leider kann ich nicht die Finger von ihnen lassen«, seufzte er. Als ich ihm im Gegenzug sagte, dass ich schwanger war, umarmte er mich fest.

In Rosenheim war es nicht besser als in Freiburg oder München. Der größte Teil der Arbeitszeit bestand daraus, auf Freier zu warten. Um der Langeweile zu trotzen, tauschte ich mit den anderen Mädchen Bordellerfahrungen aus.

»Letzten Monat war ich in einem Club in Köln, da ist mir was Unglaubliches passiert«, erzählte eine der Polinnen. »Ein Typ wollte von mir eine dominante Nummer, aber auf Schläge und so was stand er gar nicht. Er sagte, ich sollte eine Rose besorgen.«

Alle schauten sie erwartungsvoll an.

»Wisst ihr was? Ich musste ihm die Blume in den Arsch stecken, den Stiel meine ich, mit Dornen und allem, so dass nur noch die Blüte hinten rausschaute. Damit ist er auf allen vieren durch den Barraum gelaufen – ›Ich bin eine Blumenvase!‹, hat er geschrien. Und er war nicht mal besoffen! Die Leute sind echt nicht mehr normal«, seufzte sie und drehte einen Eierkuchen in der Pfanne. Die anderen Frauen lachten und schüttelten den Kopf. Gleich darauf meldete sich eine der Tschechinnen zu Wort:

»Ich habe mal in einem Bordell in Kassel gearbeitet, da ist was noch Ekelhafteres passiert«, erzählte sie langsam. »Ein Mann hatte sich am Telefon informiert, ob es möglich sei, Kaviar zu bekommen. Die Chefin sagte aus Spaß, das würde tausend Euro kosten – sie hätte nie damit gerechnet, dass er tatsächlich kommen würde. Am nächsten Tag stand er aber wirklich vor der Tür: ein hübscher Mann in Anzug und Krawatte mit dem Körper eines Sportlers. Erst wollte keine der Frauen so etwas Widerliches machen. Am Ende konnte er aber mit viel Geld doch noch eine überzeugen. Sie musste sich nur auf sein Gesicht hocken und in seinen Mund kacken, er hat sie nicht mal angefasst. Sie war davon so schockiert, dass sie eine Woche lang nichts essen konnte. Die Puffmutter war auch fassungslos, obwohl sie seit dreißig Jahren im Milieu war.«

»Sorry, aber jetzt habe ich auch keinen Appetit mehr«, sagte Rosenrot und schob angewidert ihren Teller mit Piroggen zur Seite.

»Da wir ja eh schon bei den krassen Sachen sind: Wisst ihr von dem Unfall, der hier mal passiert ist?«, fragte Chantal aus Kuba, die einzige schwarze Frau im Laden.

»Hier im Puff?«, fragte ich.

»Ja, damals hat Evelyn, unsere Chefin, noch selber gearbeitet. Ein älterer Stammgast von ihr ließ sich immer mit gespreizten Beinen auf den gynäkologischen Stuhl fesseln, dann sollte sie ihm einen blasen. Dabei trug er einen Cowboyhut auf dem Kopf. Eines Tages hatte er gerade mal wieder abgespritzt, sie hatte sich bereits angezogen und das Zimmer verlassen. Nach ein paar Minuten kehrte sie zurück, da lag er immer noch in dem Stuhl, mit dem Gummi auf dem schlaffen Schwanz, und bewegte sich nicht. Der Typ war immer langsam gewesen und redete nie viel, doch als sie ihn schüttelte und keine Antwort bekam, bekam sie einen Riesenschrecken.«

»War er tot?«, fragte ich fassungslos. Chantal nickte.

»Evelyn ist durch den Laden gerannt und hat wie am Spieß geschrien. Die Story stand am nächsten Tag in der lokalen Zeitung – keine gute Werbung für den Laden«, sagte Chantal und zündete sich eine Fluppe an. »Die Ehefrau wollte den Puff verklagen, das war aber natürlich nicht möglich. Immerhin war er freiwillig hier und ein gewisses Risiko besteht in diesem Alter immer.«

»Besser so sterben als mit Schläuchen im Arm und vollgepumpt mit Morphium im Krankenhaus zu krepieren«, kommentierte eine der Russinnen.

Vielleicht gibt es doch einen Gott, dachte ich – schließlich war das hier ja mal ein Kloster gewesen.

Während ich im Rosenheimer Puff rumsaß, die eingehenden Anrufe beantwortete und die Gäste einließ, musste ich natürlich weiter an mein Studium denken. Eine Programmieraufgabe für die Statistik-Veranstaltung musste dringend fertig gemacht werden – zum Glück hatte ich meinen Laptop mitgebracht. Mühsam versuchte ich, etwas davon auf die Reihe zu kriegen, während das Telefon ununterbrochen klingelte, und so kam ich nicht wirklich weiter. Eines Abends bekam ich Stress, als ich mit einem Kommilitonen aus der Gruppe telefonierte.

»Die anderen haben ihren Teil längst fertig. Es geht nicht, dass wir nur wegen dir alles auf den letzten Drücker machen müssen«, sagte er verärgert.

Ich entschuldigte mich und versprach, noch am selben Abend meine Aufgabe per E-Mail zu schicken, wenigstens gab es in diesem Puff bereits W-LAN.

Ich wollte auf keinen Fall aus dieser Gruppe rausfliegen und verfluchte die Tatsache, dass ich schon wieder im Bordell war und mein Studium vernachlässigte. Nach der Tagesabrechnung um zwei Uhr nachts saß ich weitere zwei Stunden vor dem Rechner, während die Mädchen schon längst schliefen. Die ganze Situation kam mir absurd vor und ich stellte mir vor, was meine bürgerlichen Mitstudierenden gesagt hätten, wenn sie gewusst hätten, dass ich gerade in der Küche eines Puffs in Bayern hockte und versuchte, meinen Teil der Übungsaufgabe zu bewältigen.

Jeden Abend telefonierte ich mit Ladja, aber ich hatte ihm, wie schon bei meinen letzten Gastspielen, nicht viel zu erzählen. Mein einziger Kontakt zur hiesigen Außenwelt war der tägliche morgendliche Spaziergang durch die Bahnhofstraße.

»Ich sitze grade im ›California‹«, sagte er eines Tages am Telefon. Ich war nicht sauer, dass er wieder mal in der Kneipe war, sondern dachte wehmütig an Milan. Ich hatte mich vor meiner Abreise nicht von ihm verabschiedet und von meinem Kind wusste er auch noch nichts. Als Ladja aufgelegt hatte, wählte ich mit zitternden Händen Milans

Nummer. Er meldete sich erfreut. Wir quatschten eine Weile über das Wetter und über ein paar Bekanntschaften aus dem Kiez, doch dann kam das Thema auf mich. Widerwillig erklärte ich ihm, dass ich in Bayern war, um Kohle für meine neue Wohnung zu beschaffen. Er brachte keinen Ton raus, doch ich wusste, dass ihm das nicht gefiel. Er ermahnte mich von jeher, dass ich mich mehr auf das Studium konzentrieren sollte.

»Diesmal ist es wirklich das letzte Mal«, verkündete ich euphorisch.

»Das sagst du doch immer«, erwiderte er.

»Nein, diesmal ist es anders.« Ich machte eine lange Pause und atmete tief durch, dann endlich sagte ich meinem Liebhaber die Wahrheit. »Ich bin schwanger.«

Am anderen Ende der Leitung hörte ich das Klirren von Glas und Stimmen im Hintergrund, dann brach die Verbindung ab. Ich fragte mich, ob er absichtlich aufgelegt hatte und was ich ihm erzählen sollte, falls er mich zurückrufen würde.

»Der Typ ist doch ein Feigling. Er würde nie zu dir stehen, selbst wenn das Kind von ihm wäre«, sagte Rosenrot, die ich über meine Situation informiert hatte. Im Puff dauerte es nie lange, bis man voneinander Bescheid wusste. »Er will dich vögeln, weil du für ihn eine geile Braut bist, auf der anderen Seite möchte er aber seine behütete Familienwelt nicht aufgeben. Das musst du doch inzwischen gecheckt haben – du bist doch keine fünfzehn mehr!«

Ich nickte und trank still meinen Kräutertee weiter. Ich wusste, dass Rosenrot recht hatte. Auf der anderen Seite brauchte ich Milan, ich liebte ihn so sehr, dass ich ihn glücklich sehen wollte, selbst wenn das gegen meine Interessen war.

Als Milan mich kurz nach Mitternacht anrief, hatte ich

das, was ich ihm sagen wollte, schon tausendmal geübt. »Das Kind ist von Ladja«, erklärte ich. »Du brauchst dir keine Sorgen zu machen«, fügte ich hinzu, für den Fall, dass er mir nicht glauben würde.

»Bist du sicher, dass du es behalten willst?«, fragte er.

»Hundertprozentig sicher«, antwortete ich. »Aber es betrifft dich nicht, für uns ändert sich nichts. Ich muss nur wissen, dass wir uns weiter sehen können«, sagte ich mit fast flehentlicher Stimme. »Das ist mir unglaublich wichtig.«

»Komm einfach ins ›California‹, wenn du wieder in Berlin bist«, sagte er und war in dem Moment wieder mein süßer Milan. Mir fiel ein Stein vom Herzen und ich konnte ruhig zu Bett gehen.

Zwei Tage vor meiner Abreise erlebte ich den abwechslungsreichsten Nachmittag meiner Zeit in Rosenheim. Es war nicht viel los im »Mond« und wir spielten in der Küche Mau-Mau, als ein Gast anrief und nach einem Hausbesuch fragte. Er wollte zwei Damen für zwei Stunden, wobei die eine nur zuschauen sollte. Obwohl wir immer noch zu zehnt und damit nicht gerade unterbesetzt waren, meldete sich niemand außer Emilia, einer schlanken Polin, die neu im Laden war und bis jetzt noch nicht so viel verdient hatte.

»Das ist mir zu gefährlich«, sagte Chantal. »Hast du von der Frau in Hessen gehört, die zu Hause bei einem Kunden abgestochen wurde? Die haben sie nach drei Tagen nackt in einem Gebüsch gefunden.«

»Eine Kollegin von mir ist einmal an einen Irren geraten, der ihre Klamotten aus dem Fenster geschmissen hat und nicht bezahlen wollte. Hätte nicht der Taxifahrer nach dem Ende der vereinbarten Stunde an der Tür geklingelt, wäre sie jetzt vielleicht auch tot«, erzählte eine andere.

»Ach komm, den Typen hier kenne ich, der ist harmlos«, meldete sich Rosenrot zu Wort. »Ich war schon mal bei ihm, aber er will halt jedes Mal neue Mädchen haben, sonst würde ich schon zu ihm gehen. Außerdem wartet unser Taxifahrer immer unten, da kann eigentlich nicht viel passieren.«

»Ich gehe mit Emilia«, hörte ich mich sagen, noch bevor ich nachgedacht hatte. Angst hatte ich nicht wirklich; ich hatte in meinem Leben ja schon öfters Mut bewiesen, außerdem würden wir zu zweit sein. Insgesamt würde jede von uns beiden für eine Stunde hundertfünfzig Euro bekommen – ziemlich viel Geld dafür, dass ich nur zuschauen sollte.

Otto, der langjährige »persönliche« Taxifahrer des Puffs, stand nach zwanzig Minuten vor unserer Haustür. Er kannte den Kunden schon. »Der arme Mark. Er sollte sich langsam eine Frau suchen«, murmelte er, während er uns gemütlich über die Landstraße kutschierte. Wie sich herausstellte, waren er und unser Freier im selben Kegelverein. Rosenheim war eben ein Dorf.

Mark wohnte in einem Haus neben einem Kornfeld. Emilia sah sich ängstlich um: weit und breit nur Acker und Bäume. Am liebsten wäre sie abgehauen.

Mark öffnete die Tür, führte uns in die Küche und wir setzten uns an einen runden Tisch mit karierter Tischdecke. Der Raum war sauber, es roch angenehm nach frischem Gebäck, und tatsächlich entdeckte ich einen Schokokuchen auf dem Kühlschrank. Er bot uns etwas zu trinken an und fragte uns auch, ob wir etwas essen wollten. Doch wir baten beide nur um einen Schluck Sprudel und wollten ansonsten das Ganze so schnell wie möglich hinter uns bringen.

Mark war groß und schlank, trug eine schmale Halbbrille und hatte eine hohe Stirn, was ihn wie einen Intellektuellen aussehen ließ. Er redete sehr leise und hustete immer zwischen zwei Sätzen, als ob er verlegen wäre. Als wir ausgetrunken hatten, folgten wir ihm in die obere Etage. Das Schlafzimmer war klein und chaotisch, es sah aus wie das Quartier eines Studenten, obwohl er dafür etwas zu alt war. Auf dem Boden lagen Computer- und Männerzeitschriften, eine Papiertüte von Burger King und eine schmutzige Sporthose, die er schnell in den Wäschekorb schmiss. Auf seinem Schreibtisch stand ein flacher Monitor, der als Bildschirmschoner ein Foto von Christina Aguilera zeigte, von der auch ein Poster an der Tür hing.

Wir legten unsere Kleidung ab und setzten uns auf sein Bett; die Bezüge rochen nach Waschmittel. Mark zog sich aus und legte sich zwischen uns. Er war nicht rasiert und hatte auffällig dichte, schwarze Haare am ganzen Körper. Er fing an, Emilia zu befummeln und zu lecken, während ich zuschaute und mich streichelte. Es schien jedoch, als ob er nicht wirklich bei der Sache wäre. Nach einer Weile stand er auf, verschwand aus dem Raum, ohne ein Wort zu sagen, und kehrte mit einem braunen, altmodischen Büstenhalter und einer schwarzen Wollstrumpfhose in der Hand zurück.

»Ich möchte gerne diese Sachen anhaben, während ihr mich verwöhnt. Geht das?«, fragte er leise und wurde dabei ganz rot. Wir nickten. Ich musste ihm dabei helfen, die Sachen anzuziehen, zuvor schnitt er noch rasch ein Loch in die Strumpfhose, so dass sein Schwanz herausschauen konnte. Er vögelte Emilia und kam nach etwa zehn Minuten. Ich schaute die ganze Zeit zu und tat so, als ob ich mich selbst befriedigen würde. Als er sich erschöpft aus dem Bett hob und im Badezimmer verschwand, machte er einen glücklichen Eindruck.

Plötzlich hörten wir, wie im Erdgeschoss eine Tür zugeknallt wurde und kurz darauf ein Radio anging.

»Seine Frau«, zischte Emilia panisch und suchte hastig nach ihrer linken Socke, die verschwunden schien.

»Nein, der Taxifahrer sagt, dass er Single ist«, beruhigte ich sie.

»Keine Sorge, das ist nur meine Oma. Sie ist schwerhörig und kommt nie hier rauf«, beruhigte uns Mark, der gerade aus dem Bad zurückkehrte. Mir würde übel, denn ich glaubte plötzlich zu wissen, woher der BH stammte.

Um das Haus zu verlassen, mussten wir zwangsläufig an der Küche vorbei, in der sich die alte Dame befand. Wir huschten so schnell wie möglich durch, trotzdem drehte sich die Frau einen Augenblick lang um. Sie saß am Tisch, genau auf dem Stuhl, auf dem ich zuvor Platz genommen hatte, kaute langsam an einem Stück Kuchen und summte ein Lied vor sich ihn. Als sie uns bemerkte, starrte sie uns kurz an, wobei ich mir nicht sicher war, ob sie uns wirklich wahrnahm – vielleicht schaute sie auch schon in die Unendlichkeit. Sie drehte den Kopf wieder weg und aß weiter, als sei nichts gewesen. Behutsam schlossen wir die Tür hinter uns.

Zwei Tage später verließ ich Rosenheim wieder. Kurz bevor das Taxi kam, das mich zum Bahnhof bringen sollte, überreichte mir Rosenrot ein Geschenk von den ganzen Frauen. Als ich das bunte Papier aufriss, fand ich zwei Strampler und eine Babymütze mit zwei Ohren. Obwohl ich mich nach Berlin sehnte, fand ich es in dem Moment fast schade, dass ich nie wieder nach Rosenheim zurückkehren würde. Ich umarmte alle Mädchen nacheinander, dann nahm ich meine Reisetasche und ging zur Tür. Das Taxi wartete schon.

Kurz nach meiner Rückkehr zogen Ladja und ich um, wir wohnten nun im Prenzlauer Berg. Die neue Wohnung war für mich wie ein Neuanfang.

Noch in derselben Woche gingen Ladja und ich wieder zu dem Arbeitsamt, wo man uns drei Jahre zuvor schon einmal abgewimmelt hatte; inzwischen nannte es sich »Job Center«. Diesmal gerieten wir an einen Mann. Er blätterte seelenruhig die Unterlagen durch, zwischendurch nahm er immer mal wieder einen Schluck aus seinem Kaffeebecher.

»Ja, also …«, fing er gemütlich an, als würde er ein langweiliges Fußballspiel kommentieren. »Es ist alles da, außer …« Er machte eine bedeutungsvolle Pause und kratzte sich am Kopf.

»Außer?«, fragte ich, während ich an meinen Fingernägeln knabberte.

»Wovon haben Sie denn bisher gelebt?«, fragte er seufzend. »Ich kann das hier nicht nachvollziehen.« Er blätterte noch mal alle Papiere durch.

»Können Sie auch nicht. Ich habe als Hure gearbeitet«, sagte ich kurz und knapp.

Er hob die Augenbrauen, flüsterte ein »oh«, ließ dem ein »hmmm« folgen und schaute verlegen in die Unterlagen. Schließlich reichte er mir ein Formular, in das ich eintragen musste, dass ich, wie es amtlich hieß, der Prostitution nachgegangen war, um meinen Lebensunterhalt zu bestreiten, und dass dies wegen der Schwangerschaft nicht mehr möglich sei. Überhaupt, so bekräftigte ich schriftlich, wollte ich nun zusammen mit meinem Ehemann und meinem Kind ein menschenwürdiges Leben beginnen und mein Studium zu Ende bringen.

Der Sachbearbeiter tippte seelenruhig alle Angaben in seinen Rechner, kopierte sich einige Dokumente und vermerkte hier und dort etwas. Weder Ladja noch ich wagten es, ein Wort zu sagen oder gar eine Frage zu stellen.

»So, das war es. Sie hören demnächst von uns, beziehungsweise Sie bekommen Post. Sie müssen mit drei bis vier Wochen Bearbeitungszeit rechnen«, erklärte er schließlich mit einem neutralen Beamtenlächeln.

»Immerhin, sie haben uns nicht rausgeschmissen. Und von der Ausländerbehörde haben sie auch nicht geredet«, sagte ich erleichtert, als wir zu Hause waren.

»Es wird schon«, meinte Ladja und küsste mich auf die Wange. »Wir sind auf dem richtigen Weg.«

Trotz der Tatsache, dass wir wahrscheinlich Sozialleistungen bekommen würden, war mir klar, dass ich mir einen Job suchen musste. Für diese Erkenntnis genügte ein Blick auf den Kontoauszug: Etwas über einhundert Euro besaß ich noch – das reichte mit Müh und Not für eine Woche. Meine Verdienste aus Bayern waren in die Mietkaution für die neue Wohnung und für den Umzug geflossen und auf Ladja setzte ich wenig Hoffnung.

In einem Bordell zu arbeiten kam eigentlich nicht mehr in Frage. In meinem Zustand mit fremden Männern zu ficken war zwar das Letzte, worauf ich momentan Lust hatte, außerdem hatte ich viel zu viel Angst, mein Kind zu verlieren. Doch dann fiel mir ein, dass man in einem Massagesalon durchaus auch Geld verdienen konnte, ohne sich poppen zu lassen – man konnte sich ja darauf beschränken, dem Mann am Ende der Massage lediglich einen runterzuholen. So habe ich angefangen, dachte ich, und so soll meine Karriere im Rotlichtgewerbe von Berlin auch zu Ende gehen. Ich redete mir ein, dass ich dies alles letztlich für mein Kind tat. Ich wollte ihm schließlich etwas bieten können: ein hübsches Kinderzimmer, schöne Kleidung und Spielzeuge.

Ich begutachtete mich in meinem Schlafzimmerspiegel. Keine Rundung deutete sich an, dafür war es immer noch zu früh, ich war erst am Ende des dritten Monats. Meine Brüste waren allerdings so angeschwollen, dass man hätte denken können, ich hätte mir Silikonimplantate einsetzen lassen. Sicherlich kannst du noch ein, zwei Monate jede Menge Knete machen, sagte ich mir. Dann hörst du auf und konzentrierst dich auf dein Studium, bis das Kind da ist.

Gerne hätte ich es gehabt, wenn sich in dieser Situation ein Mann um mich gekümmert hätte – ein starker Mann, der einen Arm um meine Schulter gelegt und mich gefragt hätte, was ich heute Abend essen wollte. Der mich mit dem Auto zu einem schönen Restaurant am See gefahren hätte und mit mir zusammen in ein Babygeschäft gegangen wäre, um schöne Strampler und Kuscheltiere auszusuchen. Ich schaute auf Ladja, der gerade Socken in den Wäschekorb sortierte und dabei eine Zigarette rauchte. Auf seine Weise liebte er mich, doch er war viel zu schwach, um mich und sein ungeborenes Kind zu schützen. Ich musste, wie auch immer, alleine klarkommen.

Der Massagesalon in Lichterfelde, den ich mir schließlich aussuchte, sah tatsächlich mehr nach Wellness als nach Rotlicht aus. Als ich kam, zündete die Besitzerin gerade Räucherstäbchen an, dünne Rauchschwaden stiegen auf und verbreiteten einen angenehmen Zimtduft. Die Wohnung war groß und hell, auf dem Dielenboden im Durchgangszimmer lagen viele mit orientalischen Mustern bestickte Kopfkissen aus Seide, in der Mitte der Sitzecke stand ein Kerzenleuchter aus Messing. Die anderen drei Zimmer waren auch stilvoll eingerichtet, jeder Raum hatte eine einheitliche Farbe für Bettwäsche, Gardinen und Handtücher.

In dem Laden arbeiteten immer nur zwei Frauen pro Schicht. Der Vorteil davon war, dass man so leichter als in der »Oase« Geld verdienen konnte, weil die Konkurrenz fehlte. Es kamen zwar nicht so viele Gäste, aber die Preise waren höher als in der »Oase«, so dass ich am Ende einer

Schicht nie weniger als hundertfünfzig Euro zusammenhatte.

Das Betriebsklima glich eher einem Yoga-Studio, was mir gefiel. Die Besitzerin nannte sich Shiva, war allerdings Deutsche. Sie machte einen sehr aufgeräumten, ordentlichen und entspannten Eindruck. Sie hatte jahrelang als Masseurin gearbeitet und eine entsprechende Ausbildung dafür. In ihrem »Massagetempel« – so hieß der Laden – fühlte ich mich auf Anhieb wohl, auch, weil die Gäste gepflegt und die Kolleginnen nett waren.

Trotzdem musste ich noch oft an die mit Karten, Tratsch und Sekt gefüllten Nachmittage in der »Oase« denken und merkte, dass ich die Mädchenclique ganz schön vermisste. Ich telefonierte manchmal mit Jana, die inzwischen in einem anderen Puff arbeitete, und mit Vera, die nun bei ihrem Freund im Solarium an der Kasse stand und sich tierisch langweilte. Lena schmiedete Pläne, eine Disko zu eröffnen, doch sie hatte noch nicht das nötige Kleingeld zusammen und kümmerte sich im Moment nur um ihre Kinder.

Irgendwann kam ich nicht mehr drum herum, Shiva zu gestehen, dass ich schwanger war. Sie war gerade dabei, einen Apfel zu schälen, und ließ erschrocken das Messer fallen.

»Im Ernst?«, fragte sie »Und wie lange willst du noch hier bleiben? Und im wievielten Monat bist du überhaupt?«

»Am Anfang des vierten«, erzählte ich ruhig. »Ich arbeite nur noch ein paar Wochen, bis ich das Geld für die Erstausstattung zusammenhabe, dann höre ich auf.« Dabei versuchte ich mich selbst davon zu überzeugen, dass es wirklich so sein würde. Ich dachte mit Furcht an den Tag, an dem die Einnahmen aus dem Massagesalon ausfallen würden.

Obwohl es den meisten Männern noch nicht auffiel, wölbte sich unter meinem schwarzen Kleid mittlerweile eine zarte Rundung. Spätestens in einem Monat würde mein Zustand offensichtlich sein. Shiva hatte noch nie ein schwangeres Mädchen im Laden gehabt und machte sich Sorgen um mich. Als ich ihr versicherte, dass alles kein Problem sei, weder gesundheitlich noch psychisch, überlegten wir, wie wir die Situation am besten nutzen können.

»Manche Männer stehen ja darauf«, murmelte sie und warf mir einen vorsichtigen Blick zu.

Ich hatte auch schon davon gehört. Direkt damit zu werben war nicht erlaubt, doch es gab ein paar geschickte Formulierungen, mit denen man das Verbot umgehen konnte. »Die sinnliche, runde Stella wartet auf dich«, schrieben wir am Ende in einem Inserat, wobei das Wort »rund« fett geschrieben wurde.

Schon am ersten Tag klingelte das Telefon an einem Stück. Es gab natürlich viele Interessenten, die dachten, es würde sich hier um eine übergewichtige Dame handeln, doch manche hatten die Anspielung verstanden und fragten nach den wildesten Sachen. Ein Unbekannter, der mit der Genauigkeit eines Beamten sprach, rief fast jeden Tag an und erkundigte sich, ob es möglich sei, Muttermilch aus meiner Brust zu trinken. Er würde dafür extra zahlen. Shiva wimmelte ihn ab: »Die Frau hat doch noch gar keine Muttermilch, außerdem machen wir solche Schweinereien sowieso nicht.«

Ich rätselte die ganze Zeit, was so geil daran sein sollte, sich von einer Frau mit einem unförmigen Bauch einen runterholen zu lassen, aber leider gehörten solche Groteskerien zum Geschäft, ebenso wie die Regel, Kunden keine Fragen nach den Gründen ihrer Wünsche zu stellen und vor allem den etwas Abseitigeren unter ihnen das Gefühl zu geben, gut aufgehoben zu sein.

Nach ein paar Wochen hatte ich einen ziemlich großen Stammkundenkreis, der meinen Verdienst sicherte, so dass ich nur zweimal die Woche arbeiten musste und wieder regelmäßig Vorlesungen in der Uni besuchen konnte. Ich war mittlerweile im achten Semester, noch acht Klausuren fehlten mir bis zum Diplom. Ich rechnete damit, dass ich die Hälfte davon schreiben konnte, bevor mein Kind auf die Welt kam, und verbrachte fast jeden Abend über den Büchern und Skripten. Das fiel mir nicht weiter schwer, aufgrund meines Zustandes war ich ohnehin aus dem Nachtleben ausgeschlossen.

Jule schrieb gerade ihre Diplomarbeit. Ich beneidete sie dafür, dass sie bald alles hinter sich haben würde. Auf der anderen Seite würde ich bald Mutter sein und der Gedanke daran erfüllte mich mit purer Freude.

»Du hast mit Hans einen Termin für eine Stunde«, teilte mir Shiva eines Tages mit. Ich konnte mich an keinen Kunden erinnern, der so hieß. Es war ein eisiger Montagabend im März und ich war bereits am Ende meines fünften Schwangerschaftsmonats.

Hans traf kurz danach ein. Gespannt und ein wenig nervös lief ich zur Tür, denn es war ungewöhnlich, dass ein unbekannter Freier gleich eine ganze Stunde buchte. Als ich ihn sah, bekam ich fast einen Schlag, denn ich kannte ihn schon aus der »Oase« – dort war er ein Stammgast von Isa gewesen. Hans war ein großer, kräftiger Mann um die fünfzig, der zu seinen besten Zeiten eine Schönheit gewesen sein musste. Er hatte markante Gesichtszüge, trug seine grauen, lockigen Haare lässig nach hinten gekämmt wie ein Dandy des neunzehnten Jahrhunderts. Er kam stets im Anzug und roch immer nach Aftershave. Aber wer ihn je als Gast erlebt hatte, wusste, dass sich hinter der eleganten Fassade ein Perverser versteckte, der sich nicht mal Mühe machte, das zu verbergen. Isa hatte er gemocht, weil sie diese unschuldige Ausstrahlung hatte und sich deshalb besonders gut für Rollenspiele eignete, in denen er der Lehrer und sie die Schülerin war. Manchmal war er auch der Onkel oder ihr Vater und sie musste ihm einen blasen, um ihr Taschengeld zu bekommen. Dazu stellte er ununterbrochen die immerselben Fragen: In welchem Alter hast du angefangen zu ficken? Hast du als Kind schon deine Pflaume gestreichelt? Und so weiter ...

»Man braucht starke Nerven mit ihm«, hatte Isa immer gesagt. Und nun war ich an der Reihe. Er suchte sich immer ein bestimmtes Mädchen, das er dann so lange behielt, bis er woanders eine gefunden hatte, die neue Reize zu bieten hatte – dadurch war er in jedem Puff Berlins bekannt. Nun war er offenbar auf dem Schwangeren-Trip.

Ich zitterte ein bisschen, als er mir die vereinbarten zweihundert Euro in die Hand drückte. Das Beste an ihm war, dass er immer sehr gut zahlte, teilweise das Doppelte des normalen Preises, und zwar ohne Gefeilsche.

Ich befürchtete, er würde versuchen, mich zum Sex zu überreden, doch er war korrekt und beließ es bei der Fummelei an meinem Hintern. Er bat allerdings tausendmal darum, meine Muschi fotografieren zu dürfen, bis ich endlich nachgab, um meine Ruhe zu haben.

»Es gibt nichts Geileres, als in die Fotze einer schwangeren Hure zu gucken«, stöhnte er, während ich ihm einen runterholte. Nach einigen unendlich scheinenden Minuten spritzte er ab. Gleich darauf zog er sich an und verabschiedete sich schnell – seine Familie würde nämlich in einem Restaurant am Potsdamer Platz auf ihn warten ...

Später erzählte mir Shiva bei Kaffee und Kuchen, dass sie seine Frau aus dem Tennisclub kannte. Hans war Richter und beruflich viel unterwegs, wenn er sich nicht gerade in einem Bordell rumtrieb.

»Einmal hat er seine Gattin abgeholt«, kicherte sie. »Du hättest sein Gesicht sehen sollen, als er mich erkannt hat. Er hat sofort den Kopf weggedreht und mit seiner Frau so schnell das Weite gesucht, als ob ich eine schlimme Seuche hätte.«

»Ich denke, du solltest aufhören zu arbeiten. Ich mag es nicht, dass du immer noch in diesem Massagesalon hockst – in deinem Zustand«, sagte Ladja eines Tages.

Ich saß gerade an meinem Schreibtisch und lernte für eine wichtige Algebra-Klausur. Ich tat, als ob ich ihn nicht gehört hätte, und blätterte weiter in meinen Unterlagen.

»Ich habe demnächst einen kleinen Job bei einem Kumpel in der Gartenlaube«, fuhr er fort. »Ich helfe ihm beim Unkraut jäten und Blumen pflanzen, ein wenig Taschengeld springt da sicherlich heraus. Du kannst einfach zu Hause bleiben und lernen, ich denke, das ist viel besser.«

Ich hatte meine Zweifel daran, dass Ladja genug für uns beide verdienen würde, sagte es ihm aber nicht, weil ich ihn nicht verletzen wollte. Außerdem wollte ich die Kontrolle über die Situation behalten und unabhängig sein. Am nächsten Tag telefonierte ich trotzdem herum und fand tatsächlich eine Anstellung in einem Call-Center. Es ging um Meinungsumfragen, die Arbeit war einfach und stinklangweilig. Man saß vor einem Bildschirm, ein Computer wählte zufällige Nummern und ich musste die Teilnehmer fragen, was sie über die große Koalition, die Benzinpreise oder die Fußball-Weltmeisterschaft in Deutschland dachten. Man wurde nach der Anzahl der Interviews bezahlt, die man bis zum Ende führte. Das klang nicht gerade einträglich, doch ich war ziemlich gut, wenn es darum ging, Leute dazu zu bringen, nicht gleich aufzulegen. Meine ruhige und sanfte Stimme überzeugte fast jeden und so kam ich auf einen guten Stundenlohn.

Nach einem Probetag unterschrieb ich einen Vertrag. Endlich hörte Ladja auf zu nerven, der Familienfrieden war wiederhergestellt. In den Massageladen ging ich nur noch samstags, wobei ich stets schon ausgebucht war, bevor meine Schicht begann.

Mein Bauch wurde von Tag zu Tag runder und meine Hosen passten mir nicht mehr. Ich kaufte mir zwei Trainingsanzüge mit elastischem Hosenbund, weil ich Umstandskleidung immer altmodisch und hässlich gefunden hatte. Beim Frauenarzt schaute ich jedes Mal begeistert auf den Monitor, von Termin zu Termin konnte ich etwas mehr vom Baby erkennen.

»Hier sind die Beine, hier die Wirbelsäule, hier das Köpfchen«, erklärte der nette Gynäkologe. »Und hier, zwischen den Beinchen ...«, fuhr er schmunzelnd fort. Er brauchte den Satz nicht zu beenden – ich hatte sowieso die ganze Zeit schon an einen Jungen gedacht.

Ich wäre gerne ins »California« gefahren, um Milan die Neuigkeit zu erzählen, doch ich hatte mich entschieden, ihn vorerst nicht mehr zu treffen, um meiner eigenen kleinen Familie endlich eine Chance zu geben. Ich hatte jetzt sowieso kaum mehr Zeit, in Kneipen herumzuhängen, da ich fleißig die Vorlesungen besuchte und an Uni-Projekten teilnahm.

Am interessantesten fand ich eine Wirtschaftsvorlesung, die ich als Wahlfach besuchte. In jener hielten verschiedene Dozenten abwechselnd Vorträge über Logistik und Marketing. Am Ende der Vorlesungszeit besuchten wir Studenten gemeinsam mit den Professoren ein Marketing-Unternehmen, wo uns der Chef persönlich empfing und mit uns über die beruflichen Möglichkeiten als Mathematiker sprach. Der Sprung von der Uni in die Arbeitswelt war ein Thema, womit sich alle Kommilitonen beschäftigten, doch für mich hatte es eine besondere Bedeutung, denn ein fester Job direkt nach dem Studium würde mir den endgültigen Ausstieg aus dem Rotlichtmilieu wesentlich erleichtern. Zwar fragte ich mich die ganze Zeit, ob ich als Frau und noch dazu als junge Mutter nicht benachteiligt sein würde, doch meine bislang meist ziemlich guten Noten ließen mich auf eine solide Zukunft hoffen.

Während meiner vier Jahre im Rotlichtmilieu war es mir nie passiert, dass ich mich in einen Freier verknallt hatte, und ich hätte es auch weiterhin nicht für möglich gehalten. Bis ich Jimmy traf. Er klingelte an der Tür des »Massagetempels«, als wir gerade beim Essen waren, was ich eigentlich wie die Pest hasste. Dieser neue Kunde übertraf aber schon optisch bei weitem meine Erwartungen, so dass mein Ärger schlagartig verflog. Er war Ende zwanzig, hatte schwarze Augen, braune Haare und seine Haut hatte die Farbe von Milchkaffee. Er trug weiße Nike-Turnschuhe, ein weißes, enges Muskelshirt und eine weite, weiße Cordhose. An seinem Hals hing eine schwere, goldene Kette. Typische Kleidung eines Neuköllner Türken, schmunzelte ich.

»Ich kenne mich schon aus mit den Preisen, ich war früher öfters hier, du kannst gleich bleiben«, sagte er in akzentfreiem Deutsch, lächelte und zeigte dabei zwei Reihen weißer, gerader Zähne, die jeden Zahnarzt glücklich gemacht hätten.

Er zog sich aus, legte sich auf die Matratze und ließ sich von mir eine halbe Stunde lang kneten. Er hatte einen schönen Rücken, ausgeprägte Muskeln, einen knackigen Hintern und ein breites Kreuz. Seine Haut roch nach Duschgel, genauso wie seine Haare. Ich musste zugeben, dass er der hübscheste Mann war, den ich seit langem gesehen hatte, Milan mal ausgenommen.

»Worüber habt ihr so gelacht, als ich reingekommen bin?«, fragte er, als ich seine Waden massierte.

»Ah, nichts, Frauengespräche«, antwortete ich vage und schämte mich ein bisschen dabei, es war nämlich um mich und Milan gegangen. »Wir sind zu dem Schluss gekommen, dass es mit Männern wohl immer dasselbe sein wird: Früher oder später wird man von ihnen betrogen. Also kann man auch selber fremdgehen«, seufzte ich.

»Ach ja? Also ich nicht. Ich war mit meiner letzten Freundin sechs Monate zusammen und bin in der ganzen Zeit kein einziges Mal hier aufgetaucht«, sagte er und wunderte sich, warum ich lachte.

»Respekt!«, sagte ich bloß.

Als er sich umdrehte und ich sein Teil anfasste, schaute er mich penetrant an. Immer wenn ein Kunde das tat, drehte ich einfach den Kopf zur Seite oder schloss die Augen, allein schon, um nicht lachen zu müssen. Denn meistens war ich in diesen Momenten, während ich einen Mann wichste, weder geil noch angetörnt, sondern dachte nicht selten an die noch zu erledigende Einkaufsliste oder an bevorstehende Klausuren an der Uni.

Diesmal aber war es anders. Ich lag neben ihm und es fühlte sich gut an, seinen Körper zu streicheln. Ich kraulte seinen Kopf, küsste seine Stirn und hielt mit meiner freien Hand seine Hand, als wäre er mein Lover und kein Kunde. Als er fertig war, lagen wir still auf der Matratze und schauten uns an. Manchmal lobten mich die Gäste am Ende der Nummer mit Sätzen wie »Es war sehr schön« oder »Du bist echt super«, aber in dem Fall brauchte ich kein Feedback.

»In welchem Monat bist du?«, fragte er, als wir schon vor der Eingangstür standen.

»Im sechsten. Warum?«

»Nur so. Ich finde es ein wenig seltsam, dass du in deinem Zustand hier arbeitest«, erklärte er. »Was sagt dein Mann dazu?« Er fixierte dabei den Ehering, der an meiner rechten Hand glänzte.

»Nichts, er findet es okay«, antwortete ich knapp. Ich öffnete die Tür, doch er blieb unschlüssig stehen.

»Weißt du, ich habe mich nicht mehr so gefühlt, seit meine Freundin mich verlassen hat«, stotterte er und blickte mir tief in die Augen.

»Eine Türkin?«, fragte ich, obwohl es nichts mit seiner Äußerung zu tun hatte.

»Wie bitte?«

»War sie eine Türkin?«, wiederholte ich.

In seinen Augen spiegelte sich Unverständnis. »Nein, eine Deutsche«, sagte er sichtlich irritiert. »Warum auch nicht? Ich bin zwar Ausländer, aber ich bin hier geboren, und ich stehe jedenfalls nicht auf Mauerblümchen, die mit Kopftuch zu Hause sitzen. Meine Ex hatte einen Beruf, meine Mutter hat auch immer gearbeitet, genauso wie meine Schwestern. Ich war auch noch nie einer Frau gegenüber gewalttätig. Es interessiert mich nicht, was andere Männer anstellen, egal woher sie kommen.«

Ich verabschiedete mich mit gesenktem Blick. Offensichtlich hatte ihn meine Bemerkung beleidigt, er witterte Vorurteile, und ich fürchtete, dass er sich nie wieder melden würde. Umso überraschter war ich, dass er regelmäßig wiederkam und immer eine Stunde bei mir blieb.

Während der Massage redeten wir kaum. Er war kein Mensch vieler Worte. Nur wenn man ihn direkt fragte, erzählte er etwas von sich. So erfuhr ich, dass er Ismail hieß, sich aber Jimmy nennen ließ, gerne Fußball spielte und Hobbyboxer war. Seinen Beruf wollte er mir nie verraten, er sagte nur, er mache etwas mit Autos.

Obwohl er ein stolzes Auftreten hatte, besaß er eine Zärtlichkeit, die sich in kleinen Gesten äußerte. Einmal stieß ich aus Versehen eine Ölflasche um und er fing sofort an, die Flecken auf dem Boden mit einem Taschentuch wegzuwischen. »Du darfst dich nicht mehr anstrengen«, sagte er und blickte auf meinen kugelrunden Bauch.

Ein anderes Mal kam er kurz bevor ich Feierabend hatte, und nach der Massage verließen wir gemeinsam den Laden. Es regnete in Strömen und er bot mir an, mich mit dem Auto nach Hause zu fahren. Ich überlegte eine Weile, lehnte aber ab, weil ich ihm meine Adresse nicht verraten wollte. Er hakte aber so lange nach, bis ich ihm gestattete, mich zumindest bis zum nächsten S-Bahnhof zu begleiten. »Aber nur bis dahin«, stellte ich klar.

Wir liefen zu seinem Wagen, einem grauen BWM, in dem es angenehm nach Lavendel roch. Wir hörten Jazzmusik und ich beobachtete den Regen, der von außen gegen die Scheiben prasselte. Er hörte sich an wie Trommeln aus der Ferne.

Am Bahnhof fuhr er rechts ran. Er drängte mich, seinen Regenschirm zu behalten, und ich bedankte mich, küsste ihn flüchtig auf die Lippen und stieg aus.

Während ich auf den Zug wartete, summte ich ein Lied vor mich hin und lächelte verträumt. Aber dann ermahnte ich mich. »Er ist ein Kunde, du darfst dich auf keinen Fall so emotional mitnehmen lassen«, sagte ich mir und malte mir Ladjas Gesicht aus, wenn er gewusst hätte, dass ich auf der Arbeit mit einem Türken flirtete.

Ende Mai ließ ich zwei Samstage im Massagesalon ausfallen, weil ich für eine wichtige Prüfung lernen musste. Als ich danach zurückkehrte, erfuhr ich, dass Jimmy angerufen und sich nach mir erkundigt hatte.

»Er meinte, er käme heute vorbei«, erzählte Shiva, während sie den Staub von einem Regal wischte. »Kommst du überhaupt klar mit ihm?«

»Er ist okay«, antwortete ich und versuchte, so kühl wie möglich zu klingen.

»Nur weil ein paar Mädchen schon mal Stress mit ihm hatten. Er hatte zu viel gekokst und wurde verbal aggressiv«, erklärte sie.

»Wie meinst du das?«, fragte ich erschrocken.

»Er wollte zusätzliche Leistungen«, sagte sie und ging aus dem Raum.

Ich fragte nicht weiter, obwohl ich gerne gewusst hätte, wie sie so sicher sein konnte, dass er Drogen nahm. Immer wenn es zwischen mir und einem Mann funkt, gibt es Probleme, dachte ich mir. Entweder kriegt er nichts auf die Reihe oder er ist verheiratet. Diesmal hatte ich offenbar das zweifelhafte Glück gehabt, einen Kokser zu erwischen.

Als Jimmy kam, verhielt ich mich so normal wie möglich. Nach zwei Minuten mit ihm war ich überzeugt, dass Shiva sich irren musste. Wahrscheinlich hatte sie nur Gerüchte von irgendeiner Frau gehört und weitergetratscht.

»Ich fliege nächste Woche geschäftlich nach London und bleibe ein paar Monate dort«, sagte er, als ich seine Waden knetete. Dann schwieg er, als ob er einen Kommentar von mir erwarten würde.

»Dann werden wir uns nicht mehr sehen, denn ich arbeite nur noch bis Ende des Monats. Danach bleibe ich zu Hause«, erwiderte ich.

Als die Stunde fast zu Ende war, spürte ich, dass es mich danach drängte, das zu tun, wovon ich schon seit längerem träumte. Ich stand auf und holte eine kleine Metalldose aus einem Regal. Ich wusste, dass darin die Kondome versteckt waren für die Frauen, die Sex anboten. Als Jimmy den

Gummi in meiner Hand bemerkte, schaute er mich überrascht an. Sein Gesichtsausdruck wandelte sich zur schieren Vorfreude, als ich ihm das Kondom überstreifte. Danach kniete ich mich vor ihm hin – er musste mich von hinten nehmen, da mein ausladender Bauch jede andere Stellung unmöglich machte. Während er von hinten in mich reinstieß, war ich so entspannt wie schon lange nicht mehr. In meiner Wirbelsäule konnte ich kleine Wellen der Erregung spüren.

Obwohl er sich bemühte, langsam und sanft zu sein, kam er schon nach wenigen Minuten. Normalerweise kostete Sex extra, doch ich wollte kein Geld von ihm. »Wahnsinn, ich hätte nie gedacht, dass mir hier so was passiert – so guten Sex zu haben«, keuchte er, als er danach verschwitzt und erschöpft auf der Matratze lag.

Ich spähte durch die Gardinen. Draußen fand ein Straßenfest statt. Zwischen den Pommesbuden und dem Karussell dachte ich für einen Augenblick, Milan mit seiner Familie entdeckt zu haben, und trat einen Schritt zurück. Als die Frau sich umdrehte, merkte ich, dass ich mich getäuscht hatte, und atmete auf.

Jimmy hatte sich unterdessen bereits angezogen und schrieb seine Telefonnummer auf einen Zettel. »Ich würde mich freuen, wenn du dich meldest. Ansonsten wünsche ich dir viel Glück mit deinem Sohn«, sagte er.

Wir küssten uns ein letztes Mal auf die Lippen, dann ging er die Treppe runter und aus dem Haus. Ich stand eine Weile da, mit dem Zettel, auf dem seine Telefonnummer stand, und überlegte, was ich damit machen sollte.

»Dein Leben ist schon kompliziert genug«, sagte ich mir schließlich. Ich lief zurück zur Küche, ließ den Zettel in den Mülleimer fallen und setzte mich an den Tisch zu den anderen Mädels. Jimmy sah ich nie wieder.

Ein paar Wochen später saß ich in der überfüllten Uni-Cafeteria und trank eine Cola, als mein Handy klingelte.

»Hallo, hier ist Sabine«, sagte eine leise Stimme.

»Kennen wir uns von irgendwo?«, fragte ich überrascht, während ich an meinem Kaffeebecher nippte, und ging in Gedanken die Liste meiner Kneipenbekanntschaften durch.

»Ich bin die Frau von Wolfgang«, sagte sie. »Wir haben uns mal kurz im Restaurant gesehen. Ich wollte dir nur sagen, dass Wolfgang einen Herzinfarkt gehabt hat und in Lebensgefahr schwebt.«

Ich ließ den Kaffeebecher fallen, der Inhalt ergoss sich auf meine Beine, auf dem Boden bildete sich eine Pfütze. Niemand merkte es, alle zogen weiter mit Rucksäcken auf den Schultern, ab in die Semesterferien, die Klausuren waren vorbei, es lebe der Sommer.

»Ich bin noch da«, stotterte ich langsam.

»Ich habe auch Tanja in Weißrussland angerufen, sie kommt in zwei Tagen. Natascha habe ich auch erreicht. Er liegt im Krankenhaus in Friedrichshain auf der Intensivstation. Die Ärzte geben ihm nur eine kleine Chance.«

Ich hörte gar nicht weiter zu, mir ging so vieles durch den Kopf. Wolfgang war fast tot und ich hatte mich nicht verabschiedet. Dann fiel mir ein, wie er mir beim letzten Mal diesen scheußlichen Wein aus Südafrika geschenkt und ich die ganze Flasche weggeschmissen hatte. Vermutlich ist es so, dass einem gerade in den wichtigen Augenblicken des Lebens solche Belanglosigkeiten einfallen.

Als ich auf dem Weg ins Krankenhaus in der U-Bahn saß, spielte ich Wolfgangs Geschichten immer wieder im Kopf durch. Ich war so oft bei ihm gewesen, dass ich sie alle auswendig kannte. Wie er als Kind die Bombardierung Berlins überlebt hatte; von seiner ersten Liebe, die in den Westen geflüchtet, und seiner Ehe, die mit der Zeit eine Freundschaft

geworden war; die Wende, die für Wolfgang auch eine Art
sexuelle Revolution gewesen war wegen der vielen Mädels
aus den Agenturen, die die Einsamkeit freilich nicht hatten
wegwischen können; die Demos am Alex gegen Hartz IV,
bei denen er auch gegen eine Welt protestierte, die er nicht
verstand. Jetzt rang dieser Mann mit dem Tod und das Leben lief einfach weiter an diesem heißen Sommertag. Die
Fußball-WM sorgte landesweit für Begeisterung, Deutschland spielte am Nachmittag gegen Schweden, kleine Kinder
malten sich die deutschen Farben ins Gesicht.

Was konnte man Gutes über Wolfgang sagen? Mir fiel
nichts ein, genauso wenig wie mir schlechte Sachen über
ihn einfielen. Er hatte gearbeitet, drei Kinder in die Welt gesetzt, gefeiert, gesoffen, war alt geworden und jetzt kurz
vor dem Abnippeln. Nichts Besonderes also.

Natascha, meine Freundin aus Freiburg, saß vor der Klinik unter einem Baum und las eine russische Zeitung. Mir
fiel sofort auf, dass sie sehr dünn geworden war und dass sie
keine Schuhe trug, ansonsten hatte sie sich seit den Zeiten
in Süddeutschland nicht wirklich verändert. Sie erkannte
mich auch sofort.

»So sieht man sich wieder«, sagte sie ironisch und ließ
die Zeitung sinken.

»Eine andere Gelegenheit wäre mir lieber gewesen«, erwiderte ich. »Wollte immer mal bei dir anrufen, aber …«

»Sag nicht, dass du keine Zeit gehabt hast«, unterbrach
sie mich. »Ich hasse diese Ausrede.«

»Nein, das ist es nicht«, konterte ich. »Ich ahnte, dass wir
uns bald wiedersehen würden, wie du siehst, habe ich recht
behalten. Die Welt ist zu klein, als dass man sich nicht wie-
dertrifft.«

»Unsere Welt sowieso«, sagte sie lachend. »Ich habe neulich in Thüringen einen früheren Stammkunden von mir ge-

troffen, aus den Zeiten, als ich in Tschechien gearbeitet habe. Er war früher LKW-Fahrer und ist immer in den Puff gekommen, wenn er beruflich über die Grenze musste. Nun ist er Rentner, wohnt in einem Scheißkurort in den Bergen und fährt ins Bordell, wenn seine Ehegattin zum Frisör geht. Und wen sucht er sich dort aus? Genau mich – und dies nach zehn Jahren. Natürlich hat er mich nicht erkannt, ich hatte damals lange Haare und sah auch sonst anders aus«, erzählte sie. »Verrückte Geschichte, oder?«

»Klar«, sagte ich nachdenklich, während ich einen Kaugummi kaute.

Das Krankenhaus roch nach Desinfektionsmittel, auf den Gängen herrschte reger Verkehr von Ärzten in grünen Kitteln, Krankenschwestern und Patienten. Wolfgangs verquollenes Gesicht war unter tausend Schläuchen kaum zu erkennen. Eine riesige Maschine neben dem Bett piepste regelmäßig.

»Sein krankes Herz«, jammerte Sabine. »Ick hab ihm doch jesagt, er sollte mit der Qualmerei aufhören. Aber auf der anderen Seite«, fuhr sie fort und packte mich an den Schultern, »wenn er es nicht packt, hat er wenigstens glücklich gelebt, und er hat euch gehabt.«

Zwei Wochen später rief Sabine mich an: Wolfgang war außer Lebensgefahr und hatte das Schlimmste überstanden, auch wenn die Genesung noch eine Weile dauern würde. Ich war erleichtert. Obwohl er »nur« ein Kunde von mir war, hatte ich ihn inzwischen richtig ins Herz geschlossen.

Die Sommerklausuren bestand ich ohne Probleme und mit lauter Zweien – ich hatte so viel gelernt wie seit langem nicht.

»Siehst du, ein bisschen Pause tut dir auch gut«, kommentierte Ladja. Er selbst fing tatsächlich an, zweimal die Woche für einen Bekannten als Gärtner zu arbeiten, und verdiente genug, um mir, zum ersten Mal seit Jahren, die Hälfte der Miete geben zu können. Zusammen strichen wir die Wände des künftigen Kinderzimmers und bauten das Babybett auf. Ich kaufte bunte Bettwäsche mit Hunden und Clowns und stellte mir vor, wie der kleine Junge in seinem Nestchen träumen würde, umgeben von Sachen, die seine Eltern liebevoll ausgesucht hatten. Vielleicht würde Ladja mit etwas Verspätung doch noch zu dem Mann werden, den ich brauchte.

»Warum fahren wir nicht an die Ostsee?«, schlug ich eines Tages vor. »Wir können den Bus nehmen, die Fahrt kostet nur acht Euro. Du wolltest immer mal dahin und wir haben uns so lange nichts gegönnt.«

Ladja hatte nichts gegen einen Tagestrip. So standen wir tatsächlich am nächsten Morgen um sechs Uhr früh am Alex und stiegen in den Reisebus, in dem wir die einzigen Passagiere unter sechzig waren.

Ich hatte bei meinen Kurztrips immer Pech mit dem Wetter gehabt, doch diesmal war das Glück auf meiner Seite. Der Himmel war so blau wie auf einem Gemälde von Gauguin, die Sonne brannte auf die Haut und das Meer war flach und ruhig. Ladja hatte ein strammes Programm vorbereitet: Wir besichtigten einen alten Leuchtturm, fuhren mit dem Tretboot, aßen frittiertes Zanderfilet im Hafen und setzten uns dann noch eine Weile auf einen Steg, der ins Wasser hineinragte.

Eine leichte Brise wehte vom Meer und streichelte meine Stirn. Ich ließ die Füße im Wasser baumeln. Als ich kurz die Augen schloss, dachte ich, dass ich hier gern mit Milan gewesen wäre. Er hatte mir immer versprochen, dass wir an die Ostsee fahren würden, doch das war nie geschehen.

»Ist es nicht schön hier?«, fragte mich mein Mann.

»Bezaubernd«, antwortete ich.

# 11

## EIN NEUANFANG

Fynn kam in einer Augustnacht auf die Welt, zwei Wochen nach dem errechneten Termin. Die Hebamme legte mir wortlos das blutige Bündel auf den Bauch und dann schrie der kleine Junge laut und entsetzt, was mir eine passende Begrüßung erschien für eine verrückte Welt, die er noch gar nicht kannte.

»Er ist so niedlich und friedlich«, sagte Ladja mit tränenden Augen, als Fynn nach seiner ersten Mahlzeit neben mir einschlief. In seinem Gesicht spiegelten sich gleichzeitig Vaterstolz und Müdigkeit. Zwanzig Stunden hatte er auf einer Liege im Kreißsaal ausharren müssen.

Jule und Rudy besuchten mich noch am selben Tag, doch die Geburt hatte mich so fertiggemacht, dass ich nur stumm dalag und nicht viel zu erzählen wusste. Ich beobachtete immer wieder mein Baby, hielt seine kleinen Finger in der Hand und streichelte das haarlose Köpfchen, und alles, was ich empfand, war Glück und Dankbarkeit.

Nach vier Tagen durfte ich das Krankenhaus verlassen. Ich lebte nach Fynns Rhythmus, schlief viel und stillte ihn auf dem Balkon, damit er die Sonnenstrahlen spüren konnte. Nachts lag er in der Wiege neben mir und Ladja, wir sahen zu, wie sein winziger Brustkorb sich regelmäßig hob und senkte, während er friedlich träumte, und waren uns einig, dass wir ein kleines Wunder geschaffen hatten. Nicht ein einziges Mal dachte ich während dieser Zeit darüber nach, ob ich eines Tages wieder anschaffen gehen würde. Die Welt der Bordelle schien mir so fern wie der Mond.

Ich glaubte, dass der Frieden und die Freude über das neue Leben noch Monate anhalten würden, bis mir eines Morgens im Supermarkt die Kassiererin meine EC-Karte zurückgab.

»Die Zahlung ist abgelehnt worden«, flüsterte die junge Frau mit mitleidigem Blick.

Ich packte die Ware von meiner Tasche wieder auf das Laufband, riss ihr die EC-Karte aus der Hand und verließ mit großen Schritten den Laden. Hinter mir hatte sich eine Schlange gebildet und die Leute starrten mich an, als ob ich eine Kriminelle wäre. Ich wusste sofort, dass Ladja während meines Klinikaufenthaltes Geld abgehoben hatte, anders konnte ich mir die Ebbe auf dem Konto nicht erklären. Obwohl ich immer noch von der Geburt geschwächt war, rannte ich regelrecht nach Hause und stürmte die Treppe hoch. Mein Ehemann lag auf der Couch und sah fern, Fynn schlief friedlich auf seinem Schoß.

»Was hast du mit der Kohle gemacht?«, brüllte ich, riss ihm die Fernbedienung aus der Hand und zerschmetterte sie auf dem Boden.

Das Kind wurde von den Schreien wach. Ich nahm Fynn auf den Arm und tröstete ihn sanft. Ladja nutzte die Gelegenheit und schloss sich im Badezimmer ein. Als das Baby sich wieder beruhigt hatte, klopfte ich gegen die Tür, bis Ladja zermürbt aufmachte.

»Ich habe auf meinen Sohn getrunken – bei uns in Polen macht man das so. Ich habe nur ein bisschen gefeiert«, gestand er.

»Das Geld hatte mir meine Familie geschickt. Wir soll-

ten etwas für unseren Sohn kaufen, du bescheuerter, nutz-
loser Idiot«, schrie ich. Mit zitternden Händen zündete ich
mir eine Zigarette an, die erste seit langer Zeit. Mir wurde
davon schwindelig und die beruhigende Wirkung blieb aus.
Nach ein paar Minuten marschierte Ladja frisch geduscht
aus dem Badezimmer raus, er trug nur ein Handtuch um
seine Hüften.

»Ich lasse mir deine Beleidigungen nicht gefallen«, sagte
er. »Du kannst mir nicht verbieten, mit meinen Kumpels
anzustoßen, wenn ich Vater werde.«

Ich drückte die Zigarette im Aschenbecher aus, guckte
ihn an und schüttelte den Kopf.

»Kapierst du es nicht?«, wetterte ich los. »In den ganzen
Jahren habe ich uns immer den Arsch gerettet, aber das
kann ich jetzt nicht machen. Ich habe gerade entbunden.
Ich kann doch jetzt nicht in den Puff ficken gehen!«

»Habe ich dich je dazu gezwungen?«, fragte er nur leise.

»Was soll das Kind demnächst anziehen? Er braucht dringend eine Winterjacke, es wird kälter, falls du es noch nicht
gemerkt hast«, erwiderte ich. »Und was sollen wir morgen
essen? Und übermorgen? Der Kühlschrank ist fast leer!«

»Du bist im Endeffekt wie mein Vater«, sagte Ladja. »Er
hatte immer nur Schläge für mich übrig und du hast nur
deine verletzenden Worte. Für euch beide bin ich doch
nichts als ein Versager.« Er zog sich an, ging aus der Wohnung und kam erst spätnachts zurück.

In meiner Verzweiflung kam ich auf die Idee, meinen Vater anzurufen in der Hoffnung, dass er mir noch ein paar
hundert Euro für seinen neugeborenen Enkel schicken
würde, und zwar schnellstmöglich.

»Wie, du hast kein Geld? Was macht dein Ehemann eigentlich den ganzen Tag? Versteht er nicht, dass er jetzt eine
Familie ernähren muss?«, fragte er besorgt.

259

»Doch, er hat ja einen Job, nur bezahlt haben sie ihn noch nicht«, log ich. Es war mir peinlich, wie offensichtlich Ladja sich nicht für unsere materielle Zukunft interessierte, selbst in der jetzigen Situation. »Mach dir keine Sorgen, wir kommen schon klar«, sagte ich am Ende und legte auf. Mir war nach Weinen zumute, doch das Baby mit seinem friedlichen, runden Gesicht brachte mich auf andere Gedanken.

»Mami macht das schon, es wird wieder alles gut«, flüsterte ich und berührte seine kleine Hand, bis Fynn mit den zarten Fingern meinen Daumen umklammerte.

Am Ende blieb mir nichts anderes übrig, als Wolfgang anzurufen. Er war der Einzige, der mir Kohle geben würde, ohne mit mir ficken zu wollen, außerdem war ich seit einer Weile nicht mehr bei ihm gewesen und freute mich auf ein Wiedersehen.

»Wie geht es dir und deinen ganzen Kerlen?«, begrüßte er mich am Telefon lachend. Im Hintergrund lief beschwingter Jazz. Trotz seiner prekären Gesundheit ließ er sich noch regelmäßig von seinen Mädchen besuchen, selbst wenn dabei selten etwas passierte.

»Was würdest du davon halten, wenn ich mich in den nächsten Tagen bei dir blicken lasse? Du willst bestimmt das Baby sehen«, sagte ich. Er sollte nicht den Eindruck bekommen, dass ich dringend Kohle brauchte, dazu schämte ich mich zu sehr.

»Ist doch eine prima Idee, Mensch, ich habe in ein paar Tagen Geburtstag, meine ganze Familie ist hier, du kannst gerne mit Phil kommen«, sagte er.

»Fynn«, betonte ich. »Mein Sohn heißt Fynn.«

So fuhr ich tatsächlich am übernächsten Tag zu Wolfgang nach Marzahn. Seine Familie war am Tisch versammelt, als ich reinkam. Ich wurde mit meinem echten Namen vorgestellt und alle begrüßten mich höflich. Sie wussten sicher, in welcher Verbindung ich zu Wolfgang stand, trotzdem gab es keine blöden Kommentare. Sie stellten mir vielmehr Fragen zu meinem Studium und meinen beruflichen Plänen, als sei ich eine ganze normale Studentin. Sabine, seine Frau, machte gerade eine Umschulung im EDV-Bereich und wir quatschten über Computer und Programmiersprachen. Fynn schlief die ganze Zeit in seinem Kinderwagen-Korb und wurde von allen gehätschelt und bewundert.

Wolfgang machte kein Geheimnis um seine jungen Bekanntschaften. Für ihn war seine Leidenschaft etwas, womit man angeben konnte. »Die anderen Männer in meinem Alter müssen sich mit faltigen Omas zufriedengeben – ich aber habe meine hübschen Freundinnen«, pflegte er immer zu sagen.

»Fummeln wir ein anderes Mal, ich fühle mich noch nicht so gut«, sagte ich kurz bevor die Party zu Ende war. Er verstand das und wir gingen zurück in die Küche, wo ich drei Stück Käsekuchen in null Komma nichts verschlang. Von den zwanzig Cent, die ich noch übrig gehabt hatte, hatte ich mir zum Frühstück genau eine Schrippe kaufen können und mein Magen knurrte.

Bevor ich seine Wohnung verließ, gab mir Wolfgang wortlos einen weißen Umschlag, darauf stand einfach nur »Sonia«. Drin war, wie immer, ein Hundert-Euro-Schein, wie frisch gedruckt. Ich fragte mich immer, ob er jedes Mal extra zur Bank lief, bevor ich ihn besuchte.

Nach einem Monat war meine Babypause vorbei. Das Wintersemester fing an und ich besuchte regelmäßig die Vorlesungen. Zum Glück fanden die meisten Veranstaltungen am Vormittag oder am frühen Nachmittag statt, so dass ich nicht allzu spät nach Hause kam. Ladja saß währenddessen mit Fynn daheim und schien in der Vaterschaft eine neue Lebensaufgabe gefunden zu haben. Er wickelte das Kind und fütterte es mit der Flasche und erzählte stolz in unserem Bekanntenkreis, wie fürsorglich er sich um seinen Sohn kümmere. »Ein Musterbaby – schläft den ganzen Tag und weint nur, wenn er essen will«, verkündete er stets.

Am Ende des Monats fing ich wieder an, in dem Massagesalon bei Shiva zu arbeiten. Trotz Erziehungsgeld, Kindergeld und Ladjas Stütze war unsere Haushaltskasse so knapp, dass ich mich dafür entschied, zwei Tage die Woche zu jobben.

Ich hatte ein komisches Gefühl, als ich an einem Freitagnachmittag zum ersten Mal nach längerer Zeit wieder den Laden betrat. Ich war seit zwei Monaten nicht mehr dort gewesen, es war die längste Pause, seit ich angefangen hatte, im Rotlichtmilieu zu arbeiten. Ich saß in der Küche, quatschte mit den Frauen hauptsächlich über meinen Sohn und das Studium und fürchtete mich insgeheim vor dem ersten Zimmer. Es war ein bisschen wie vier Jahre zuvor, als ich im »Ekstase« in Neukölln das erste Mal für Geld meine körperlichen Dienste anbot.

Mein erster Kunde blieb eine halbe Stunde bei mir. Während der Anfangsminuten stand ich schüchtern und verlegen vor ihm. Erst als er nackt vor mir stand, fand ich meine kokette Art wieder und flirtete mit ihm, damit er sich wohl fühlte. Als ich seinen Schwanz in der Hand hatte, holte ich ihm mit meinen geübten Händen so gut einen runter, dass er nach wenigen Minuten kam. Anschaffen gehen ist wie Fahrrad fahren, dachte ich mir: Einmal gelernt, vergisst du es nie wieder.

»Wie war es?«, fragte ich am Ende, als er nach dem Höhepunkt japsend auf der Matratze lag.

»Sehr schön«, antwortete er sanft. Ich war beruhigt, wieder die alte Stella zu sein.

Während der Schwangerschaft hatte ich bei Shiva einen großen Kundenkreis gehabt. Nun war der Bauch weg und damit blieben auch die Gäste aus, die speziell deswegen gekommen waren. Ich war wieder schlank und niemand hätte gedacht, dass ich gerade ein Kind geboren hatte. Als normales Mädchen verdiente ich in dem Laden nicht mehr ganz so gut. Oft klingelte es während einer dreistündigen Schicht gerade vier- oder fünfmal und nicht mit allen Freiern wurde man handelseinig, so dass manche wieder unverrichteter Dinge gingen. Auch die anderen Frauen waren frustriert und diskutierten über die möglichen Ursachen. Es erinnerte mich vieles an die Endphase der »Oase«.

Mein Leben war immer kompliziert gewesen und nun war ich auch noch Mutter. In den vergangenen Jahren hatte ich schon immer mühselig versucht, meine diversen Rollen als Studentin, Hure, Ehefrau und Freundin unter einen Hut zu kriegen. Von Jule abgesehen, erfuhr kein Kommilitone jemals etwas davon, dass ich mich zur Finanzierung meines Studiums außerhalb der üblichen Arbeitswelt bewegte. Jule war zwar tolerant und fragte ab und zu besorgt nach, ob bei mir alles o.k. wäre, aber im Grunde war ihr mein Leben fremd, schließlich konnte sie von BAföG leben. Die anderen Kumpels aus der Uni, mit denen ich mich nach wie vor ab und an zu einem Kaffee traf, nahmen an, dass ich gerade in Erziehungsurlaub war und daher sowieso nicht jobben musste.

»Meine Familie unterstützt mich zum Glück«, log ich, als ich mit Paul und einem Freund von ihm in der Cafeteria der Bibliothek saß. Die Jungs glaubten es, auch weil sie keine Ahnung hatten, dass meine Familie finanziell eher schlecht ausgestattet war.

»Kommst du nächste Woche Montag zu mir? Wir machen einen DVD-Abend und schauen uns die ›Star-Wars‹-Reihe an«, fragte mich Paul irgendwann.

»Ich muss sehen, ob Ladja dann zu Hause ist. Ich kann meinen Sohn ja schlecht mitnehmen«, wehrte ich ab, wohl wissend, dass ich an besagtem Abend bis einundzwanzig Uhr im Massagesalon sitzen würde.

Hinterher musste ich mir wieder mal klarmachen, dass Paul und der andere bestimmt nicht so nett zu mir gewesen wären, wenn sie gewusst hätten, wie ich meine Kohle verdiente.

Wenn Jule mir erzählte, wie sie mit ihren Freunden die ganze Nacht im »Watergate« gefeiert hatte, wurde ich wehmütig. An den Wochenenden war ich früher selten vor Mittag aufgestanden, jetzt aber weckte mich der kleine Fynn jeden Morgen um sieben Uhr, so dass ich abends keine Lust mehr hatte, wegzugehen. Jedes Lächeln meines Babys kompensierte zwar die verpassten Disko-Touren, trotzdem vermisste ich manchmal die frühere Freiheit. Ladja passte zwar unter der Woche auf das Kind auf, aber am Wochenende war es für ihn selbstverständlich, mit seinen Kumpels um die Häuser zu ziehen.

»Weißt du, ich würde auch gerne mal wieder weggehen«, sagte ich, als er mich eines Freitagabends erneut alleine in der Wohnung zurückließ.

»Du bist doch jeden Tag fort«, erwiderte er und war schon dabei, seine Jacke anzuziehen.

»Ich sitze in einer Vorlesung oder hocke im Massagestudio«, konterte ich.

»Ich weiß gar nicht, was du willst«, sagte er gelangweilt. »Du bist nie hier und beschwerst dich trotzdem. Ich finde es ja auch nicht richtig, dass du dir so viel vornimmst. Ein Baby sollte möglichst viel bei seiner Mutter bleiben.«

So viel zum Thema Emanzipation, dachte ich – im Endeffekt bleiben meistens die Frauen mit den Kindern zu Hause, nur dass sie heute auch noch das Geld verdienen müssen. Zum Glück war Ladja ein Weichei, und da ich ihn regelmäßig triezte, passte er immerhin während der Woche auf den Kleinen auf.

An einem Sonntag arbeitete ich gerade an einem Bericht für die Uni, als mein Handy klingelte. Nach ein paar Sekunden hörte ich eine bekannte und angenehme Stimme, die ich lange vermisst hatte. Zum Glück konnte ich auf den Balkon flüchten, bevor Ladja etwas mitbekam.

»Kannst du kommen? Es ist wichtig, ich muss dich unbedingt sehen«, sagte Milan in flehendem Tonfall.

»Ich sehe, was ich machen kann«, flüsterte ich, obwohl mir klar war, dass ich auf Biegen oder Brechen zu ihm gefahren wäre.

»Seit wann trefft ihr euch auch sonntags in der Uni?«, fragte Ladja irritiert, als ich ihm eine Geschichte von einer neuen Projektgruppe auftischte, damit er mit Fynn daheimbleiben würde. Am Ende lenkte er ein.

Ich traf Milan in der Wohnung von Mario, in der wir uns so viele Stunden geliebt, aber auch einfach nur herumgelegen und gequatscht hatten. Ich flog direkt in seine Arme und wir konnten einander kaum noch loslassen.

»Ich will mich scheiden lassen«, sagte er. »Es hat mit Natalie gekracht, es hat keinen Sinn mehr.«

Ich fühlte, wie das Blut aus meinem Kopf floss. »Ich glaube dir nicht«, sagte ich und versuchte, Ruhe zu bewahren.

»Willst du mit mir leben?«, schlug Milan vor, als hätte er mich nicht gehört. »Wir können zusammen eine Wohnung mieten, Hauptsache, es weiß erst mal keiner davon. Ich will nicht so viel Tratsch im Kiez.«

»Am Viktoria-Luise-Platz?«, flüsterte ich ihm ins Ohr. Ich hatte die verrückte Nacht drei Jahre zuvor nicht vergessen, in der wir total betrunken von unserer Zukunft geträumt hatten. Und nun sollte das Realität werden? Ich zog mich schnell aus, schmiss meine Klamotten auf den Boden und setzte mich auf Milan, der mit einer Zigarette in der Hand bereits nackt auf der Couch lag.

Der Zweifel stieg in mir auf, als wir schon mittendrin waren. Ich löste mich aus seiner Umarmung und starrte ihn an.

»Du würdest nie mit meinem Job klarkommen. Es kann nicht funktionieren«, sagte ich.

»Dann hörst du einfach auf damit. Kannst du dir nicht vorstellen, nur mit mir zu schlafen?«, lautete seine Reaktion.

Was soll das jetzt? dachte ich mir – dieses Gelaber von Treue, nachdem wir beide seit Jahren unsere Partner betrogen haben.

»Wir müssen warten, bis du mit der Uni fertig bist«, fuhr Milan fort. »Dann hauen wir ab, lassen uns scheiden und ich heirate dich. Meinetwegen bekommen wir auch noch ein Kind zusammen, wenn du willst. Ich möchte irgendwo leben, wo es immer warm ist und der Alltag nicht so scheißhektisch ist wie hier. Ein Dorf in Südspanien, na, wie klingt das?«

Das klang alles wunderbar. Aber seine Worte konnten meine Zweifel nicht verringern.

Wir lagen immer noch aneinandergeschmiegt, als er mit seiner Frau telefonierte. Ich konnte ihre scharfen Worte hören, teilweise schrie sie regelrecht, und er atmete immer schneller, während ich mit meinem Kopf auf seiner Brust lag. Schneeregen fiel aus dem grauen Himmel, ein Novembersonntag in Deutschland. Irgendwann bekam ich eine SMS von Ladja, der Text lautete einfach »WO BIST DU,

VERDAMMT?????«. Er hatte offensichtlich ein paar Mal versucht, mich anzurufen.

»Ich muss gehen. Ladja ist zu Hause allein mit dem Baby«, sagte ich, als Milan aufgelegt hatte.

Er wirkte seltsam abwesend, dann nickte er kurz mit dem Kopf. »Ich muss das mit Natalie wieder hinkriegen. Ich will meine Familie nicht verlieren«, sagte er leise.

»Musst du wissen.« Ich küsste ihn flüchtig zum Abschied, bevor ich die Wohnung verließ und zurück in mein altes Leben ging, von dem mir nun klar war, dass ich es noch eine Zeitlang weiterleben müsste. »Mach das Beste draus«, sagte ich zu mir selbst, als ich in die U-Bahn stieg.

Im Januar verließ ich Shivas Massagesalon, der immer schlechter lief, und fing in einem Bordell in Reinickendorf an. Das große Thema unter den Mädchen war das neue Prostitutionsgesetz. Alle waren sauer auf das Finanzamt, das neuerdings eine Steuernummer von allen Frauen verlangte, um sie zu zwingen, Steuern zu zahlen. Es war vorgesehen, dass jede Hure pro Tag pauschal dreißig Euro an Steuern abführen sollte, und zwar trotz der Tatsache, dass in Berlin die Preise für Sex am niedrigsten waren und in vielen Bordellen ein Quickie gerade mal dreißig Euro kostete. »Einmal am Tag nur für die Steuerbehörde ficken – Frechheit«, lautete der häufigste Kommentar. Ein Gast mehr oder weniger macht auch keinen Unterschied, dachte ich. Ich rechnete im Kopf nach, mit wie vielen Männern ich in meinem Leben schon geschlafen hatte, und kam zu dem Schluss, dass es sicherlich mehr als tausend gewesen waren. Hin und wieder fragte ich mich, ob es nicht doch einfacher wäre, als studentische Hilfskraft an der Uni zu jobben, doch leider reichte die Bezahlung dafür nicht aus, um davon zu leben.

Ich versuchte mittlerweile stets, die Kunden davon zu überzeugen, mich von hinten zu poppen, damit ich ihre Gesichter währenddessen nicht sehen musste, und dachte immerzu daran, dass all dies notwendig war, um mir »eine Zukunft aufzubauen«, wie meine Familie immer zu sagen pflegte.

Ich machte also weiter wie bisher. Ich hatte mich einfach zu sehr daran gewöhnt, am Montag und am Freitag im Bordell zu sitzen und die restlichen Tage meine Kurse und Vorlesungen zu besuchen.

Am besten verstand Klara meine Probleme. Klara war gerade mal zwanzig und ging erst seit ein paar Monaten anschaffen, um ihr Studium an der Kunstakademie zu finanzieren. Sie hasste sich manchmal dafür und ärgerte sich, dass sie seitdem keinen Freund mehr haben konnte, weil sie sich inzwischen vor Männern ekelte.

Diese Phase kannte ich tendenziell auch, obwohl ich immer einen Partner gehabt hatte. Erst freute man sich über die Geldscheine im Portemonnaie, dann kam das schlechte Gewissen und schließlich die Zeit, in der einem alles egal war. An diesem Punkt war ich nun angekommen.

Mir machte es nichts mehr aus, über meine Arbeit zu reden, zumindest mit Vertrauenspersonen. Ich schämte mich auch nicht mehr dafür. Es war nun mal für mich die einzige Möglichkeit, zu studieren, ohne ein Sozialfall zu werden. Eines Abends in der Disko hatte ich sogar mal einem Mitstudenten von meinem Job erzählt, weil ich ihn für etwas aufgeschlossener hielt als die meisten anderen. Immerhin hatten wir das ganze Semester gemeinsam an einem Projekt gearbeitet und waren öfters mal zusammen weggegangen. »Ich beneide dich fast«, war sein Kommentar gewesen. »Ich muss am Samstagabend in der Kneipe hinter der Theke stehen, um ein bisschen Geld im Portemonnaie zu haben.«

»So einfach ist das alles nicht«, hatte ich geantwortet, ahnend, dass er meine Antwort nicht verstehen würde.

Für meine neue Freundin Klara war es noch schwieriger, da sie noch nicht so lange im Milieu war. »Irgendwann wird der Sex eine gewöhnliche Aktion, wie wenn man jeden Morgen auf Toilette geht«, sagte sie eines Tages, während wir im Raucherraum des Bordells saßen.

»Stört dich das?«, fragte ich. Ich hatte seit dem Morgen schon fünf Männer hinter mir.

»Was soll ich sagen – also, an das Wunder der Liebe glaube ich nicht mehr, seit ich dreizehn bin und sich der Typ, mit dem ich gefummelt habe, nicht mehr gemeldet hat. Mann, das ist schon ewig her«, seufzte sie und zündete sich die nächste Zigarette an.

»Du bist erst zwanzig und redest wie eine Vierzigjährige«, lachte ich und dachte daran, wie schnell man in diesem Milieu erwachsen wird.


»Fynn ist krank, du musst nach Hause kommen«, erzählte mir mein Kumpel Rudy eines Tages am Telefon, als ich mich gerade in der Uni für ein neues Statistik-Projekt anmeldete.

»Wo ist Ladja?«, fragte ich besorgt.

»Er schläft seinen Rausch aus«, sagte er trocken. »Ich habe versucht, ihn zu wecken, doch er meinte, ich solle nicht so ein Theater machen, dem Kind sei wahrscheinlich nur warm.«

Zu Hause konnte ich mich gerade noch zusammenreißen, um nicht nach einer Pfanne zu greifen und sie Ladja an den Kopf zu schmeißen. Das Baby hatte hohes Fieber. Ich gab Fynn ein Zäpfchen und blieb bei ihm, bis er einschlief.

»Du musst gehen, ich will dich hier nicht mehr sehen«, teilte ich Ladja gefasst mit, als er gegen Mittag aus dem Bett aufstand und Richtung Bad latschte. Er schaute mich verblüfft an, als ob er den Ernst meiner Worte nicht begriffen hatte. Ich aber nahm seine Reisetasche und fing an, seine Klamotten reinzustopfen. Er versuchte noch, mit mir zu diskutieren, und wurde laut. Doch meine Entscheidung war gefallen.

»Du wirst mich noch anbetteln, zurückzukehren«, sagte er sarkastisch, bevor ich Tür hinter ihm zudrückte. »Allein mit dem Baby wirst du dein Studium nie packen.«

Als er weg war, kehrte eine angespannte Ruhe ein, eine trügerische Stille, die kurz einsetzt, wenn ein Blitz sich entladen hat, der Donner aber noch bevorsteht.

»Wirf ihn raus und hol ihn nicht zurück!« – so oder so ähnlich hatten die Aufforderungen meiner Kolleginnen im Puff gelautet, die schon längst ihre Meinung über Ladja hatten. An diesem Abend saß ich auf der Couch, trank eine Flasche Rotwein und schaute einen schnulzigen italienischen Liebesfilm an und dachte dabei nur an Milan.

Ich blieb nun zu Hause mit Fynn, sein Papa war erst mal weg, dem Puff musste ich bis auf weiteres absagen und für die Vorlesungen hatte ich auch keine Zeit. Nachts lernte ich und machte Hausaufgaben und schlief ständig am Schreibtisch ein.

Alle meine Kommilitonen zeigten Verständnis für mich, und schickten mir per E-Mail die Notizen aus den Vorlesungen. Trotzdem war mir klar, dass ich auf diese Weise keine einzige Prüfung schaffen und auch noch total pleitegehen würde.

Wenn mein Sohn schlief, telefonierte ich herum, um so rasch wie möglich einen Krippenplatz für ihn zu bekommen, was aber auf die Schnelle unmöglich war. Man brauchte dafür einen Kita-Gutschein vom Bezirksamt, den allerdings bekam man erst nach zwei Monaten Bearbeitungszeit – dass dies ein Notfall war, schien niemanden zu interessieren.

»In zwei Monaten ist das Sommersemester zu Ende.

Wenn ich da jetzt nichts belegen kann, habe ich ein halbes Jahr meines Lebens verplempert«, schilderte ich meine Situation aufgeregt einer Beamtin beim Bezirksamt, die mich teilnahmslos ansah.

»Ich verstehe Ihre Sorgen, aber ich kann nichts machen. Wir haben hier hundert Anträge pro Woche zu bearbeiten, schneller geht es nicht«, erklärte sie mir so langsam und deutlich, als ob ich eine Irre wäre. Ich verließ das Amt und ging nach Hause, den Kinderwagen vor mir herschiebend.

Nach drei Tagen Abwesenheit klingelte Ladja an der Tür. Seine Klamotten waren dreckig, an seinen Schuhen klebte Matsch und seine Augen waren rot. Wie er mir später erzählte, hatte er in einer Bruchbude geschlafen, deren Hauptmieter ein Drogenabhängiger war, der gerade ein paar Monate wegen Rauschgifthandels im Knast verbrachte. »Ich will meine Familie nicht verlieren«, schluchzte er und warf sich vor meine Füße. Hätte ich ihn nicht so gut gekannt, hätte er mir leidgetan.

»Schmeiß deine Sachen in die Waschmaschine, die stinken nämlich«, sagte ich kühl, zog Fynn an und verließ mit ihm die Wohnung.

Im Frühling bekam ich eine Einladung zu einem Vorstellungsgespräch bei einer IT-Security-Firma, bei der ich mich um einen Praktikumsplatz beworben hatte, für den es sogar Kohle geben sollte. Den Tipp hatte ich von einem unscheinbaren Studenten bekommen, der mit mir in einem Finanzmathematik-Kurs saß und für mich seine Notizen kopierte, wenn ich mal wieder nicht da war. Nervös bügelte ich den einzigen Anzug, den ich besaß – es war das erste Mal in meinem Leben, dass ich mich um einen seriösen Job bewarb, abgesehen von Call-Centern und Restaurants, wo ich immer nur kurz gearbeitet hatte.

Der Chef des Unternehmens war ein großer, schlanker Mann Mitte vierzig, mit grauem Haar und hoher Stirn. Er trug ein T-Shirt und eine Jeans und schien weder steif noch eingebildet. Er stellte mir ein paar Fragen zu meinem Studium, den Informatik-Kursen, die ich schon belegt hatte, und meinem Lebenslauf, die ich allesamt erstaunlich locker und überzeugend beantworten konnte. Ich fühlte mich in dem Büro mit zunehmender Dauer des Gesprächs so wohl, dass ich die Beine übereinanderschlug und mich zurücklehnte wie bei einem Gespräch mit einem Bekannten.

»Ich denke, wir kommen zusammen«, sagte er am Ende lächelnd.

Auf der Straße fühlte ich mich trotz des Business-Outfits unglaublich leicht und unbeschwert. Ich wusste, dass dieser wenn auch noch so kleine Job die einzige Chance war, langfristig aus dem Bordell-Business wegzukommen, und erinnerte mich an die Worte von Torsten, dem alten Chef der »Oase«: Eine von Tausenden schaffe den Absprung, hatte er gesagt – vielleicht war es jetzt endlich so weit.

Anfang Juli fand ich im Briefkasten einen Brief von der Firma – mit einem Vertrag, den ich unterschrieben zurückschicken sollte. Vor Freude tanzte ich durchs Wohnzimmer, mit Fynn in den Armen, der die ganze Zeit lachte, das unwissende und sorglose Lachen eines elf Monate alten Babys.

Um das Wesentliche musste ich mich natürlich alleine kümmern. Nachdem ich einen ganzen Nachmittag beim Bezirksamt verbracht hatte, bekam ich endlich einen Kita-Platz für Fynn und war darüber erleichtert, denn in einer öffentlichen Einrichtung war er besser aufgehoben als bei seinem ständig bekifften Vater.

Während der ersten Praktikumswoche hatte ich das Gefühl, ein anderer Mensch geworden zu sein. Frühmorgens verließ ich die Wohnung, brachte Fynn in die Kita, setzte mich mit einer dampfenden Kaffeetasse an meinen Schreibtisch und erledigte meine Aufträge. Die Kollegen gingen nett und kumpelhaft mit mir um und zum ersten Mal seit Jahren spielte Sex bei der Arbeit keine Rolle, stattdessen sprach man über Fachthemen oder in der Mittagspause über Familie, Freizeit oder sonstige Ereignisse der Weltgeschichte. Das ganze Team wäre wahrscheinlich tot umgefallen, wenn sie gewusst hätten, was ich nebenbei machte, ja, mir selber kamen der Puff und meine dortigen Kunden immer mehr wie eine Parallelwelt vor.

Umso drastischer war die Umstellung, wenn ich samstags ins Bordell ging, um mein mageres Praktikantengehalt aufzubessern. Die Mädchen dort fragten mich begierig über meine Arbeit aus, und auch wenn sie mit den meisten Fachbegriffen nichts anfangen konnten, so waren sie doch begeistert von der Tatsache, dass eine von ihnen dabei war, die Kurve zu kriegen. Ich selbst war tatsächlich stolz und froh, im beruflichen Bereich meines Lebens nicht mehr nur auf meine Brüste und auf meinen Arsch reduziert zu werden. Während der Jahre im Rotlichtmilieu war dies vielleicht meine größte Angst gewesen: dort für immer hängen zu bleiben.

Auf der anderen Seite vermisste ich bei meinem Praktikum manchmal die familiäre Atmosphäre, die in den meisten Puffs herrschte. Im Büro quatschten die Leute nur in den Pausen miteinander, während der Arbeitszeit hingen meine Kollegen emsig am Telefon, über Akten oder starrten auf ihre Monitore, und die Kommunikation beschränkte sich auf projektbezogene Fragen. Es gab keine Lästerei über Männer, keine Sexgespräche beim Frühstück, keine dreckigen Witze. Manchmal fiel mir plötzlich die eine oder andere lustige Szene aus meinem »zweiten« Leben ein und dann musste ich unwillkürlich lachen.

»Was ist denn so lustig?«, fragte mich Frauke, die neben mir saß, bei einer dieser Gelegenheiten. »Oh, nichts«, antwortete ich nur und las weiter meine Geschäftsmails.

Frauke war immer ausgesprochen nett zu mir und erkundigte sich oft nach meinem Sohn, doch von meinem Doppelleben hätte ich ihr nie erzählt, genauso wenig wie den anderen im Büro. Obwohl ich mich vom Team gut integriert fühlte, trennte mich noch ein tiefer, für die anderen nicht zu ahnender Graben vom normalen Bürovolk. Sie hatten alle ganz normal studiert und währenddessen nebenbei als Kellner oder in einer Fabrik gejobbt. Die meisten waren heute verheiratet und hatten Kinder. Zuweilen wünschte ich mir, eine von ihnen zu sein, jemand, der gar nichts vom Rotlichtmilieu weiß und am Wochenende mit der Familie nach Rügen fährt, anstatt in einem Puff zu sitzen. Doch genauso oft kam mir in den Sinn, dass manche meiner männlichen Kollegen bestimmt schon mal in einem Bordell gewesen waren, obwohl sie es natürlich nie zugegeben hätten. Dieser Gedanke überzeugte mich letztendlich davon, dass es diese heile Welt, von der ich immer geträumt hatte und auch jetzt noch manchmal träumte, gar nicht gab.

»Eine Sache verstehe ich nicht: Was zum Teufel machst du noch mit deinem Mann?«, fragte mich Sebastian, ein Stammkunde von mir, nachdem ich ihm während einer Stunde von meinem neuen Leben erzählt hatte. Wir lagen auf dem großen Bett in Zimmer fünf, das gefüllte Kondom hing noch an seinem mittlerweile schlaffen Glied, obwohl der Sex längst schon vorbei war.

»Kann man nach einigen Jahren Ehe einfach so einen Schlussstrich ziehen und neu anfangen, als ob nichts gewesen wäre?«, entgegnete ich seufzend.

»Alles ist vergänglich. Am Ende bleibt von uns nicht viel

mehr als ein Haufen Knochen, sogar unsere massivsten Bauwerke verwandeln sich irgendwann in Ruinen und werden unter Erdschichten begraben«, erklärte er leidenschaftlich – er war Architekt. Dabei fixierte er die rote Papierlampe, die von der Decke hing, als würde er sich fragen, was wohl aus ihr werden würde, wenn wir schon längst nicht mehr auf der Welt wären. Ich kannte ihn schon ein paar Monate und fand ihn angenehm, weil er beim Sex keine großen Ansprüche hatte und das Gelaber danach umso mehr liebte.

»Was interessieren mich Gebäude. Ich rede von Menschen.« Ich stand auf und zog meine Unterwäsche wieder an, denn die Stunde, die er gebucht hatte, war fast um.

»Ich habe mich letztes Jahr nach fünfzehn Jahren Ehe scheiden lassen«, erzählte er ernst, während er sein Geschlechtsteil im Waschbecken wusch. »Heute weiß ich: Ich hätte mich schon viel früher trennen sollen, dann wäre vieles einfacher gewesen.«

Im Raucherraum verteilte Miriam, die Besitzerin des Ladens, später am Tag gute Ratschläge. »Ich rede aus Erfahrung, Mädels: Schnappt euch einen Kerl, bevor es zu spät ist. Egal, ob er hübsch oder interessant ist, Hauptsache, er hat einen sicheren Job, ist vernünftig und behandelt euch gut. Alles andere ist Nebensache«, behauptete sie, was für eine Welle der Empörung sorgte. Unbeirrt sprach sie weiter: »Als ich jung war, machte mir ein Freier einen Heiratsantrag – ein stinkreicher, fünfzigjähriger Österreicher. Er liebte mich abgöttisch. Ich fand ihn natürlich widerlich, mit seiner Plauze und den tiefen Falten im Gesicht, ich hatte ja meinen Süßen, der wie Patrick Swayze aussah, und lachte den alten Sack nur aus. Na ja, ein Jahr später war es mit meinem hübschen Mann vorbei. Ich hatte keine Kohle und wollte nun in meiner Verzweiflung den alten Opa doch noch rumkriegen. Also schrieb ich ihm einen netten Brief und hoffte, dass er sich melden würde.« Sie strich mit der Hand ihre langen roten Haare glatt und seufzte.

»Und?«, fragte Klara gespannt.

»Es kam eine Antwort von seiner frischgebackenen Ehegattin, ich solle mir keine Mühe geben, der Herr sei schon vergeben. Ich habe mal ein Foto von den beiden in einer Lokalzeitung gesehen. Sie war mindestens zehn Jahre älter als ich, klein und dick«, sagte sie und streckte wie zur Bekräftigung dieser Absurdität ihre Beine, die mit Mitte vierzig immer noch glatt und schlank waren.

»Und jetzt sitzt sie auf seiner Yacht am Mittelmeer und du bist hier alleine im Puff«, kommentierte jemand.

»So ist es«, sagte sie melancholisch. »Also merkt euch meinen Rat: Findet einen soliden Kerl, solange ihr jung seid, einen, der euch Sicherheiten bieten kann. Verlasst euch nicht nur auf eure Augen und hört nicht nur auf euer dummes Herz. Die attraktiven Männer werden auch irgendwann alt oder verlassen dich, solange sie bei jüngeren Frauen noch was reißen können, und dann bist du allein.«

Miriams Geschichte hatte mir zu denken gegeben. Das Letzte, was ich gemacht hätte, wäre, mit jemandem nur wegen seines Geldes zusammen zu sein. Allein den Gedanken, jede Nacht neben jemandem einzuschlafen, von dem ich mich weder innerlich noch äußerlich angezogen fühlte, fand ich unsäglich. Andererseits: War ich bekloppt, nach fünf Jahren als Nutte noch an die wahre Liebe zu glauben? Vor meinen Augen hatte ich das Bild von Milan, wie er im Sommer vor dem »California« saß, die Hände lässig in die Hosentasche gesteckt, die Sonnenstrahlen auf den kräftigen Armen. Kompromisse machen das Leben vielleicht einfacher, dachte ich, doch was ist ein Dasein ohne Sehnsucht schon wert?

Am dritten Adventssonntag dieses Jahres machte ich end-gültig Schluss mit Ladja. Seit ich mein Praktikum angefan-gen hatte, hatte sich die Situation zwischen uns noch weiter angespannt. Die Resignation, mit der er jeden Tag dem Le-ben begegnete, war mir jetzt so fremd wie noch nie. Wann bist du das letzte Mal mit ihm glücklich gewesen, fragte ich mich eines Tages. Das höchste der Gefühle in unserer Bezie-hung, vom Sex abgesehen, war ein ruhiger Abend, an dem er vor der Glotze »Star Trek« anschaute und ich ein Buch las oder für die Uni lernte. Und selbst so was war selten ge-worden. Es hatte lange gedauert, aber ab einem bestimmten Zeitpunkt wurde mir mit einer unheimlichen Klarheit be-wusst, dass ich mir nicht mehr vorstellen konnte, je wieder einen wirklich verliebten Tag mit Ladja erleben zu können. Wenn ich versuchte, an die ersten Zeiten mit ihm zu denken, war es, wie wenn ich an meinen ersten Schultag dachte, so fern schien mir das Ganze inzwischen.

»Ich will mich von dir trennen. Es hat keinen Sinn mehr«, sagte ich daher eines Abends im Dezember ganz ruhig zu Ladja, nachdem ich Fynn ins Bett gebracht hatte. Er be-dachte mich mit einem spöttischen Blick und wandte sich dann wieder dem Fernseher zu, in dem gerade eine Zeichen-trickserie lief. Ich stellte mich vor ihn, riss ihm die Fernbe-dienung aus der Hand und schaltete das Gerät aus.

Er schien gelangweilt. »Wann kommt dein Anruf? Nach zwei Tagen? Nach drei?«, fragte er höhnisch.

»Es geht nicht mehr«, antwortete ich nur müde.

»Du wirst auf die Schnauze fallen.« Er lachte. In seinen Augen sah ich Verachtung und verletzten Stolz.

»Den Gefallen tue ich dir nicht«, sagte ich, als er diesmal ohne größeren Disput das Wohnzimmer verließ, um seine wenigen Sachen zu packen.

Im Schlafzimmer auf meinem Bücherregal standen immer noch die kitschigen, sich umarmenden Plastikmäuse, die er mir am Anfang unserer Beziehung geschenkt hatte. Ich seufzte. Von der Liebe war nur noch Mitleid und Bitternis übrig. Vor sechs Jahren war er mit einem Rucksack zu mir gekommen und so ging er jetzt auch.

»Ich habe übrigens immer von dir und Milan gewusst«, sagte er, als er mit zitternden Händen die letzte Zigarette in unserer Wohnung rauchte.

Ich schwieg.

»Du wirst immer eine Nutte bleiben«, waren seine letzten Worte, bevor er die Wohnung verließ und die Schlüssel auf dem Wohnzimmertisch liegen ließ.

In den folgenden Tagen kamen von ihm zuerst verzweifelte, dann wütende Anrufe, gefolgt von gegenseitigen Vorwürfen und schließlich Funkstille. Erleichtert flog ich zwei Tage vor Weihnachten nach Italien zu meiner Familie. Das Letzte, was ich wollte, war, einsam mit Fynn in meiner Wohnung zu sitzen, und in Italien hatte ich zwischen schier unzähligen Besuchen keine Zeit zum Grübeln. Niemand dort wunderte sich, dass ich Ladja verlassen hatte, sie alle hatten den Straßenjungen aus Polen an meiner Seite immer als unpassend empfunden.

Erst kurz vor Silvester flog ich zurück nach Berlin. Am letzten Tag des Jahres traf ich mich mit Jule und ihrem neuen Freund in einer Kneipe.

»Du bist mit den Gedanken woanders«, stellte sie fest. »Ist es wegen Ladja?«

»Ach, der ist Schnee von gestern«, lachte ich und meinte es auch so. »Ich frage mich nur, wo Milan ist. Bestimmt im ›California‹.«

»Dann geh zu ihm. Wir sind nicht beleidigt«, sagte Jule.

Ich bestellte mir ein Taxi nach Schöneberg. »Fahren Sie zu einer Party?«, fragte der Fahrer, als wir an einer Ampel standen. »Nein, ich treffe mich einfach mit einem Kumpel«, antwortete ich knapp und betrachtete durch die Rückscheibe, wie der Glasturm vom Sony Center hinter uns verschwand.

»Das muss ja ein spezieller Kumpel sein«, kommentierte er.

»Wie wollen Sie das denn wissen? Sie kennen mich gar nicht!«, protestierte ich.

»Ihre Augen leuchten«, erklärte er mir mit dem Lachen des Besserwissers.

Das »California« war brechend voll, doch in der Menge qualmender Gestalten erkannte ich Milan sofort. »Ich habe Ladja verlassen«, lautete meine Begrüßung, zu der er nur kurz nickte, als ob es sich um eine Belanglosigkeit handeln würde.

Als ich noch einmal darauf zurückkommen wollte, sagte er nur: »Ich will nichts von ihm wissen. Du bist hier und das ist das Wichtigste.« Mit diesen Worten küsste er mich.

Es wurde ein perfekter Abend. Wir ignorierten den Jahreswechsel und spielten wie Besessene Schach und »Vier gewinnt«. Selbst als der letzte Gast torkelnd das »California« verlassen hatte, dachten wir nicht daran, wegzugehen, bis der Barmann uns schließlich um sieben Uhr morgens herauswarf.

»Ich höre auf, im Puff zu arbeiten – endgültig«, sagte ich, als ich mit Milan Hand in Hand durch die morgengrauen Straßen ging. Es war die spontane Entscheidung nach einer durchzechten Silvesternacht, aber als ich es gesagt hatte, fühlte ich mich wie befreit. Während der vergangenen Monate hatte ich mich, ohne es wirklich zu merken, nach und nach auf diesen Schritt zubewegt. Fünf Jahre lang war das Bordell mein Arbeitsplatz und ein Teil meines Lebens gewesen. Jetzt aber hatte ich eine neue Vorstellung von meiner Zukunft entwickelt, in der mein Sexleben nichts mehr mit Geld zu tun haben würde.

»Wie willst du dich finanzieren?«, fragte Milan.

»In sechs Monaten ist mein Studium vorbei. Danach kriege ich bestimmt einen guten Job«, erklärte ich.

»Schöner Vorsatz«, kommentierte Milan und küsste mich erneut. »Gehen wir zu Mario?«, fragte er dann. Es war fast neun Uhr morgens.

In jeder Liebschaft gibt es Rituale und dies hier war unseres. Ich würde wohl nie mit Milan zusammen am Sonntagmorgen im Bademantel frühstücken, nie würde ich seine Schultern nach einem harten Arbeitstag massieren und wir würden auch nie am Wochenende an die Ostsee fahren. Doch damit konnte ich leben – das begriff ich jetzt zum ersten Mal. Ich klammerte mich nicht an ihn beim Abschied und wollte auch keine dummen Versprechen hören, sondern genoss einfach sein Lächeln und seine Hände auf meiner Haut und dankte dem Schicksal, dass es mir diese unvollkommene Liebe geschenkt hatte.

Ich lächelte noch auf dem Weg zur U-Bahn. Der Wurststand am Bahnhof machte gerade auf, der Verkäufer schob mühsam die Jalousie hoch. Ich kaufte mir eine Bulette mit Ketchup und verschlang sie gierig. Ein junger Mann am Bahnsteig versuchte, mir eine gebrauchte Fahrkarte anzudrehen, doch in meinem Schwebezustand lief ich an ihm vorbei, ohne ihn zu beachten.

Nach zwei Stationen stieg ein Obdachloser ein, der eine Straßenzeitung verkaufte, und wedelte demonstrativ mit einem Exemplar vor meiner Nase herum. »Das neue Jahr wird ein glückliches Jahr!«, prophezeite er, um die Aufmerksamkeit der Fahrgäste zu gewinnen.

Eben war ich noch irgendwie glückselig gewesen. Doch in diesem Moment fing ich plötzlich an zu weinen, es überkam mich einfach und schüttelte mich richtig durch.

»Es lohnt sich nicht, für einen Mann zu heulen«, sagte der Zeitungsverkäufer.

Doch diesmal ging es gar nicht um die Männer. Vielmehr trauerte ich um die Zeit, die einfach so verging, ohne dass ich sie festhalten konnte und von der nichts übrigblieb als Erinnerungen. Fünfundzwanzig Jahre war ich inzwischen alt, ein Vierteljahrhundert – und was hatte ich vorzuweisen? Eine kaputte Ehe, eine fünfjährige Nuttenkarriere, eine hoffnungslose Liebe ... Und was noch? Ein fast abgeschlossenes Studium und ein wunderbares Kind – immerhin.

So muss es wohl sein, das Leben, dachte ich mir und fühlte mich wieder etwas ruhiger. Es ist schön und schmerzhaft, und wer weiß, was noch kommt.

Ich schloss die Augen und schlief bis zur Endstation.

# DANK

Dieses Buch zu verfassen war eine wahnsinnig schöne und aufregende Erfahrung, zumal ich auf diese Weise die turbulenten Ereignisse der letzten Jahre in Gedanken nochmal erleben konnte. Das Schreiben hat mir schon immer Spaß bereitet, und auch wenn ich in den letzten Monaten mehr als eine Nacht vor dem Laptop verbracht habe, würde ich es jederzeit wieder machen. Jetzt, wo mein Studium zu Ende geht und endgültig mein Erwachsenenleben beginnt, blicke ich entspannt auf meine spannenden frühen Jahre in Berlin zurück, die ich in diesem Buch beschrieben habe.

Zum Glück hatte ich genug Menschen um mich, die mich immerzu ermutigten und mir mit wertvollen Ratschlägen zur Seite standen. An erster Stelle möchte ich mich bei Heike Faller bedanken, ohne die ich dieses Projekt wohl nie angegangen wäre und die immer gute Tipps parat hatte. Dann möchte ich mich bei der Literarischen Agentur Simon für ihre Unterstützung bedanken, namentlich bei Alexander Simon und Gila Keplin, die während der Schreibarbeiten immer für mich da waren. Und nicht zuletzt Dank an die Mitarbeiter des Ullstein Verlags, insbesondere an Katharina Amin und Christoph Steskal für die konstruktive Zusammenarbeit.

Ein großes Dankeschön geht natürlich an meinen kleinen Sohn, der monatelang seine Mama mit dem Notebook teilen musste. Wir holen die Zeit nach – versprochen!

Tausend Dank schließlich auch allen anderen Familienmitgliedern und Freunden, die mich zum Schreiben ermutigt und sich ab und an um mein Kind gekümmert haben, wenn ich mit dem Buch beschäftigt war. Ohne euch hätte ich es nie geschafft.

Sonia Rossi
Berlin, im Juli 2008

Oliver Kuhn / Alexandra Reinwarth / Axel Fröhlich
# Arschgeweih
Das wahre Lexikon der Gegenwart

ISBN 978-3-548-37207-5
www.ullstein-buchverlage.de

Willkommen in der Generation iPod! Ohne Unterlass generiert unsere Gesellschaft wendige und windige Trends, Promis und Phänomene – und ist selbst ein williger Abnehmer dieses wildwachsenden Unfugs. Aber was darf ich noch gut finden? Sind quer umgeschnallte Freitag-Taschen doof? Müssen normale Menschen mit Delphinen schwimmen? Warum liegen heutzutage Obststückchen auf dem Eis? Von A wie Adoptionstourismus bis Z wie Zungenpiercing: Dieses einzig wahre Konversationslexikon der Gegenwart versammelt alle ofenfrischen Erscheinungen des Zeitgeists.

»Gut beobachtet, unterhaltsam und weit entfernt von jeder Political Correctness.«
*Frankfurter Rundschau*

»Ein spaßiges Leseerlebnis« *ARD*

Hitomi Kanehara
**Tokyo Love**

Roman

ISBN 978-3-548-60776-4
www.ullstein-buchverlage.de

Hitomi Kaneharas preisgekrönter Debütroman erzählt von einer schockierenden Liebesbeziehung, in der Leidenschaft und Schmerz, Licht und Dunkelheit, Liebe und Hass sich die Waage halten. Lui ist auffallend schön und gelangweilt. Entschlossen, die eigenen Grenzen zu überschreiten, bittet sie den Meistertätowierer Shiba um ein Rückentattoo. Als Gegenleistung fordert Shiba ihre Unterwerfung. Lui willigt ein, doch dann muss sie sich ihren Obsessionen stellen.

»Ein harter, schneller Roman, der sich millionenfach verkaufte.« *Brigitte Extra*

»Ein wildes, rotziges Buch voll drastischer Gewalt und Sex, das stimmig und eindringlich die Schwierigkeit des Erwachsenwerdens beschreibt.«
*Kultur Spiegel*